Cantonese Cuisine
Perfect Roasted Meats

広東料理
焼物の真髄

〜名職人の〝焼味〟の技とおいしさの解明〜

旭屋出版

目次

Roasted pork

五香爽肉

豚トロの塩焼き　41

Sausage with Cantonese style

焼腸

広東式腸詰焼き　45

Crispy roasted suckling pig

大紅乳猪

仔豚の丸焼き　50

滷醬冷菜 116

Spicy beef shin

五香牛腰

牛スネの冷菜、辛味ソース　137

Sweet and sour pickled pig foot

白雲猪手

豚足の酢漬け　141

伝統名菜 146

本書をお読みになる前に

- 大さじ1＝15ml、小さじ1＝5ml、1カップ＝200mlです。材料欄中、適量、適宜とある場合は、材料の状態やお好みに応じて、ほどよい分量をお使いください。

- 作り方中の調理時間や加熱温度などは目安です。それぞれの状態を確認しながら適宜調整してください。

- 材料欄中、油通しなどに用いる油の表記は省略しています。

- たれやソース類など、まとめて仕込むものについては、「作りやすい分量」としている場合があります。必要に応じて適宜調節してください。

- 主な材料についてはP.12～15「材料について」をご参照ください。

- 道具についてはP.16～17「道具について」をご参照ください。また焼物には欠かせない窯や焼き台についてはP.115の「窯」と「焼き台」について、をご参照ください。

- 本書では、料理名・材料名については中国語で表記し、日本語名を併記。中国語料理名の発音は広東地方の発音に準じて表記しています。

「材料」について

肉類

〔豚足〕
豚の足部分。コラーゲンがたっぷり含まれ、プルプルのゼラチン質が独特の食感が好まれる。皮に毛が残っている場合があるので、使用する前にバーナーなどで炙って毛を処理してから使うようにする。

⇒白雲猪手（P.141）

〔豚肩ロース肉〕
塊で仕入れ、必要に応じて切り分けて用いる。赤身に脂肪が網目状に入り、旨味があって濃厚な味わいが特徴。チャーシューに用いることが多いが、端身などは挽き肉にして腸詰の材料にも活用する。

⇒蜜汁叉焼（P.33）、焼腸（P.45）

〔豚トロ〕
豚トロ（豚頸肉）は、豚の頬から首、肩にかかる部分の肉。コラーゲン繊維と脂肪が霜降り状に入っており、焼くとコリコリした歯ごたえとジューシーさが同時に味わえる。

⇒五香爽肉（P.41）

〔豚スペアリブ〕
豚スペアリブ（骨付きのバラ肉）は、赤身と脂肪の割合がほどよく、口当たりは柔らかいが、しっかりとした歯ごたえと旨味があるのが特徴。

⇒黒椒排骨（P.37）

〔豚骨付きスネ肉〕
豚骨付きスネ肉は皮付きを使用。皮付きなのでコラーゲンが豊富で煮込むと皮がプルンとした食感に。

⇒沸山分蹄（P.133）

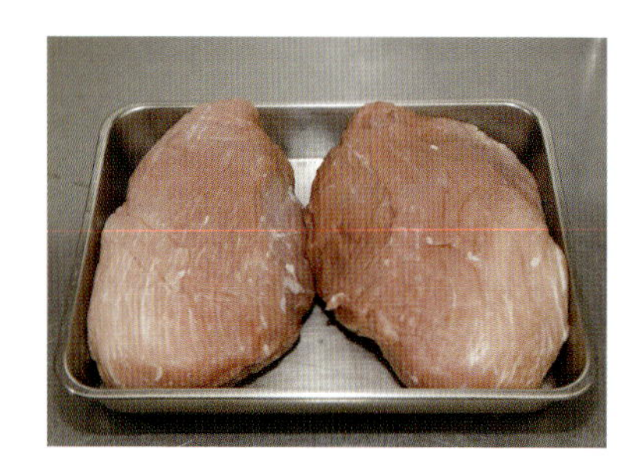

〔豚モモ肉〕
豚の尻あたりの部位。脂身が少なく赤身中心で、あっさりとした味わいが特徴。肉質は内モモは色が淡くて柔かく、外モモは色が濃くてかため。用途に応じて使い分ける。

⇒豉味金銭鶏（P.109）

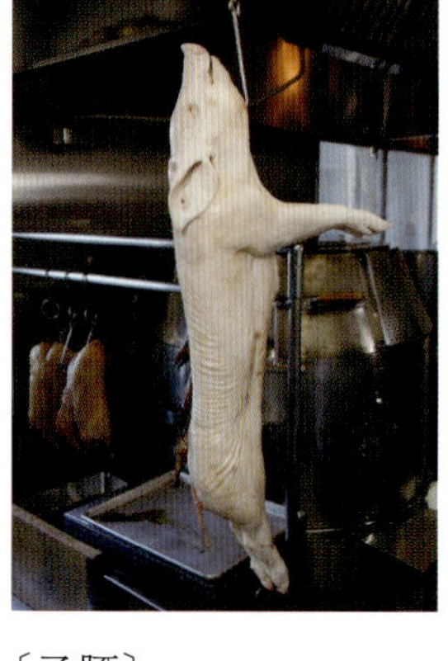

〔子豚〕
「仔豚の丸焼き」には、生後2〜3カ月のスペイン産（4.5〜5kg）の仔豚を使用。毛は除去、内臓やあばら骨をはずしたものを用意する。乳飲み仔豚特有の柔らかさときめ細かい肉質が特徴。皮を賞味するものなので、選ぶときは、まず皮に傷がないかを確認することが大切。

⇒大紅乳猪（P.50）

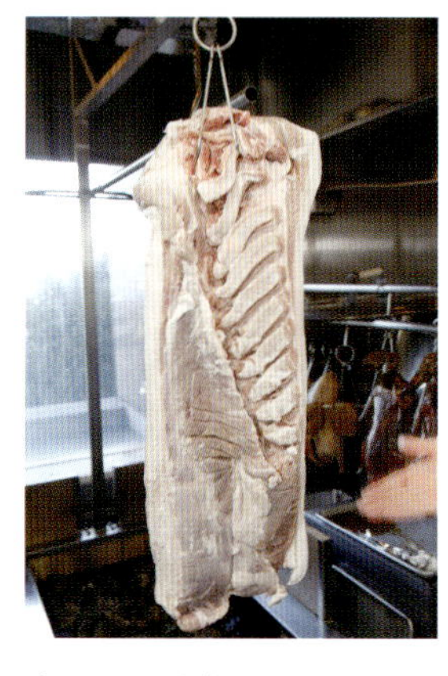

〔豚バラ肉〕
皮付きの豚バラ一枚肉を使用。皮はコラーゲンが豊富で特有の食感がある。柔らかな赤身と脂身が交互に重なり、三層になっていることから“三枚肉”ともいう。中国では豚バラといえば皮付きが常識で、「五花肉」と呼ばれる。五花は見た目が華やか、という意味。豚肉は「仔豚の丸焼き」用以外は、基本的に関東周辺で屠畜した国産豚を使用している。

⇒脆皮焼肉（P.25）、腊肉（P.147）

〔子鳩〕

生後30日以内の国産鳩を使用。1羽は約300g。香港では鳩は気軽に食されており、鳩専門料理店もあるほど。鳩は鶏肉よりも身が締まっているので噛みごたえがあり、野生味が感じられる。小鳩は香ばしく丸焼きにすることが多い。国産のものは数が少なく高級食材として扱われる。

⇒石岐乳鴿(P.99)

〔鶏白レバー〕

鶏白レバーは、いわゆる鶏の脂肪肝で、色も普通のレバーに比べて白っぽくレバー臭さが少ない。またとろりとクリーミィな食感は鶏のフォアグラとも称される。突然変異でできる天然のものなので生産量が少なく希少。国産鶏のものを使用する。

⇒蜜汁鶏肝(P.105)

〔豚背脂〕

豚の背中を中心についている脂身のこと。加熱すると脂部分が溶けて半透明になり、特有の食感、コクと甘味が味わえる。一方、同じ豚脂でもラードは、豚の脂身から油脂分を分離し精製したもので、常温では白い固形状で扱いやすく、点心や料理に使われる。

⇒焼腸(P.45)、豉味金銭鶏(P.109)、富貴鶏(P.164)

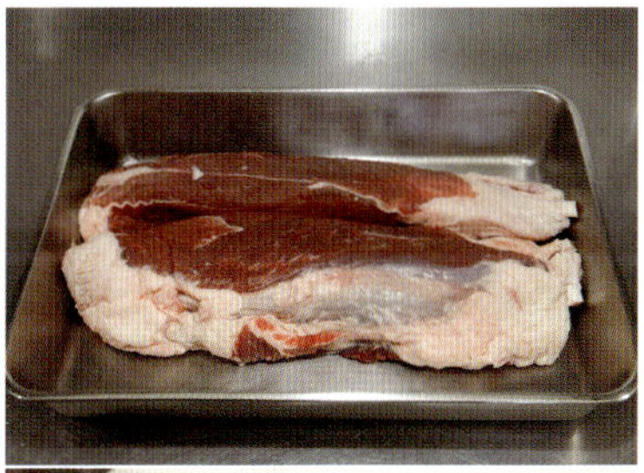

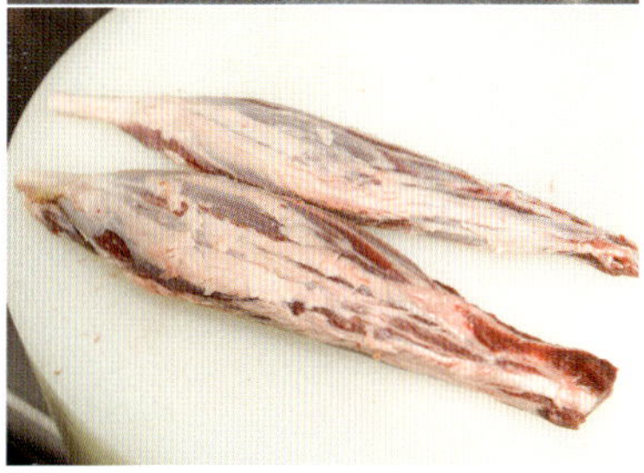

〔牛スネ肉〕

牛スネ肉(上)は、牛の外モモ肉の尻に近い部位。さらにその芯に当たる部分は千本筋(下)と呼ばれる希少部位。スジの多いスネ肉の中でもさらにスジが集中した部位だが、じっくり煮込むことで柔らかく独特の食感が味わえる。輸入牛のスネ肉はボソボソとした仕上がりになってしまうので、和牛のスジにこだわって仕入れている。

⇒五香牛腰(P.137)

〔鴨〕

鴨は合鴨を使用。合鴨は野生の真鴨と家禽(アヒルなど)をかけ合わせたもの。肉質は適度な脂肪があり柔らかく美味。内臓を取り除き、水かき、手羽先を切り落とした雌の合鴨(2.8〜3kg)を用いる。中国では同じカモ科のガチョウが好まれ人気が高いが日本ではガチョウの入手が難しいため、日本人の嗜好にも合う合鴨を使用している。

⇒焼鴨(P.81.)、醤焼琵琶鴨(P.89)

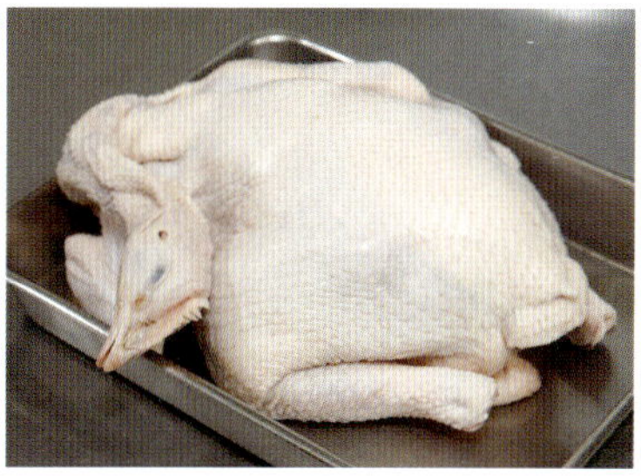

〔丸鶏〕

国産の地鶏を使用。皮に脂がのっているのが特徴で、肉質はほどよくしまり、旨味がある。頭・首付きの中抜きした丸鶏を使う。

⇒脆皮鶏(P.65)、香辣鶏(P.73)、豉油鶏(P.117)、貴妃鶏(P.125)、正宗塩焗鶏(P.154)、富貴鶏(P.164)

〔鶏レバー〕

国産地鶏のレバー。使う前には掃除をしてから流水に1時間漬けて水気をきる。さらに水洗いをして水気をよくきってから用いる。

⇒豉味金銭鶏(P.109)

「材料」について

油脂類

〔油〕
油とだけある場合、基本的には大豆白絞油を使用する。色が薄くクセが少ないため、素材や使い方を選ばず使いやすい。

〔ごま油〕
ごまを焙煎して搾油した食用油。香ばしい香りを生かして料理に多用する。色や香りは焙煎の程度によって変わる。

〔ねぎ油〕
大豆白絞油に長ねぎの青い部分をたっぷり加えて加熱し、香りを移した香味油。

〔ラー油〕
辣油。赤唐辛子と香辛料の辛味と香りを油に移したもの。粉唐辛子や香辛料を合わせ、熱々に熱した油をかけて作る。

〔鶏油〕
鶏の脂部分を加熱して溶かし、静置してとる上澄み部分の脂。

〔ラード〕
豚の背脂から作る油脂。特有の風味やコクがある。

〔麺豉醤〕
広東料理で用いられる小麦を原料にした甘味噌。なければ甜面醤で代用する。

〔黒酢〕
中国の黒酢を使用する。中国では黒酢のことを「香醋」ともいう。日本の黒酢が玄米を原料にするのに対して、中国の黒酢はもち米を原料にしており、まろやかで甘味、旨味がある。

〔紅酢〕
鶏、豚、鴨などの焼物類を焼く前に皮に塗ると、色をよくして焼き上がりをパリッとさせる効果がある。

〔腐乳〕
麹を付けた豆腐を塩水発酵させた中国の伝統食品。独特の発酵香と塩気が特徴。加熱するとコクがあり、まろやかな味わいになる。

〔オイスターソース〕
カキ油。カキの煮汁を濃縮して調味したもので、甘辛くコクのある濃厚な旨味が特徴の調味料。広東料理には欠かせない。

〔老酒〕
もち米と麦麹を原料とした醸造酒。長く寝かせた酒という意味があり、長期熟成・保存されたもの。紹興酒は老酒の一種で、特に老酒の名産地である紹興で造られたものを指す。

〔汾酒〕
山西省汾陽市産の白酒（蒸留酒）。中国を代表する蒸留酒でアルコール度数は48～60度と高め。爽やかな後味、甘くコクがある。

〔玫瑰露酒〕
白酒（蒸留酒）に玫瑰（はまなす）の花の香りをつけた酒。色は無色透明で香りがよく、甘味がある。ここでは肉の下味をつける際に用いることが多い。

〔チキンパウダー〕
中国語では鶏粉。粉末状の鶏ガラスープ。香港ではポピュラーな調味料。粉状なので肉の下味にも塩や胡椒のように、そのまま使えるので便利。

調味料類

〔醤油〕
基本的に日本の濃口醤油を使用。用途に応じて薄口醤油を使うこともあるが、その場合は明記する。

〔老抽〕
中国たまり醤油のこと。とろみとまろやかな甘みが特徴。料理の色づけのために用いることが多い。

〔塩〕
海塩を使用。場合によっては粗塩を用いることもある。

〔砂糖〕
基本的には上白糖を用いる。場合によってはグラニュー糖を用いることもある。

〔水飴〕
チャーシューなどの仕上げに塗り、ツヤと甘みをつける。

〔海鮮醤〕
広東料理特有の甘味噌の一種。名前の由来は材料に海鮮物が入っているわけではなく、海鮮料理に合うことから。ほどよい甘みと塩気は肉料理の調味のバランスを整えるのにも好適。

〔芝麻醤〕
ごまを香ばしく炒ってペースト状にしたもの。ごまの風味とまろやかなコクが特徴。

〔甜麺醤〕
大豆や小麦粉などを原料に発酵させた甘味噌の一種。色は黒っぽく濃厚な味で甘味が強い。

〔柱候醤〕
大豆、小麦粉を原料とする味噌に生姜、にんにく、砂糖、ごま油などを合わせた広東特有の合わせ味噌。肉料理によく使う。

乾物

〔干し貝柱〕
中国語で「干貝」。平貝やホタテの貝柱を乾燥させたもの。

〔干しエビ〕
中国語で「蝦米」。塩茹でした小エビのむき身を乾燥させたもの。

〔中国ハム〕
中国語で「火腿」。豚の後脚を塩漬けして発酵させたもので、香り、旨味が強い。塩気が強いので、使う前に塩抜きをしてから用いることが多い。

〔大地魚〕
香港ではおなじみのヒラメ科の魚の干物。特有の風味、旨味とコクが強く、クセのある素材とも好相性。沙茶醤やXO醤などの材料にも使われている。

〔八角〕
英語名はスターアニス。独特のエキゾチックな甘い香りが特徴。肉料理と好相性。

〔草果〕
ショウガ科の植物の種子。褐色で長さ2～3cmの楕円形。特徴的な香りと辛味を合わせ持つ。消化不良などに効果があるとされる。

〔桂皮〕
シナモン。クスノキ科の植物の樹皮を乾燥したもの。体を温めたり、解熱鎮痛効果があるとされ、生薬としても用いられる。

〔丁香〕
丁子ともいう。英語名はクローブ。フトモモ科チョウジノキの花のつぼみを乾燥させたもの。甘く濃厚でスパイシーな香りが特徴。

〔甘草〕
マメ科の多年草の植物で様々な薬効を持つ。強い甘味があり、食品添加物としても認可されている。

〔ローリエ〕
月桂樹の葉を乾燥させた香辛料。煮込み料理やたれに用いる。

〔沙姜片〕
生姜をスライスして乾燥させたもの。体を温め、新陳代謝機能を高める作用を持つ。パウダー状にした「沙姜粉」もある。

〔赤唐辛子〕
基本的には乾燥した赤唐辛子を使う。

香味野菜・香辛料

〔にんにく〕
中国料理に欠かせない香味野菜のひとつ。特有の香りで素材の臭みを消し、料理の味を引き立てる。

〔ねぎ〕
ねぎとだけある場合は白くて太い部分が長い「長ねぎ」を指す。「細ねぎ」とある場合は細くて緑色部分が長いねぎを指す。

〔生姜〕
爽やかな辛味を持つ香味野菜。肉の消臭効果や殺菌作用、解毒作用もあるとされる。

〔香菜〕
パクチーやコリアンダーの名でも知られる香草。特有の芳香が特徴で料理の仕上げや彩りに多用する。

〔エシャロット〕
赤紫色の小玉ねぎ。加熱すると甘味が増し風味がよくなる。根らっきょうの「エシャロット」とは別種。

〔五香粉〕
エキゾチックな香りの混合香辛料。 シナモン、クローブ、花椒、ウイキョウ、八角、陳皮などをブレンドしたもの。

〔陳皮〕
みかんの皮を乾燥させたもの。爽やかな柑橘系の香りが特徴。健胃や整腸作用などがあるとされる。

〔花椒〕
ミカン科の植物の果実を乾燥させたもの。爽やかでしびれるような刺激的な辛みが特徴で「麻(マー)」と称される。

「道具」について

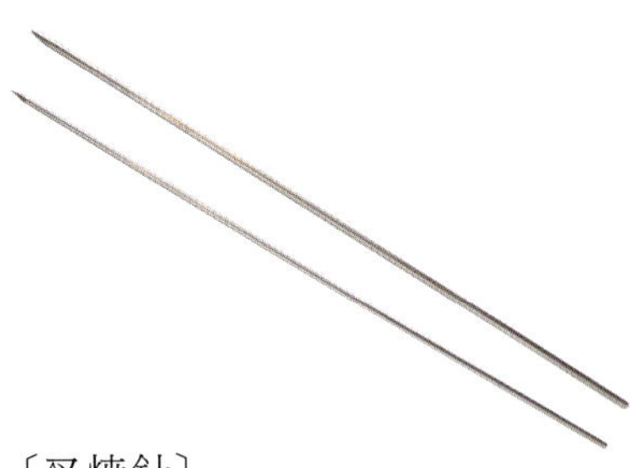

〔叉焼針〕
チャーシュー用の肉を刺し通し、「叉焼環」にかけたり、肉に刺して形を整えるために使うこともある（写真奥）。
＊長さ約36cm：直径約3mm。

〔金銭鶏針〕
「豉味金銭鶏」（P.109）で金貨状に形を整えたレバー、豚背脂、豚肉を刺すときに使う針（写真手前）。
＊長さ約35cm：直径約2mm。

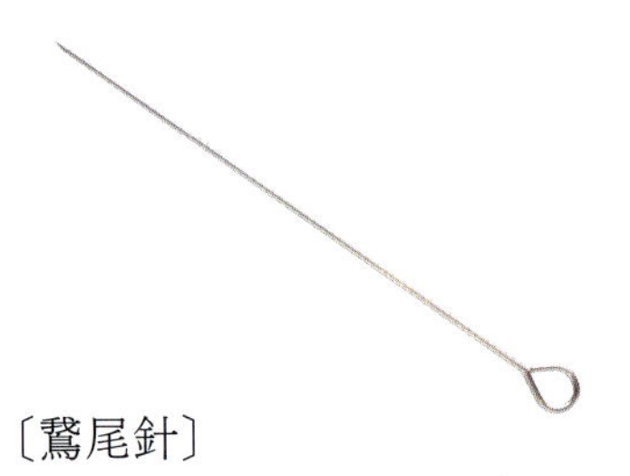

〔鵞尾針〕
詰め物用の針。詰め物をした際に口を縫うようにして閉じるための細い針。
＊長さ約12cm：直径1mm

〔大豚針〕
「脆皮焼肉」（P.25）で皮付き豚バラの皮を突くときに用いる剣山状の道具。一度に複数の穴を開けることができる。

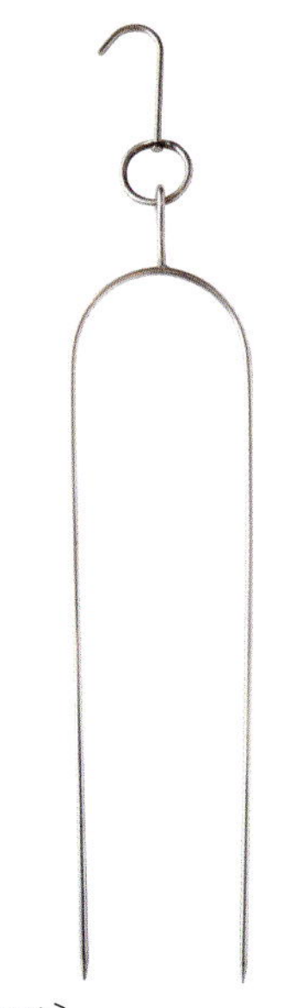

〔琵琶鴨叉〕
開いた鴨の形を平らに整える「醤焼琵琶鴨」（P.90）を焼くときに用いるフック付の金串。鶏肉より鴨の方が、串部分が長く、U字型をしているのが特徴。
＊長さ約52cm

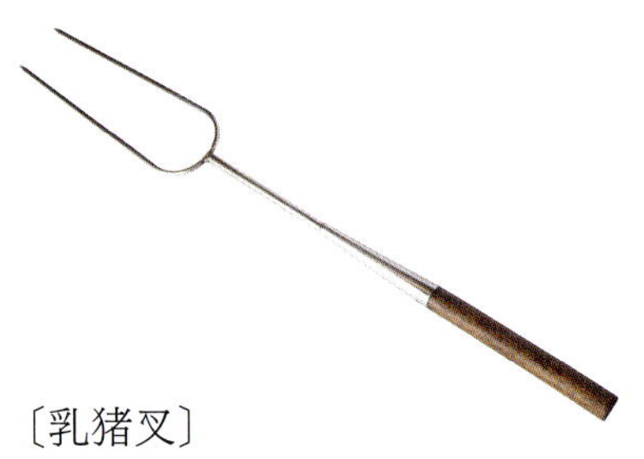

〔乳猪叉〕
「大紅乳猪」（P.50）を専用のコンロで焼く際に用いる大きな専用串。子豚のサイズによって串を使い分けする。
＊サイズ
小：長さ約113cm（串部分50cm）
中：長さ約125cm（串部分55cm）
大：長さ約126cm（串部分60cm）

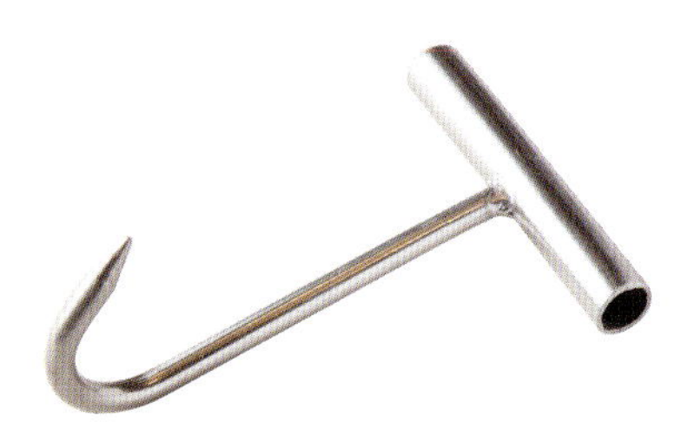

〔手鈎〕
作業中に塊肉などを持ち上げるためのフック。T字部分を手で握り、フック部分に肉を刺し、力強く持ち上げることができる。

〔叉焼環〕
窯で蜜汁叉焼（P.33）を焼くときに用いるフック状の金具。叉焼針に刺した肉をフック部分にかける。
＊長さ約16cm

〔焼鴨環〕
窯で鴨類を焼く場合に用いる。フック部分がチャーシュー用よりも長いのが特徴。
＊長さ約20cm

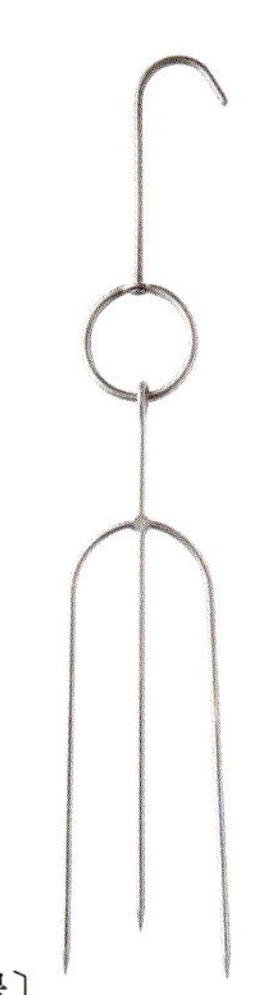

〔琵琶鶏環〕
開いた鶏の形を平らに整える「琵琶鶏」用のフック付きの金串。金串部分が三叉になっているのが特徴。
＊長さ約22cm

〔まな板〕
丸く厚みがあるのは中国料理のまな板の特徴。丸いまな板だと、左右のスペースだけでなく、切った食材を奥にも並べられる。写真は合成樹脂製。

＊直径約50cm

〔包丁〕
中国料理に用いる包丁は、和包丁や洋包丁と比べて刃部分が大きいのが特徴。片刃（薄刃：写真上）は主に野菜や肉などを普通に切るときに使う（刃渡り約20.5cm）。九江刃（厚刃：写真下）は厚み・重みがあり、主に骨付きの肉を切るときに用いる（刃渡り約22.5cm）。包丁の重みと手首のスナップを利かせて使う。

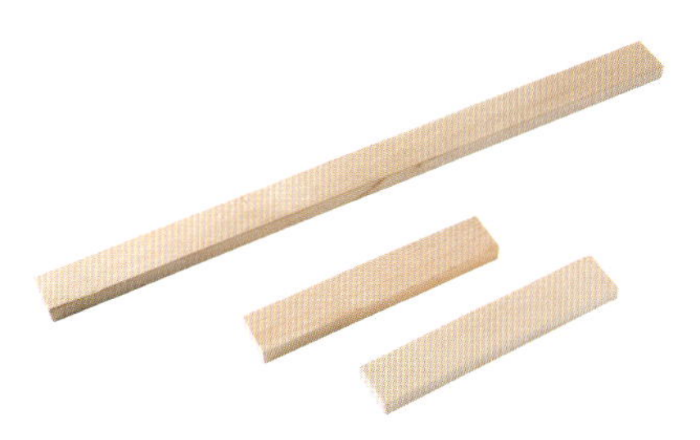

〔添え木〕
「大紅乳猪」（P.50）を焼く前に、開いた子豚を添え木で固定してから焼く。長い方は背に沿って添え、短い方は背に対して直角にあてて添える。

〔柄付きブラシ〕
「脆皮焼肉」（P.25）や「大紅乳猪」（P.50）など、皮に油を塗って焼き、サクサクに仕上げるときに用いる道具。ブラシで皮に油を塗りながら汚れも落とす。

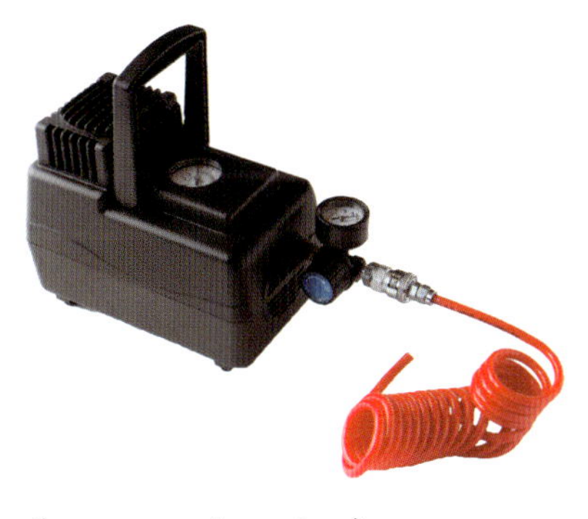

〔エアコンプレッサー〕
「焼鴨」（P.73）や「醤焼琵琶鴨」（P.81）など、鴨を丸焼きにする際、皮と身の間に空気を吹きこんで膨らませる。昔は首に切り口を入れ、そこから息を吹き入れて空気を吹き込んでいたが、近年は機械を使用することも多い。

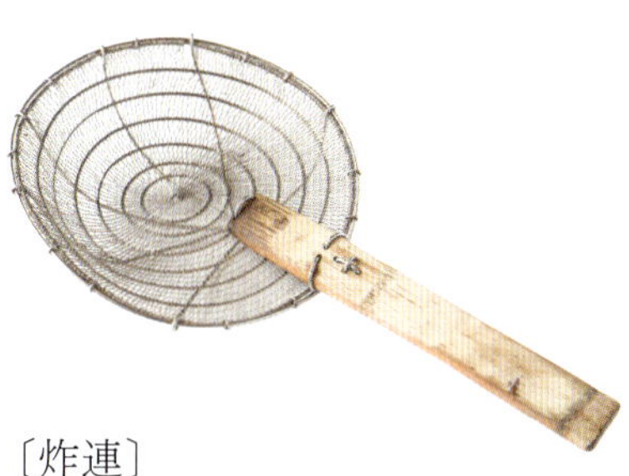

〔炸連〕
ジャーレン。材料を油通しをするときに用いる網。「脆皮鶏」（P.65）や「香辣鶏」（P.73）などのように、最後に高温の油で揚げて仕上げる際、ジャーレンにのせて揚げ油をまわしかけると、形がくずれにくい。脂のきれもよく、きれいに仕上がる。

〔叉焼糖箱〕
「蜜汁叉焼」（P.33）や「蜜汁鶏肝」（P.105）などで、仕上げに水飴にくぐらせるときに用いる、水飴を入れておくステンレス製の箱。フタは開閉できるようになっている。

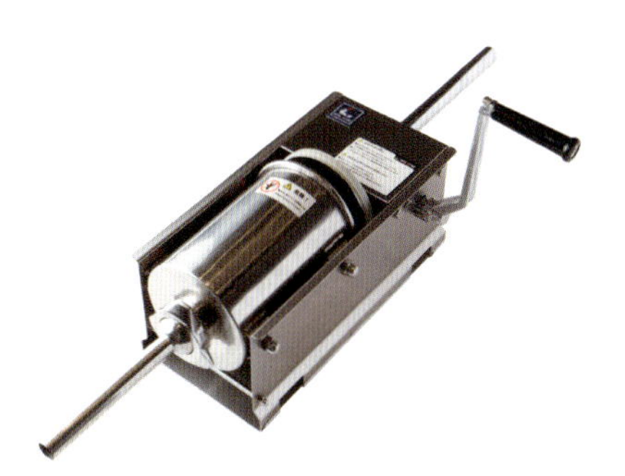

〔ソーセージスタッファ〕
「焼腸」（P.45）を作るときに用いる器具。ノズル部分に豚腸をセットし、シリンダー部分に肉を詰めてハンドルを回して押し出す。写真はコンパクトな手動タイプ。

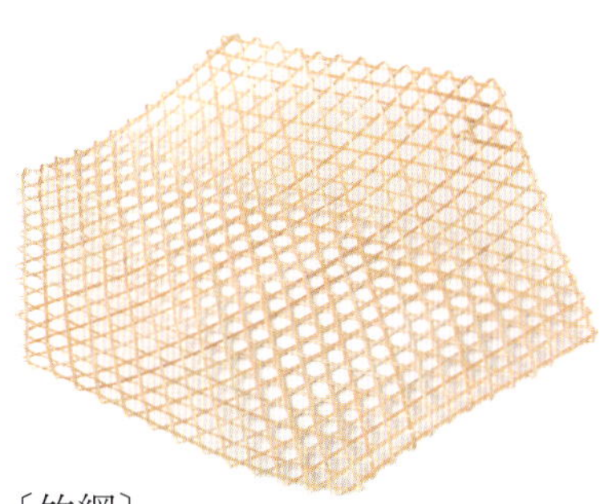

〔竹網〕
竹で編んだ網で、肉を長時間煮る際など、鍋底に敷いておくと、熱の当たりをやわらげることができ、形がくずれにくい。

広東料理の「焼味」とその技術について

広東料理の〝華〟ともいわれる「焼味（シュウメイ）」とは

ひと口に中国料理といっても、長い歴史と広大な国土を有する中国には、地理的な条件や気候、風土に根ざして発達を遂げた地方料理が無数にある。その中で地理的背景から一般的に北京、四川、上海、広東の四つの系統に大別されることが多い。四大区分の中でも広東料理は、南方系の料理の代表格として知られる。一年を通じて暖かい亜熱帯気候や海にも面していることから、新鮮な野菜や海鮮といった豊富な食材を用いた料理や比較的あっさりした味つけの料理が多い傾向にある。さらに南シナ海と面しているため外国との関わりも深く、近代は洋風の調理法やバターやウスターソースといった洋風の調味料も使いこなすという特徴がある。

広東料理といえば、日本では海鮮料理を思い浮かべる方も多いと思うが、その他にも広東ならではの特色ある料理として欠かせないのが「焼味（シュウメイ）」と呼ばれる焼物料理が挙げられる。

「焼味」とは、広東名物として有名な叉焼（チャーシュー）や婚礼などの祝事には欠かせない仔豚の丸焼きなどに代表されるように、肉類をローストした焼物を指す言葉である。広東料理に用いる焼物の材料としては、豚をはじめとする畜肉類の他、鶏、鴨、鳩といった家禽類、内臓類などの肉類なども含まれる。

「焼味」は街場の屋台や大衆食堂から超一流のレストランに至るまで、広東料理においては欠かせない存在である。ある程度の規模の広東料理店では、料理、点心部門に加え〝焼烤滷味（肉の焼物やたれに漬けたもの）〟をつくる部門に分かれているという。特に焼物を担当する専門技術は〝焼烤（シュウカオ）〟と呼ばれ、広東料理の得意とする調理法のひとつである。

広東料理店には、こうした焼物を専門とする職人がいて、長年の経験を駆使して腕をふるっている。さらに焼物に加えて、畜肉や家禽類を香辛料や調味料を加えた醤油や塩味のたれ（滷汁）に漬け込んだ「滷味（ルーメイ）」や、腸詰や塩漬け肉などの干し肉の部類に入る臘（腊）味（ラーメイ）も担当することもある。このような広東料理の〝華〟ともいえる焼物を専門とし、卓越した技術を持つ職人に対して、親しみと畏敬の念を込めて〝油鶏佬（ヤオカイロウ）〟という呼称が用いられる。「油鶏」とは、醤油だれで丸鶏を漬け込んだ「豉油鶏」（P.117）のこと。さらに「佬」という言葉は元々は中年男性を指す言葉だが〝油鶏佬〟と呼ばれるのは、焼物職人として一目を置かれている様子をあらわす。

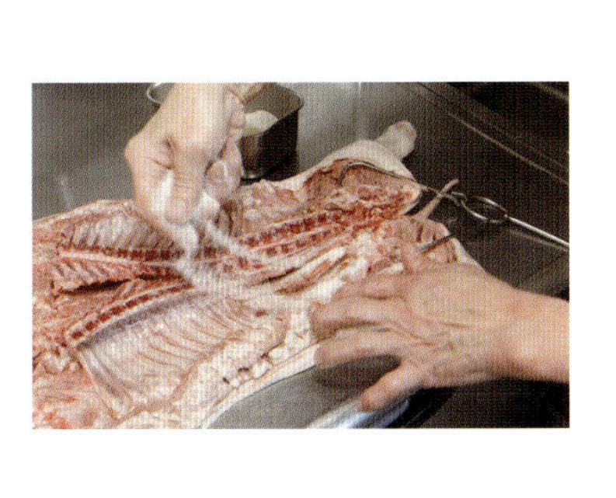

焼物一筋の職人は〝油鶏佬（ヤオカイロウ）〟と呼ばれ、尊敬の対象となっている

「食在広州」（食は広州にあり）と謳われるほど、多彩で豊かな食文化を誇る広東料理。そんな広東料理の本場・香港で生まれ育ち、半世紀以上に渡り〝焼烤〟の道一筋に技術を極めてきたのが、本書で技術指導をしていただいた梁 偉康（リョン ウェイホン）氏。まさに〝油鶏佬〟の中の〝油鶏佬〟ともいえる梁氏は、本場香港で培（つちか）った技術と共に日本に渡り、日本の広東料理店において、その技術を披露するとともに伝承し続けてきた。今では梁氏の教えを受けた料理人が日本各地で腕をふるっている。

梁氏の手がける焼物は、表面は香ばしくパリッと絶妙な加減で、同時に内面の肉はしっとりジューシーで旨味がある。さらに脂の甘みや漬けだれの味を融合させながら仕上げるなど、他には真似のできない技術の持ち主として日本全国の中国料理の調理師の尊敬を集めている。こうした一流の焼物の技術はこれまで個人の修業とセンスによって名人だけが修得するものとされてきた。

焼物を焼く窯（炉）は大きく、高さは大人の背丈に近いほどあり、蓄熱性も高いため火の回りがよく、窯内部の温度は高いときには３００℃以上にもなるという。名人はこの窯で、温度計に頼らずに火力を自在に操り、窯の中で肉の皮の表面がカリッとなった瞬間、肉から滴る焼き汁が出る瞬間など、窯の中を見極めながら様々な肉類を最上の状態へと仕上げていく。

また「焼味」の技術は焼くだけではない。窯に入れる前から味づくりは始まっている。むしろ焼く前の下ごしらえ次第で、仕上がりの良し悪しの大部分が決定しているともいう。まず材料となる肉の選別ひとつをとっても、まず新鮮かどうか、季節によって異なる肉類の脂肪の付き方、脂肪やスジの入り具合、皮の状態など、材料を正しく選ぶ目を持つことが前提となる。続いて皮をパリパリにするために熱湯で茹でる工程や下味を入れる工程など、細かな工程を着実にすすめることで、極上の焼物が完成する。

焼物の技術を高めるには、長年の修業に支えられた経験や勘はもちろんのこと、焼物の技術の要ともいえる強い火力や炎と対峙する大胆さ、そして窯の中に吊るされた肉類の状態を常に見極め、焼き加減のサインを見逃さない眼力が求められるという。こうした職人の技術は、これまでも実際に経験を積みながら人から人へと引き継がれてきた。しかし近年は、その大変さからか、焼物師と

これまでに伝承されてきた技術を遺し、次世代へとつなぐ

しての仕事を敬遠する向きもあり、その技術を引き継ぐ人材が不足しているという。本書では、そのような状況を憂慮し、これまで職人の経験と勘とされていた技術を、一流の焼物師である梁氏の協力によって紹介している。そして梁氏がこれまでに習得してきた「焼味」の技術を可能な限り記録して遺し、後進へと伝えていくことを目的にしている。

本書では、チャーシューや仔豚の丸焼きなど、広東料理の焼物にとって欠かせない「定番焼物」、本場でも人気の高い鶏、鴨、鳩などの焼物をまとめた「家禽類」、漬け汁で肉類を煮たり、漬け込んだ「滷醤冷菜」、さらに昔から作られてきた「伝統名菜」の四つの章に分け、名人の技術を網羅できるよう構成。それぞれの料理は、これまで明らかにされることが少なかった下ごしらえから仕上げ、切り分ける工程までを手順写真と共に掲載している。

従来は職人の経験と勘によって判断されてきた窯の温度や焼き時間、焼物の見極め方もできるだけ明らかにし、調理の目安になるよう配慮している。また肉の下味、漬けだれの材料や分量についても、可能な限り計量を行い、レシピを明記した。実際に焼物をつくる環境や用いる材料の違い、窯や焼き台といった調理設備の違いもあるので、それぞれの状況や仕上がりのイメージに合わせて工夫していくことが望ましい。

広東料理が得意とする「焼烤」の技術は焼物全般、またはその技術そのもののことをいい、本来は直火で材料に火を通す「直火焼き」のことを意味する。近年は焼物を焼く場合、そのほとんどは窯（オーブン）を用いて焼かれることが多い。窯のふたを閉じ、窯の中を対流する高温に熱せられた空気によって材料に火を通す手法である。窯の熱源についても、昔は炭や石炭といった燃料を使うことが多かったが、今ではガスや、ガスで加熱した遠赤外線効果のある石を熱源にするなど、それぞれの店で工夫がなされている。本書で紹介するのは、焼物名人の梁氏自身が先達の職人達から受け継いだ技術を礎に、独自の工夫や改良を加えた唯一無二の技術である。これから焼物の技術を学ぶ方には、基本の技術を生かしながら、ぜひ自分なりの工夫をこらして独自の手法を生み出していっていただきたい。

焼物名人が伝授する「焼烤」の技術について

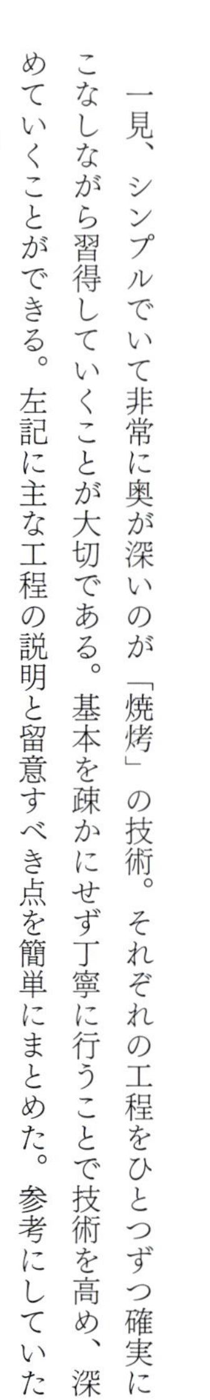

「焼烤」の主な工程と注意事項

一見、シンプルでいて非常に奥が深いのが「焼烤」の技術。それぞれの工程をひとつずつ確実にこなしながら習得していくことが大切である。基本を疎かにせず丁寧に行うことで技術を高め、深めていくことができる。左記に主な工程の説明と留意すべき点を簡単にまとめた。参考にしていただければ幸いである。

- ●素材の選別…表面や皮に傷がないか、脂ののり具合はどうか、赤身と脂身のバランスなどを確認。
- ●下処理を行う…余分な脂やスジを切り落とし、熱の入り方が均一になるよう切り整える。
- ●下味を入れる…まんべんなく味が入るようにする。
- ●用途に応じて串を刺す…焼き上がりの形をイメージして刺す。脂身は加熱すると溶けるので赤身に刺すとよい。
- ●茹でて皮を張らせる…熱で皮がしまって艶やかな状態になり、焼き上がりも美しくなる。茹で過ぎは厳禁。
- ●飴を塗り風干しする…飴を塗って乾かすことで余分な水分を飛ばし、焼き上がりの色もよくパリパリとした歯切れの良い食感に。
- ●窯で焼く…窯（または焼き台）の準備として窯は温めておく。焼き時間、温度は素材の大きさ、脂の付き方等によって調整し、それぞれの料理に応じた適温で焼く。温度が高すぎると表面だけが焦げて中が生焼けになり、逆に低すぎると皮にシワが寄ったり、肉がかたくなってしまったり、また仕上がりが脂っぽくなってしまうので細心の注意が必要。
- ●切り分ける…熱いうちに切ると形が崩れやすいので、ある程度粗熱をとってから切るとよい。皮部分を切るときは力を抜いてスッと包丁を入れ、逆に骨付き部分を切るときは力強く叩き切るなど、各部位の特性に合った包丁使いをするように心がける。

定番焼物

脆皮焼肉　豚バラのサクサク焼き
Crispy pork

蜜汁叉焼　豚チャーシュー
Barbeque pork

黒椒排骨　豚スペアリブの黒胡椒焼き
Pork sparelibs with black pepper

五香爽肉　豚トロの塩焼き
Roasted pork

焼腸　広東式腸詰焼き
Sausage with Cantonese style

大紅乳猪　仔豚の丸焼き
Crispy roasted suckling pig

脆皮焼肉（チョイペイシュウヨッ）

豚バラのサクサク焼き

Crispy pork

脆皮焼肉

チョイ ペイ シュウ ヨッ

豚バラのサクサク焼き

香港では定番の皮付き豚バラ肉のシンプルな塩味の焼物。香ばしく爆ぜた皮は煎餅のようにパリッとした〝脆〟の食感、その下にジューシーで甘みのある脂身と赤身が重なる。皮を香ばしく焼き上げるコツは、針で皮を刺してまんべんなく穴をあけて焼くこと。穴から出る高温の蒸気と脂で皮を真っ黒に焦がし、焦げをきれいに削り、油を塗って高温で焼き上げる。前菜や酒の肴として人気があるが、ご飯にのせても美味しい。

［材料］作りやすい分量
豚皮付きバラ肉…1枚（約10kg）
焼肉塩＊…約250g
焼肉水＊…約100g
塩水（10%濃度）…適量

＊焼肉塩
塩…1.2kg
砂糖…600g
チキンパウダー…180g

1 材料をすべて、混ぜ合わせる。

＊焼肉水
［材料］作りやすい分量
穀物酢…600g
紅酢…150g
玫瑰露酒…112g

1 材料をすべて、混ぜ合わせる。

1 豚皮付きバラ肉は余分な脂やスジ部分を切りとり、形を整える。
2 1をたっぷりの熱湯で約10分茹でる。
3 2を冷水にとり、肉が冷めたらフックで吊るして水気をよくきる。
4 軟骨やスジを切りながら、包丁で肉に切り込みを入れる。
5 肉の切り込み部分を開いて焼肉塩＊をすり込み、さらに肉面全体にもなじませる。
6 肉の両端に金串を刺す。
7 皮面を塩水で洗い、焼肉水＊をムラなく塗る。
8 風通しのよい場所に7を一晩吊るして乾かす。
9 8を温めた窯にふたを開けたまま入れ、温め直す。
10 取り出した肉は皮を上にしておき、専用の針（大豚針：P.8）で皮部分だけにまんべんなく穴をあける。
11 金串を全体に刺し、形を整えて固定する。
12 肉面にアルミホイルをかけて焼く。
13 12を取り出して、焦げた部分をペティナイフで削りとり、全体に油を塗る。
14 肉面に再びアルミホイルをかけ、約180℃で30〜40分焼いて仕上げる。
15 切り分けて、器に盛る。

1

豚皮付きバラ肉は余分な脂やスジ部分を切り取り、形を整える。

希少な皮付き豚バラ肉は鹿児島産。脂と赤身のバランスのよいものを選ぶ。

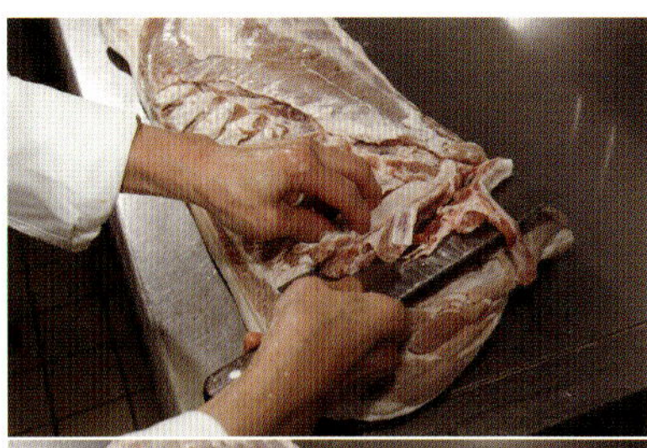

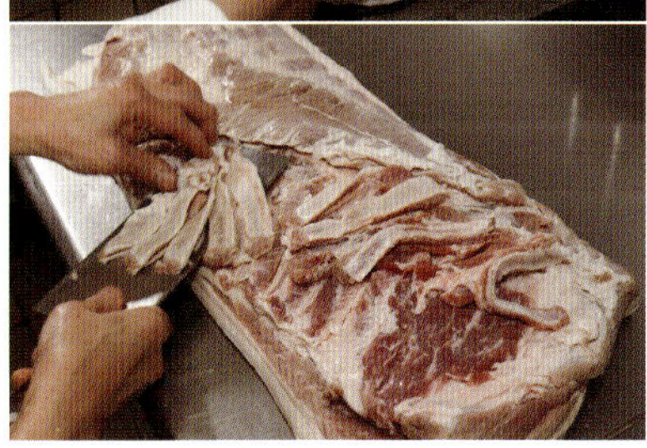

包丁を寝かせてあばら部分の肉の凸凹面を切りとる。肉の向きを変え、反対側からも同様に包丁を入れ、平らにする。

端身を切り落として形を整える。

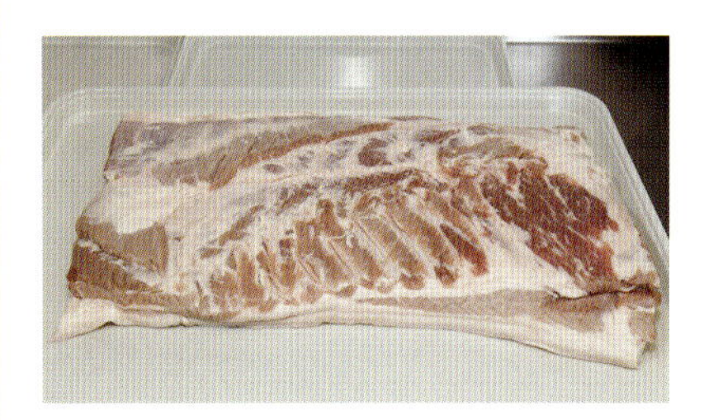

余分な部分を切り取り、形を整えた豚バラ肉。この工程が焼き上がりの見栄えに影響するので、丁寧に行うこと。

2

1をたっぷりの熱湯で約10分茹でる。

たっぷりの熱湯を沸かし、皮側を下にして入れる。

途中、出てくるアクはすくい取る。

約10分茹で、皮が柔らかくなり、ピンと張ってきたら、フックをかけて引きあげる。

3

2を冷水にとり、肉が冷めたらフックで吊るして水気をよくきる。

茹でた豚バラ肉を素早く冷水にとる。このとき、皮を早く冷やしたいので、皮側を下にして冷水にとる。

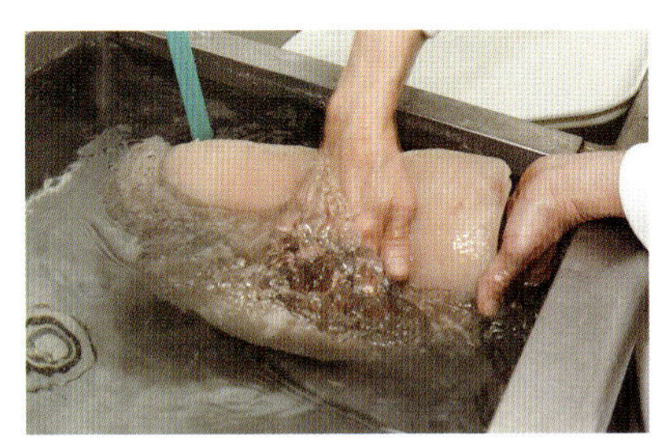

汚れなどを落としながら全体をよく冷まし、予熱で肉に熱が入らないようにする。

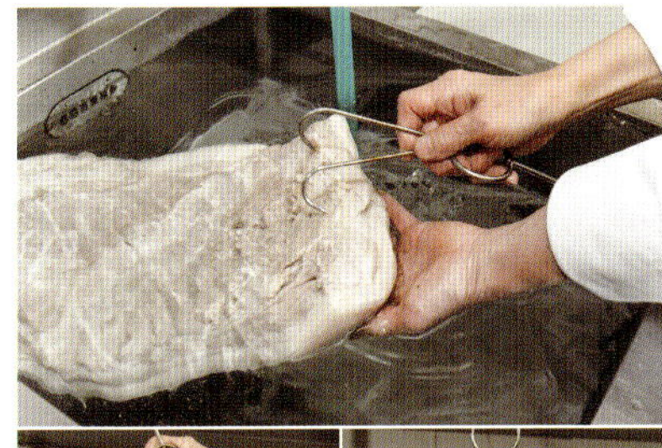

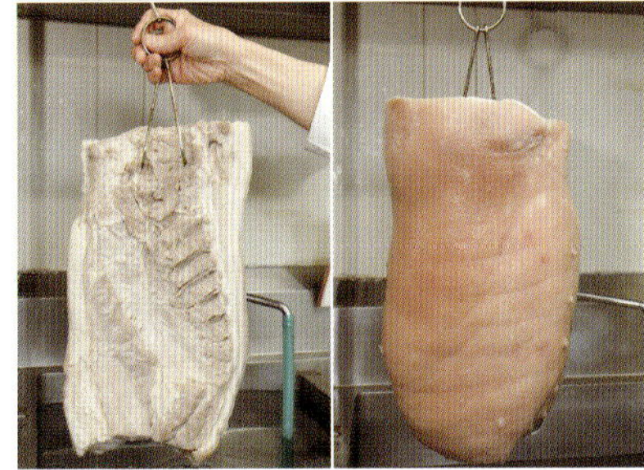

肉をフックで吊るしてしばらくおき、水気をきる（右：皮側、左：肉側）。皮がきれいに張った状態。

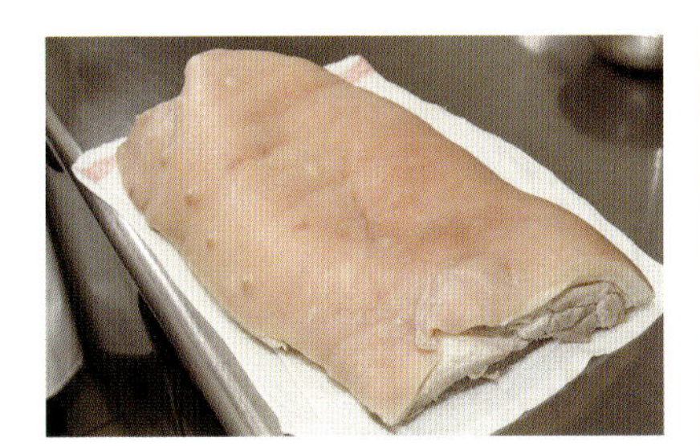

さらに清潔なタオルなどでしっかり水気をふきとる。

4

軟骨やスジを切りながら包丁で肉に切り込みを入れる。

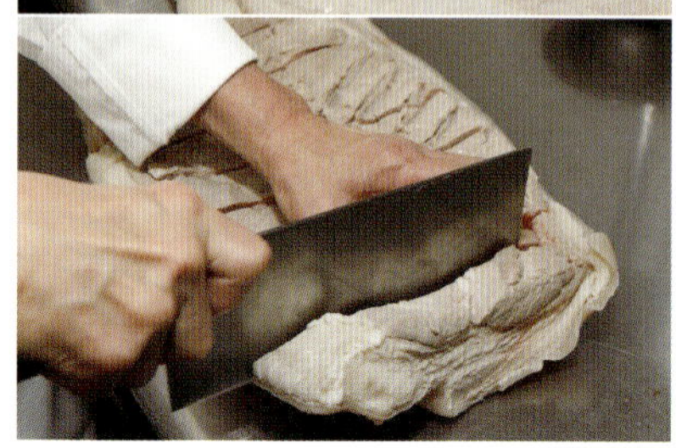

包丁で、肉の厚みの半分程度まで、3〜4cm間隔で切り込みを入れる。このとき、軟骨やスジも切る。

切り終わった豚バラ肉。この状態では、肉の表面にだけ火が入り、中はまだ赤いことがわかる。

5

肉の切り込み部分を開いて焼肉塩＊をふり入れ、さらに肉全体になじませる。

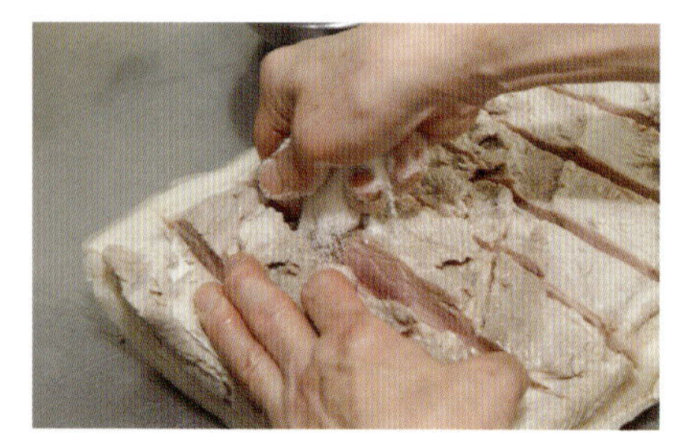

切り込み部分を指で開きながら、すべての溝に焼肉塩＊をふり入れる。

切り込み部分に指を入れ、切り込み面にも焼肉塩＊をしっかりすり込む。

肉面全体にも焼肉塩＊をふりかける。

手の平全体で、肉にまんべんなく焼肉塩＊をなじませる。

6

肉の両端に金串を刺す。

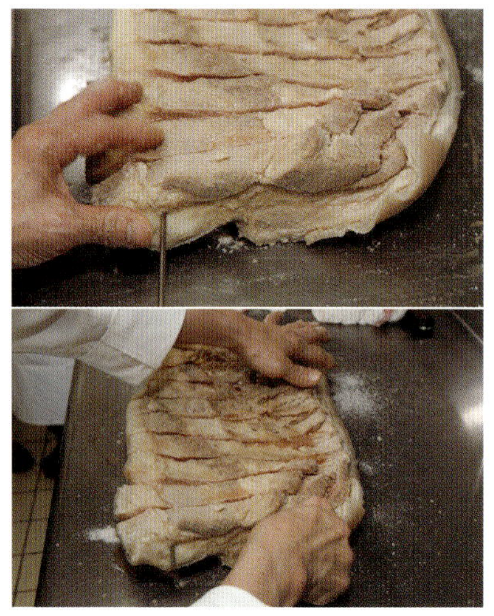

この後の工程で肉を吊るすときに形がくずれないよう、肉の背側と腹側から、それぞれ金串(叉焼針：P.16)を肉に貫通させて固定する。

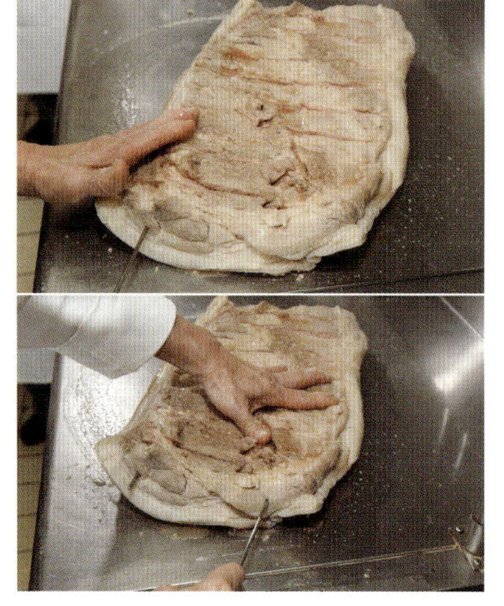

向きを前後入れ変えて、反対側からも串を刺す。串を刺す位置は、肉の厚みがある部分、赤身部分に刺すようにするとよい。

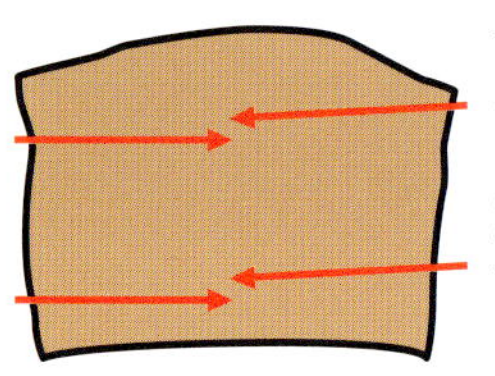

金串を刺し終わった状態。肉の両端に金串を貫通させることで、焼いた時に肉が縮んで変形することを防ぐ。

7

皮面を塩水で洗い、焼肉水＊をムラなく塗る。

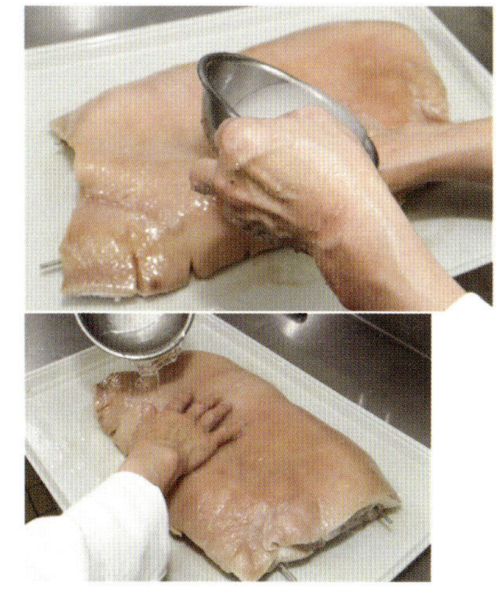

まず皮面に塩水をまわしかけ（上）、次に水で塩水を洗い流す（下）。

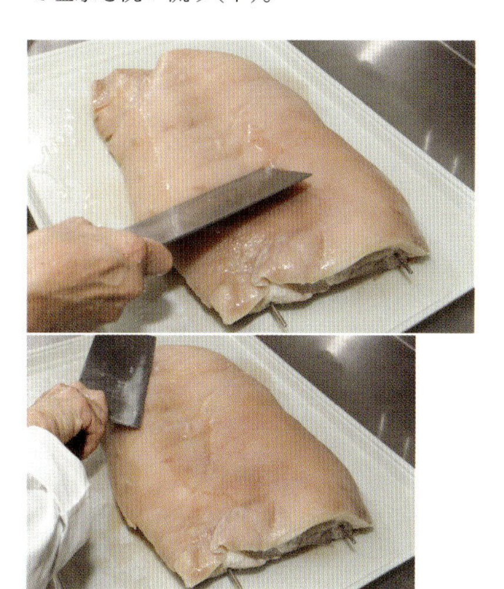

包丁の刃を寝かせて当てながら、水分をこそげとる。このとき、絶対に皮を傷つけないよう注意すること。

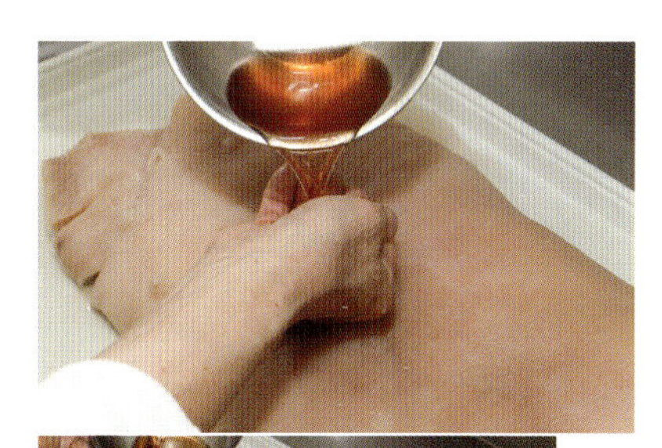

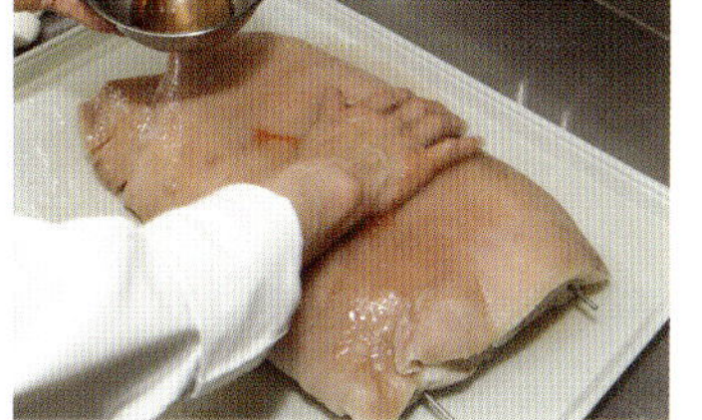

焼肉水＊をまわしかけ、皮全体に塗る。

8

風通しのよい場所に7を一晩吊るして乾かす。

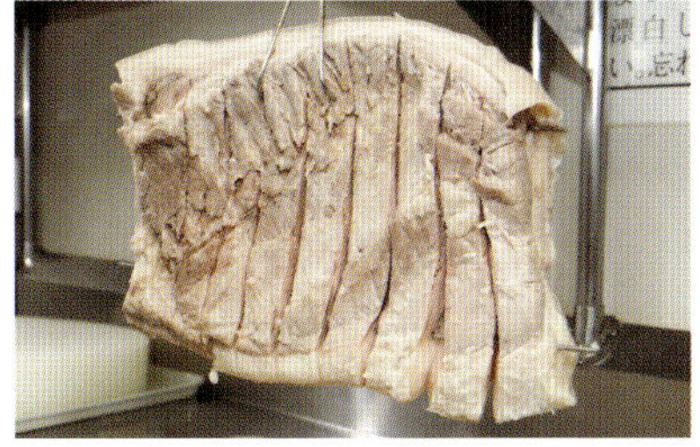

風通しのよい場所に一晩吊るして、風干しにする。

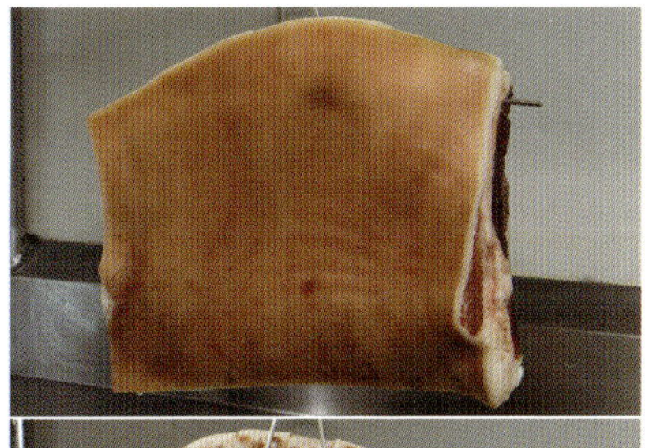

一晩、風干ししたバラ肉（上：皮側、下：肉側）。

9

8を中温に温めた窯にふたを開けたまま入れ、温め直す。

ふたを開けたまま、中温の窯に10〜15分入れ、肉を温め直す。

皮面を熱源に向けて入れる。

＊この段階では肉に火を通すことが目的ではないので、中まで火が入らないよう注意する。

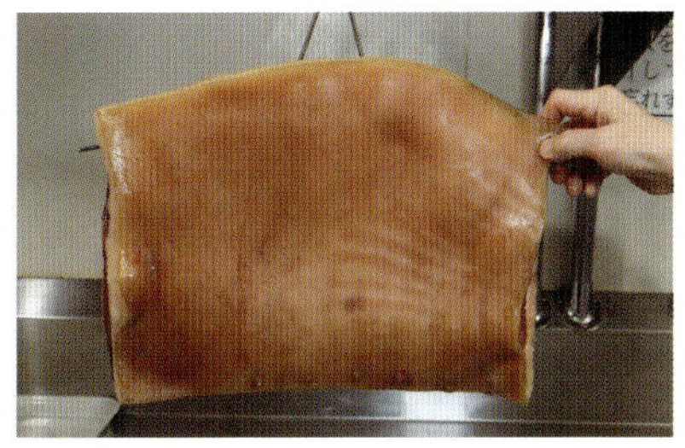

温め直した状態。冷えた肉を温め直すことで、この後に続く針や串を刺す工程がスムーズになる。

10

取り出した肉は皮を上にしておき、専用の針で皮部分だけにまんべんなく穴をあける。

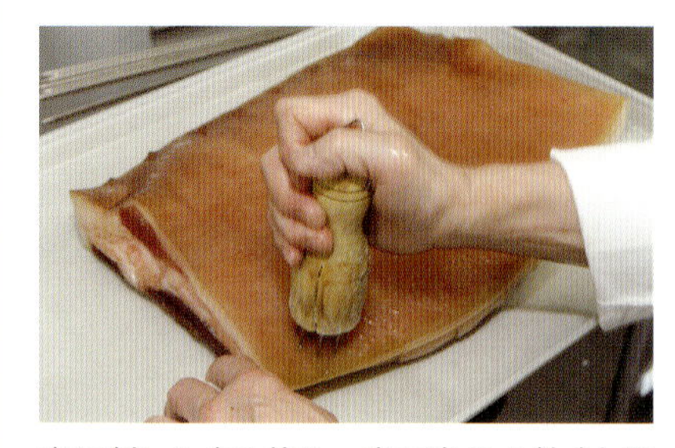

肉に刺した串を抜き、皮に専用の針（大豚針：P.16）でまんべんなく穴をあける。一見簡単な作業にみえるが、均一に同じ深さで穴をあけるのは、熟練の技術が必要。

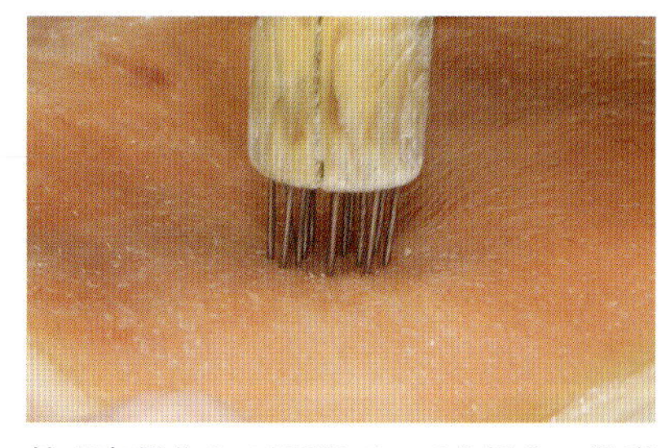

針が肉部分まで貫通しないよう細心の注意を払う。肉部分に少しでも針が貫通すると、そこから肉汁が出てしまい、皮がサクサクに仕上がらなくなる。

＊料理名にもある“脆皮（サクサクしたの皮の意味）”を実現するために欠かせない工程。まんべんなく穴を開けておくことで、皮全体がザクザクとした食感になる。

11

金串を全体に刺し、形を整えて固定する。

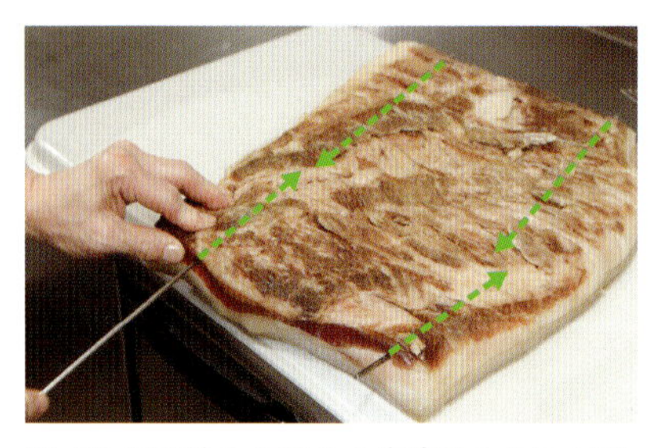

豚バラの両端から厚みの中央あたりにメドをつけ、それぞれ金串（叉焼針：P.16）を刺す。串の長さが足りないので、向きを変えて両側から串を刺して固定する。

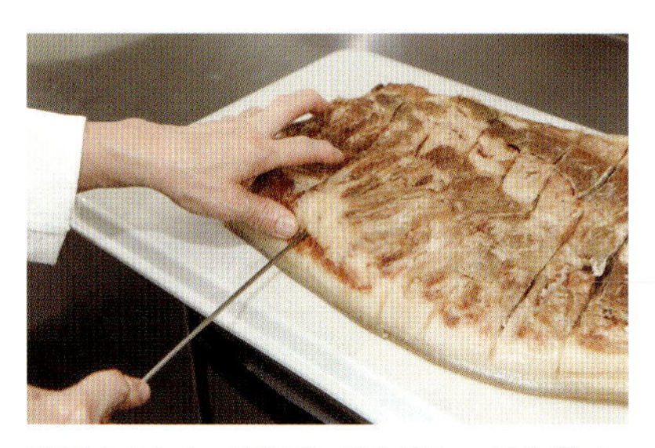

肉面を上にして横長に置き直し、串を刺す。位置は厚み半分よりやや上部の赤身部分に。

金串を刺し、縫うようにして串（手前、向こう側の2カ所を刺して）を出す。肉の両端と真ん中に合計3本の金串を刺して固定する。

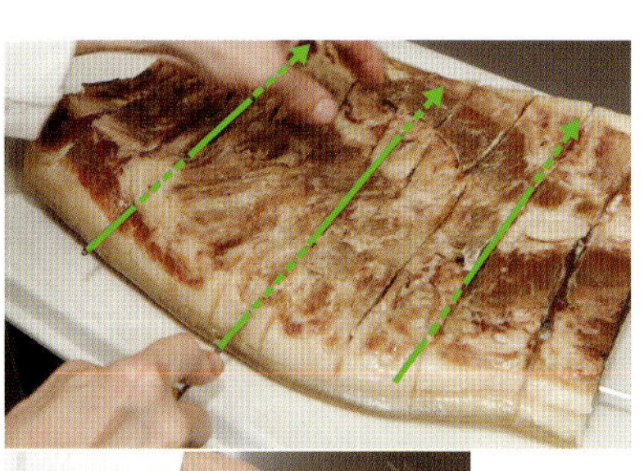

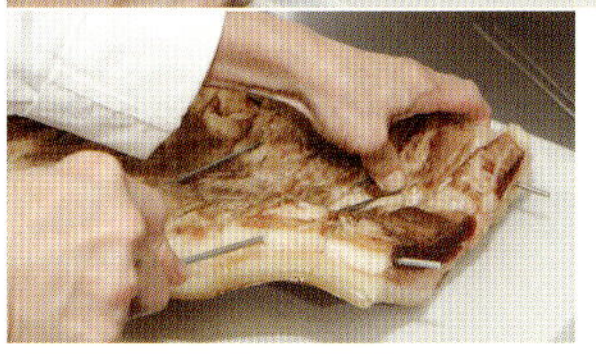

金串を刺すときは、肉を持ち上げながら縫うように金串を刺し、皮面が自然なカーブを描くように意識して固定するとよい。

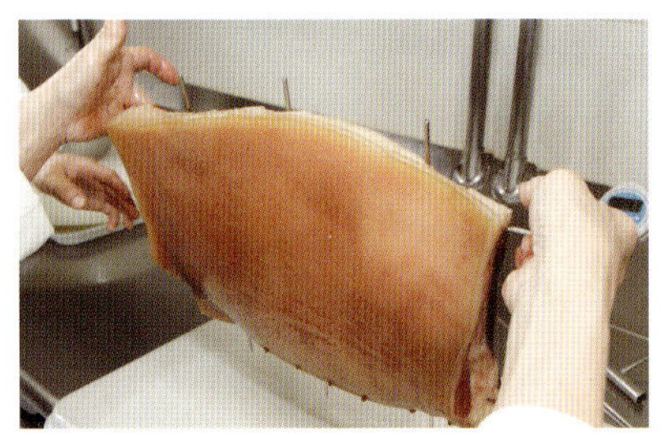

いったん肉を持ち上げ、全体の形を確認する。皮面がゆるやかな曲線を描くような形状になるのが理想。

肉面を上にして縦に置き、中央部分に金串を刺す。刺し始めの位置は、やや上部に。そこから横串を縫うように通しながら貫通させる。

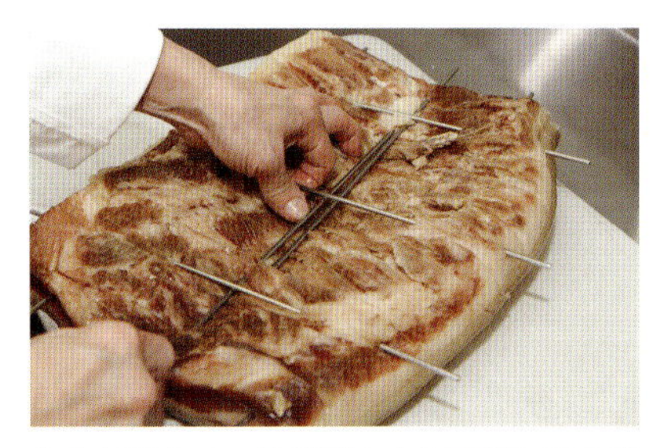

向きを変えて、反対側からも同様に串を刺す。この工程で形を固定させる。

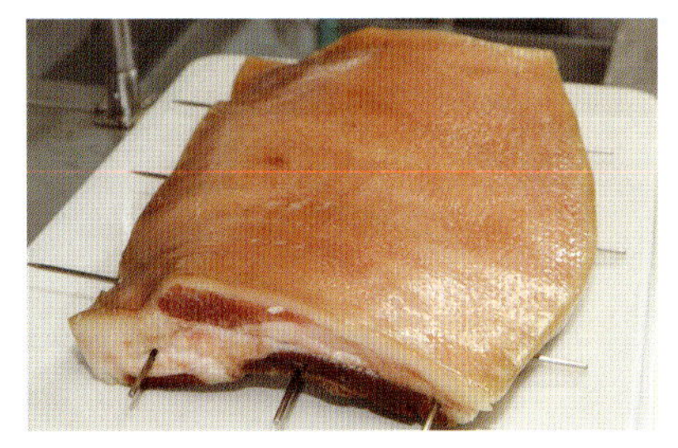

皮が自然に丸みを帯びた形状に整えるのがポイント。このとき、皮の表面がでこぼこしていないかチェックする。凹凸は焼いたとき、そのまま焼きムラになってしまうので注意する。

12

肉面にアルミホイルを かけて焼く。

肉面側にアルミホイルをかけて、約200℃の窯に入れ、20〜30分焼く。

皮を熱源に向けて入れて焼き、少し色づいてきたら、火力を全開にして高温（350℃程度）にする。

皮が高温で膨張してはじけたようになる。この段階で、しっかり焼き色をつける。焼き上がりは写真のように、かなり焦げている状態。

13

12を取り出して、焦げた部分を ペィナイフで削りとり、 全体に油を塗る。

アルミホイルをはずす。焼き上がりも、皮面はゆるやかなカーブを維持。

ペティナイフで焦げている部分だけをこそげとる。皮を傷つけないよう注意。

たわしを使って皮面全体にたっぷり油を塗りながら焦げカスも落として、つややかに仕上げる。

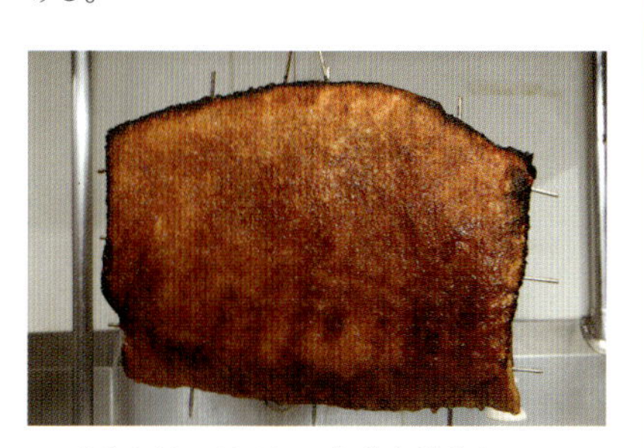

フックをかけて吊るし、余分な油をきる。

14

肉面に再びアルミホイルを かけ、約180℃で30〜40分 焼いて仕上げる。

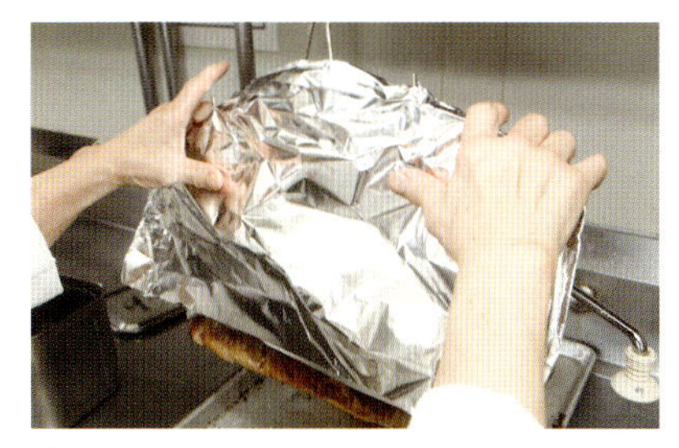

肉面だけにアルミホイルをかける。

皮を熱源に向けて約180℃に温めた窯に入れ、30〜40分様子を見ながら、こんがりと焼き上げる。

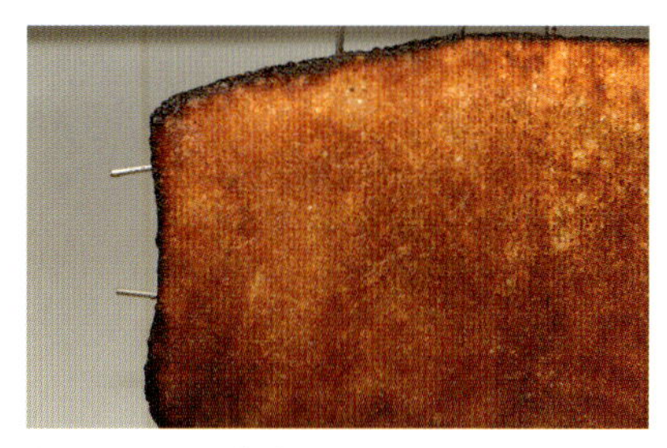

皮の表面が爆（は）ぜたようになり、ザクザクと歯切れよい食感に焼き上げる。

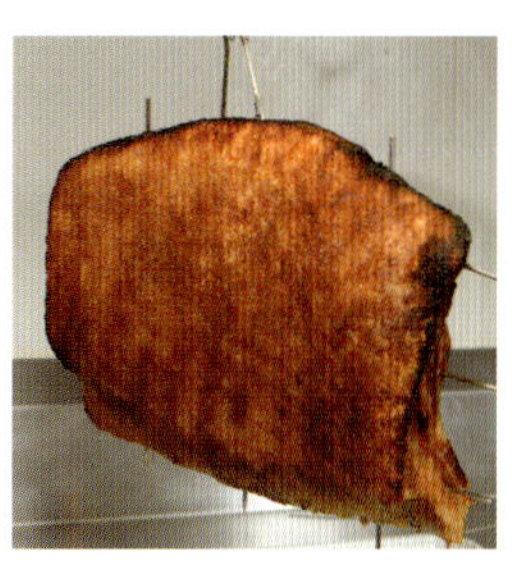

焼き上がったら、取り出してアルミホイルをはずす。吊るして粗熱をとり、肉を落ち着かせる。

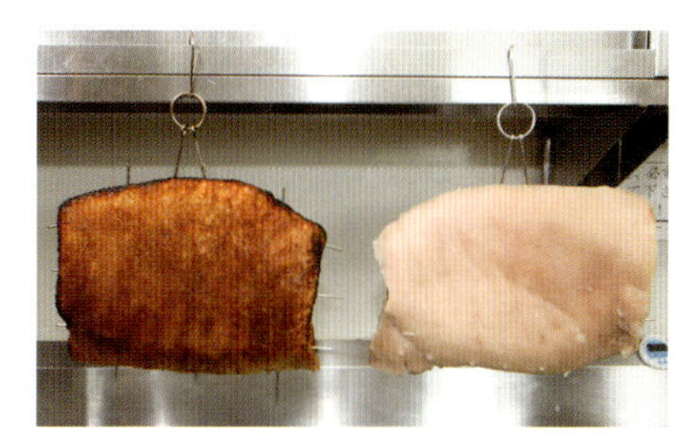

焼く前の皮付き豚バラ肉（右）とこんがりと焼き上がった状態（左）。

15

切り分けて、器に盛る。

串をまわし抜く。

香ばしく焼けた皮を傷つけないよう、まず包丁を引くようにして皮部分だけを切る。

続いて肉部分を切り離す。

このように仕上がりが、きれいなカーブを描いた状態が理想。

焦げた部分や端身は切り落として、形を整える。

口に運びやすい厚みにカットし、包丁の腹にのせて、器に盛り、大豆の甘煮(P.117参照)を添える。

蜜汁叉焼（マッチャプチャーシュウ）

豚チャーシュー

Barbeque pork

蜜汁叉焼（マッチャプチャーシュウ）

豚チャーシュー

濃厚で味のある肩ロース肉で作るチャーシューは、広東料理で最もポピュラーな焼物のひとつ。肩ロース肉を特製の叉焼汁に漬け込み、窯で香ばしく焼き上げる。広東式チャーシューの特徴は、焼き上がりに水飴をからめること。焼きたてはもちろんのこと、冷めても美味しい。そのまま切り分けて提供するほか、ご飯にのせた叉焼飯、叉焼包や腸粉などの点心をはじめ、様々な料理に多用することができる。

[材料] 作りやすい分量
豚肩ロース肉(ブロック)…約2kg
叉焼汁＊…500g
玫瑰露酒…10g
叉焼水飴＊…適量

＊叉焼汁(➡P.174)
[材料] 作りやすい分量
砂糖…6kg
塩…300g
チキンパウダー…300g
醤油…3kg
海鮮醤…1kg
オイスターソース…300g
芝麻醤…300g
生醤(P.175)＊…500g

1 ボウルに材料をすべて入れて、よく混ぜ合わせ、1日寝かせて砂糖の甘みを落ち着かせる。使う前によく混ぜてから使う。

＊叉焼水飴(➡P.174)
[材料] 作りやすい分量
水飴…2kg
塩…50g
熱湯…300g

1 鍋に水飴と熱湯を入れてよく混ぜて中火にかけ。塩を加えて混ぜ、とろりとするまで詰める。

1 豚肩ロースの塊肉は、余分な脂やスジを切り落として、約1.8cm厚さに切る。
2 ボウルに叉焼汁＊と玫瑰露酒を合わせて1の豚肉を入れ、4〜6時間漬け込む。
3 2を取り出して金串に刺す。
4 3にアルミホイルをかけて100℃〜180℃まで温度を上げて25〜30分焼く。
5 4を叉焼水飴＊にくぐらせ、10〜15分吊るして汁気をきる。
6 180℃前後の窯に5を入れ、5〜6分を目安に焼く。
7 窯から6を取り出し、仕上げに叉焼水飴にくぐらせて吊るす。
8 チャーシューを食べやすく切って、器に盛る。

1

豚肩ロースの塊肉は、余分な脂やスジを切り落として、約1.8cm厚さに切る。

豚肩ロース塊肉を用意する。赤身に脂肪が網目状に広がり、濃厚な味わいが特徴。

余分な脂やスジ部分を切りとり、形を整えてサクどりする。

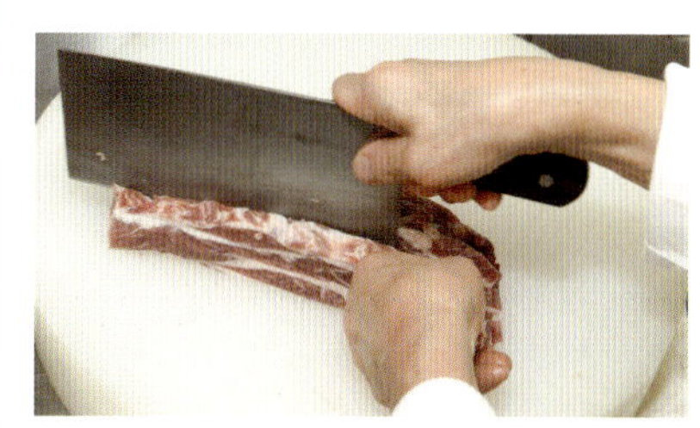

肉を繊維に沿って、約1.8cm厚さにスライスする。

2

ボウルに叉焼汁＊と玫瑰露酒を合わせて1の豚肉を入れ、4〜6時間漬け込む。

ボウルに叉焼汁＊と玫瑰露酒を合わせ入れ、手でよく混ぜてたれを作る。

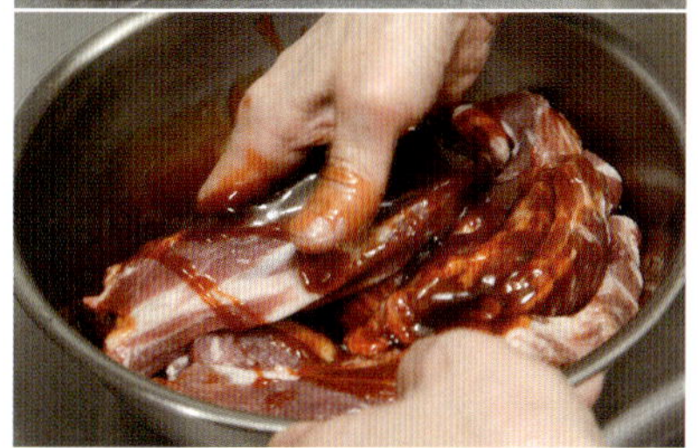

1の豚肉をたれに入れ、手で全体になじませる。

たれに漬けた状態で豚ロース肉を冷蔵庫で4〜6時間漬け込む。

3

2を取り出して金串に刺す。

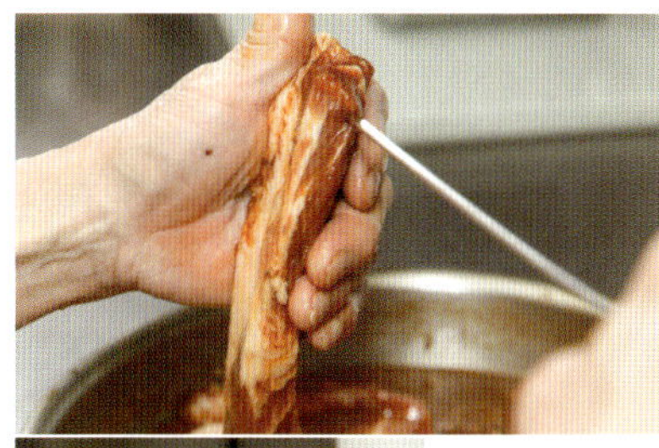

肉に金串(叉焼針：P.16)を刺す。後で吊るした際に肉の重みでちぎれないよう、繊維のしっかりしたスジ部分を目と指で探り当てて突き通していく。

すぐに焼かない場合は、乾燥を防ぐため叉焼汁＊に漬けておく。

4

3にアルミホイルをかけて100℃〜180℃まで温度を上げて25〜30分焼く。

3の肉をフック（叉焼針：P.16）にかけて吊るし、余分な汁気を切る。

焦げやすい肉の上部にアルミホイルをかける。

100℃の窯に入れ、180℃まで徐々に温度を上げて25〜30分焼く。

焼き上がり。この段階では6〜7割程度火を通した状態にとどめる。

5

4を叉焼水飴＊にくぐらせ、10〜15分吊るして汁気をきる。

4が熱いうちに叉焼水飴の入った容器に入れて、たっぷりの水飴にくぐらせる。

引き上げて、余分な水飴を落としてきる。

6

180℃前後の窯に5を入れ、5〜6分を目安に焼く。

180℃前後の窯に5を入れ、5〜6分を目安に焼く。この段階でほぼ火を通す。

7

窯から6を取り出し、仕上げに叉焼水飴＊にくぐらせて吊るす。

6の豚肉を叉焼水飴＊にもう一度くぐらせ、引き上げる。そのまま吊るして粗熱をとり、落ち着かせる。

8

チャーシューを食べやすく切って、器に盛る。

食べやすい厚さのそぎ切りにして、形を整えて並べる。

包丁を寝かせ入れ、包丁の腹にチャーシューをのせたら、そのまま器に盛る。

黒椒排骨（ハッチュウパイクアッ）

豚スペアリブの黒胡椒焼き

Pork sparelibs with black pepper

黒椒排骨

ハッ　チュウ　パイ　クァッ

豚スペアリブの黒胡椒焼き

甘辛い叉焼汁に粗挽きの黒胡椒をたっぷり加え、スペアリブを漬け込んで焼き上げたスパイシーな焼物。甘辛いたれにピリリとパンチの効いた黒胡椒がアクセントとなり、クセになる味わい。焼き上がりには「蜜汁叉焼(P.33)」と同様、熱いうちに叉焼水飴にくぐらせるが、水飴に黒胡椒が混ざらないよう、チャーシュー用の水飴とは共用せず、別にすることも忘れずに。食べるときは豪快にかぶりつくのがおすすめ。

［材料］作りやすい分量
豚スペアリブ
(骨付きバラ肉)…1枚
黒胡椒…20g
叉焼汁＊(P.174)…300g
叉焼水飴＊(P.174)…適量

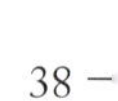

1　スペアリブは、余分な脂やスジを切り落として掃除する。
2　叉焼汁＊と黒胡椒を合わせ、1のスペアリブを漬けて1日おく
3　2の肉を取り出してフックをかけて吊るし、上部分にアルミホイルをかける。
4　3を140〜170℃の窯に入れ、30〜50分かけて焦がさないよう焼く。
5　焼きあがったスペアリブは、仕上げに叉焼水飴＊を塗り、窯に入れて焼く。
6　切り分けて、器に盛る。

1

スペアリブは、余分な脂やスジを切り落として掃除する。

豚スペアリブ（骨付きのバラ肉）を用意する。赤身と脂肪の割合がほどよく、口当たりは柔らかいが、しっかりとした歯ごたえもあるのが特徴。

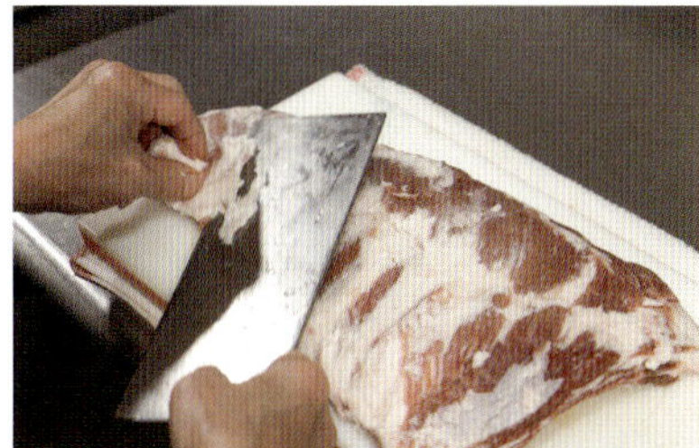

余分な脂や、スジをそぐようにして切りとり、形を整える。この工程によって表面の焼きムラも防ぐことができる。

2

叉焼汁＊と黒胡椒を合わせ、1のスペアリブを漬けて1日おく。

叉焼汁＊適量をバットに入れ、たっぷりの黒胡椒を入れて、全体に混ぜて漬け汁を作る。

漬け汁に、掃除した豚スペアリブを入れ、表裏を返しながら全体になじませ、約1日漬け込む。

スペアリブをたれに約1日漬けたもの。

3

2の肉を取り出してフックをかけて吊るし、上部分にアルミホイルをかける。

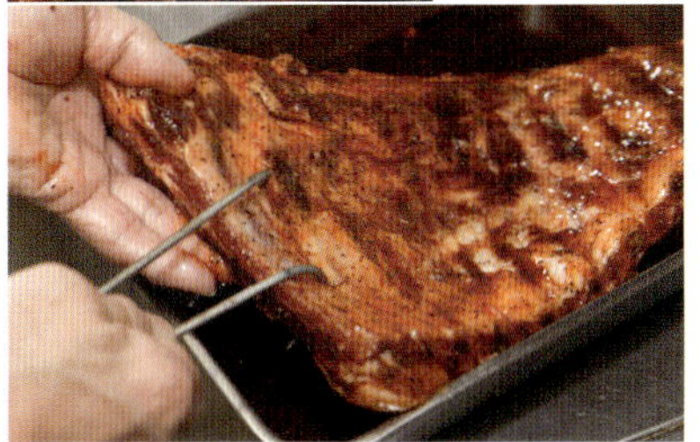

2の肉を取り出し、肩側にフック（叉焼環：P.16）を骨と骨のすき間に刺して固定する。

フックで肉を吊るし、余分な汁気をきる。

焦げやすい肉の上部にだけ、アルミホイルをかける。

4

3を140～170℃の窯に入れ、30～50分かけて焦がさないよう焼く。

約140℃の窯に3の豚肉を入れ、170℃程度まで上げ、温度を調整しながら30～50分焼く。

5

焼き上がったスペアリブは、仕上げに叉焼水飴＊を塗り、窯に入れて焼く。

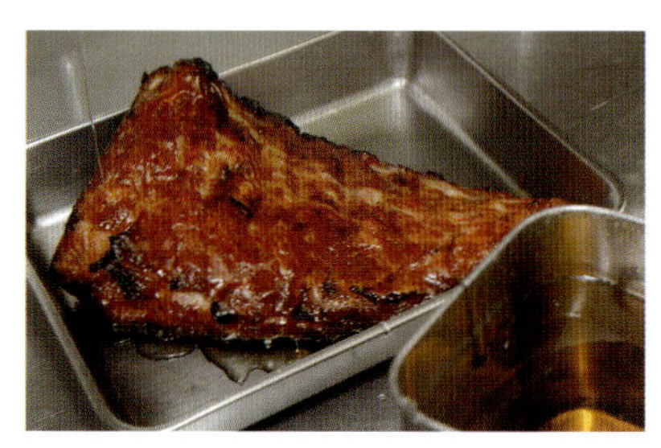

焼き上がった豚スペアリブに叉焼水飴を全体に塗る（肉に黒胡椒がついているので、叉焼水飴は他の焼物と共用しない）。

約170℃の窯に入れて5～6分焼いて仕上げる。

6

切り分けて、器に盛る。

焦げた部分や端部分は切り落とす。

端から食べやすい幅に切り分ける。

口に入れやすい幅になるよう、大きさに応じて2～3等分に切る。

包丁の腹に肉を揃えてのせ、左手の平を添えるようしながら、器にすべり込ませて盛る。

五香爽肉

豚トロの塩焼き

Roasted pork

五香爽肉（ン ヒョン ソン ヨッ）

豚トロの塩焼き

豚トロは豚の頬から首、肩にかかる部分の肉。さっぱりとした塩味をベースにレモンパウダーやガーリックパウダーを配合した「頸肉塩」を豚トロにまぶして爽やかな味わいに仕上げた焼物。トロというと柔らかいイメージがあるが、実際にはコラーゲンと脂肪が霜降り状に入っているため、ジューシーでありながらコリコリとした独特の食感が楽しめる。豚トロは「蜜汁叉焼（P.33）」の叉焼汁に漬け込んで焼いても美味しい。

［材料］ 作りやすい分量
豚トロ（豚首肉）…約1kg（約350g×3枚）
頸肉塩＊…100g

＊頸肉塩
［材料］ 作りやすい分量
塩…300g
グラニュー糖…900g
チキンパウダー…375g
ガーリックパウダー…56g
レモンパウダー…56g
カイエンペッパー…37g

1 材料をすべて混ぜ合わせる。

1 豚トロは、余分な脂を切りとる。
2 1の豚トロに頸肉塩＊を全体にまぶし、冷蔵庫で10～12時間寝かせる。
3 2の汁気をきり、金串を刺してフックに吊るし、アルミホイルをかぶせる。
4 100℃～180℃の窯に入れ、23～27分焼く。
5 食べやすい大きさに切り分け、器に盛る。

1

豚トロは余分な脂を切りとる。

豚トロ(豚頸肉)は、豚の頬から首、肩にかかる部分の肉。コラーゲン繊維と脂肪が霜降り状に入っており、焼くとコリコリした歯ごたえとジューシーさが同時に味わえる。

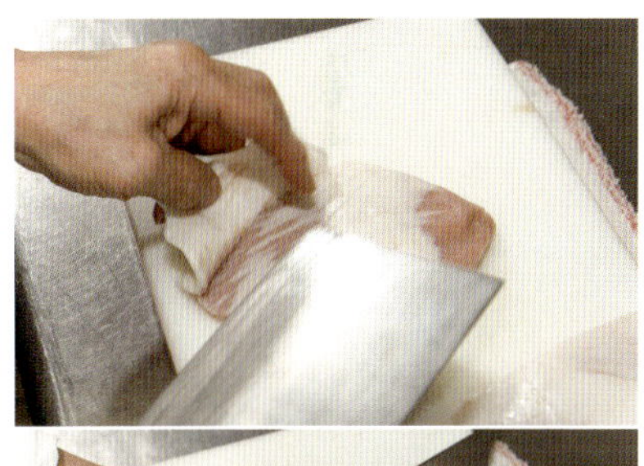

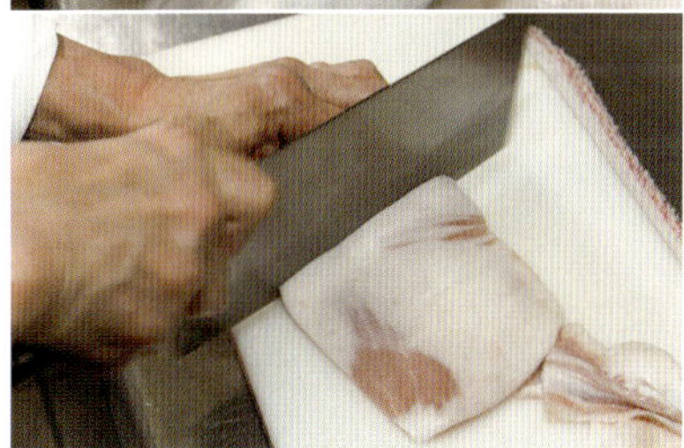

表面の余分な脂をそぐようにして薄く切りとり、適当な大きさに切り分ける。

2

1の豚トロに頸肉塩＊を全体にまぶし、冷蔵庫で10～12時間寝かせる。

頸肉塩＊は、塩味を基本にレモンパウダーやガーリックパウダーなどを配合した自家製シーズニングパウダー。

バットに1の豚トロをのせて頸肉塩＊を全体にまぶしつけ、冷蔵庫に入れて10～12時間寝かせる。

3

2の汁気をきり、金串を刺してフックに吊るし、アルミホイルをかぶせる。

肉から汁気が出ていたら、余分な汁気はきっておく。

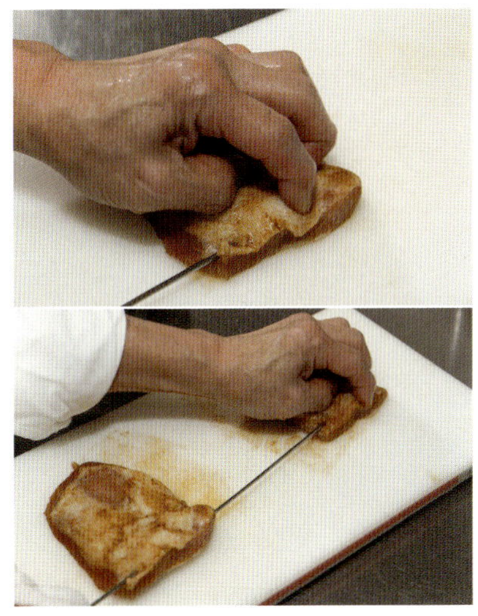

厚みのある部分に金串(叉焼針：P.16)を刺す。

金串にフック(叉焼環：P.16)をかけ、焦げやすい上部にアルミホイルをかぶせる。

4

100℃〜180℃の窯に入れ、23〜27分焼く。

最初は１００℃くらいの低温から入れ、徐々に温度を上げて１８０℃くらいまで上げ、25分くらいかけて焼く。

焼き上がったら、窯から出してアルミホイルをはずす。

5

食べやすい大きさに切り分け、器に盛る。

金串を回し抜く。

焦げた部分や端身を切り落とす。

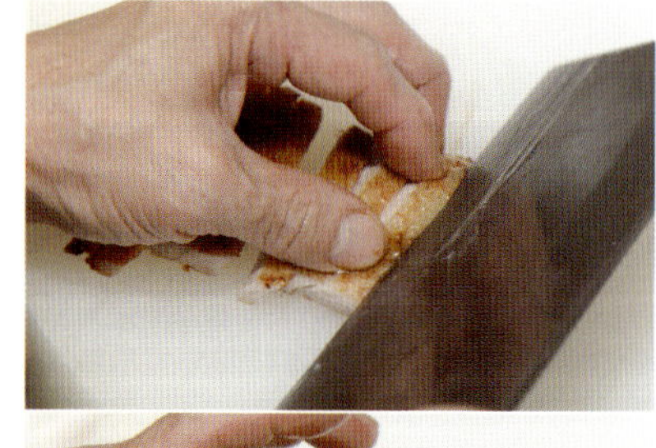

食べやすく、そぎ切りにする。

切り終えた豚トロの形を整えて包丁の腹にのせ、そのまま器に移して盛る。

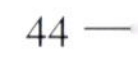

焼腸（シュウチョン）

広東式腸詰焼き

Sausage with Cantonese style

焼腸（シュウチョン）

広東式腸詰焼き

広東省や香港では非常にポピュラーな広東式の腸詰め。チャーシュー用の肩ロース肉の端身を粗挽きにし、豚背脂と4対1の割合で合わせて調味する。さらに香ばしく揚げたエシャロットを揚げ油ごと加える。できあがりの風味がよくなり、しっとりとした食感に。肉を豚腸に詰めてソーセージ状にしたら、焼く温度が近い「蜜汁叉焼（p.33）」と一緒に焼くことも可能。できあがったら、脂と肉の旨味を生かして様々な料理に使うことも多い。

［材料］作りやすい分量

豚腸（天然・塩漬け）…1〜2本
肩ロース（粗挽き肉）…3kg
＊叉焼用の肩ロース肉の端身を利用
背脂…750g
エシャロット（みじん切り）…150g
油…200g
A
- 清酒…450g
- シーズニングソース…47g
- チキンパウダー…37g
- 黒胡椒…18g
- 叉焼汁＊（P.174参照）…450g
- 玫瑰露酒…37g

肩ロース肉、豚背脂は、それぞれミンサー（肉挽き器）で粗挽きにする。
2 エシャロットを香ばしく揚げ、そのまま油に漬けて冷ます。
3 Aの材料を合わせてよく混ぜておく。
4 1の肩ロース肉と豚背脂を撹拌機に入れて練り、3の合わせ調味料を少しずつ加えて混ぜる。
5 肉に調味料がまんべんなくなじんだら、2の揚げエシャロットを油ごと加えてさらに混ぜる。
6 肉を詰める豚腸は、塩抜きをしてから、プラスチックパイプに通しておく。
7 ソーセージスタッファー（肉詰用の機械）に5の肉を詰め入れ、豚腸をノズルにセットする。
8 7を少しずつ押し出しながら、豚腸に肉を詰めていく。
9 焼きやすい長さに腸詰めを縛り、切り離す。
10 9を叉焼汁にくぐらせて串に刺す。
11 10を100〜180℃程度に温めた窯で焼き上げ、切り分けて、器に盛る。

1

肩ロース肉、豚背脂は、それぞれミンサー—（肉挽き器）で粗挽きにする。

肩ロース肉は、チャーシュウ用の肉の端肉などを活用する。

肩ロース肉、豚背脂は、それぞれミンサー—（豚挽き器）で粗挽きにする。

2

エシャロットを香ばしく揚げ、そのまま油に漬けて冷ます。

エシャロットのみじん切りを低温の油に入れて、少しずつ温度を上げて揚げる。

エシャロットが焦げないよう、混ぜながら均等に香ばしいきつね色になるようにする。

ほどよく色づいたらエシャロットを揚げ油ごとボウルに移し入れ、そのまま冷ましておく。

＊このとき、エシャロットは予熱でも焦げるので、少し早めのタイミングで移し入れることがポイント。

3

Aの材料を合わせてよく混ぜておく。

ボウルにAの材料を合わせ入れ、粉っぽさがなくなるまで、よく混ぜておく。

4

1の肩ロース肉と豚背脂を攪拌機に入れて練り、3の合わせ調味料を少しずつ加えて混ぜる。

肩ロース肉を豚背脂は、攪拌機に入れ、脂と赤身が全体になじむまで練る。

合わせ調味料を3〜4回に分けて、少しずつ加える。一度に加えると、味にムラが出るので、調味料がなじんでから次の合わせ調味料を加えるようにする。

5

肉に調味料がまんべんなく
なじんだら、2の揚げ
エシャロットを油ごと加えて
さらに混ぜる。

2の揚げエシャロットは冷ましてから、油ごと加え、さらに攪拌する。

肉全体になじめばよい。この段階で混ぜ過ぎると、いったん肉に吸収された調味料などの水分が分離してしまい、しみ出てしまうので、混ぜ過ぎないよう注意。

6

肉を詰める豚腸は、
塩抜きをしてから、プラスチック
パイプに通しておく。

豚腸は天然・塩漬けのものを用意し、水に10〜15分程度漬けて塩抜きをする。1本ずつプラスチックパイプに通してねじれなどを直し、スムーズに肉詰め作業できるよう準備しておく。

7

ソーセージスタッファー(肉詰用
の機械)に5の肉を詰め入れ、
6の豚腸をノズルにセットする。

ソーセージスタッファーのシリンダー部分に5の肉を詰め入れる。

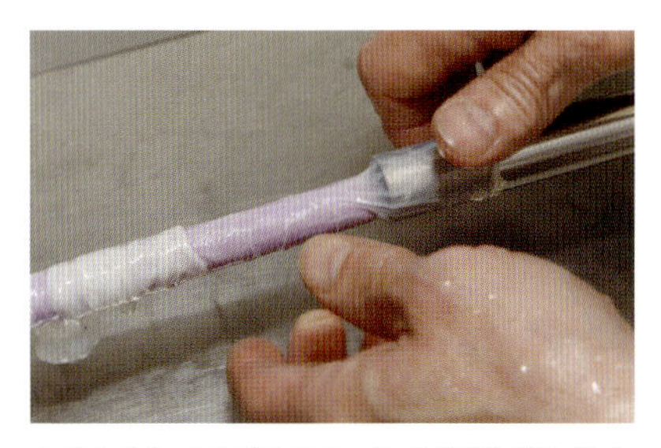

ノズル穴に6のプラスチックパイプを差し込んで豚腸をセットする。

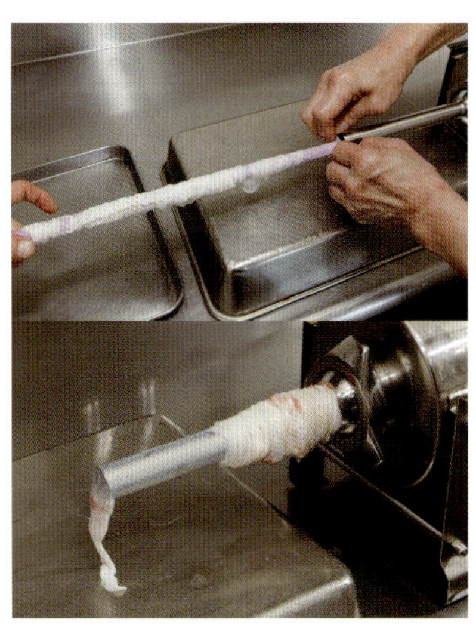

手で豚腸を送りながらノズル部分に豚腸を移動させる。

8

7を少しずつ押し出しながら、
豚腸に肉を詰めていく。

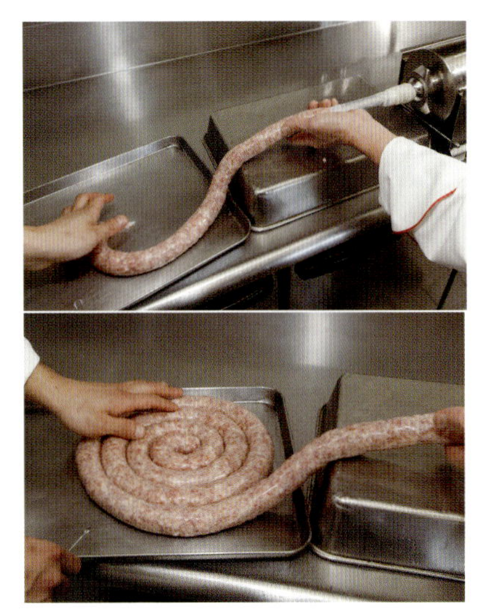

作業は2人で行うとスムーズ。一人がソーセージスタッファーのハンドルを回して肉を押し出しながら豚腸に肉を送り、もう一人は巻きとる。

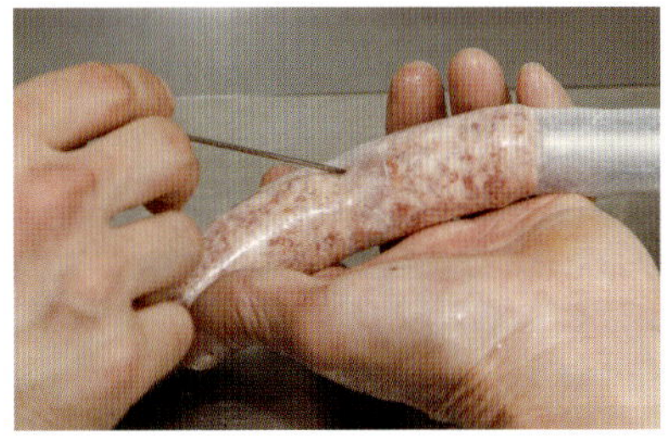

腸詰の中に気泡があれば、針で軽く突いて空気を抜く。

＊腸内の余分な空気を抜いて雑菌の繁殖を防ぐためと、加熱されて気泡部分が凸凹した仕上がりになるのを防ぐため。

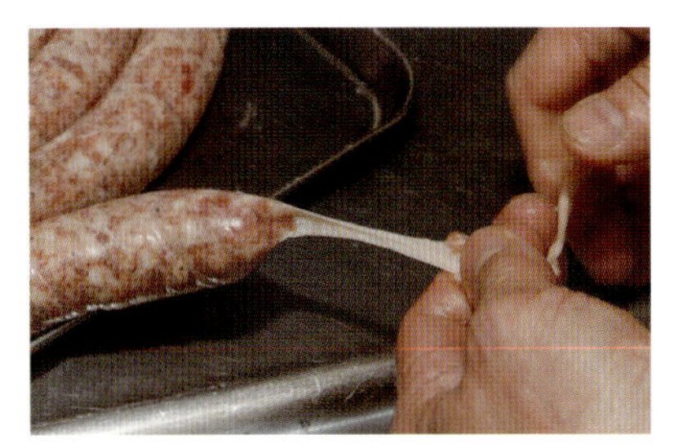

詰め終わったら豚腸の端を結んでとめる。

9

焼きやすい長さに腸詰を縛り、切り離す。

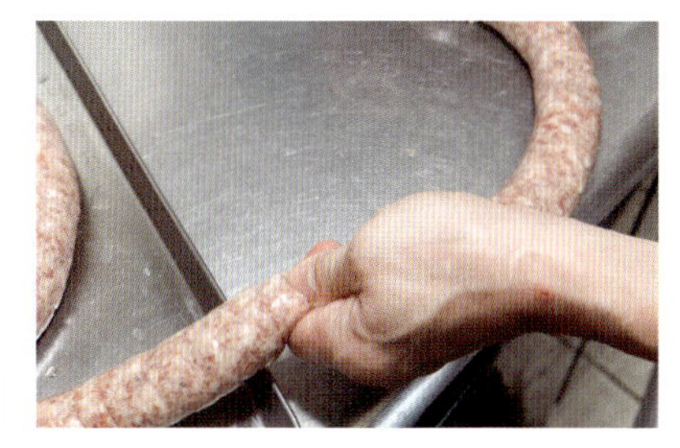

腸詰めを、焼きやすい長さ（約30cm）ごとに指でつまみ、しごくようにして両側に肉を寄せ、腸部分を10cm程度あける。

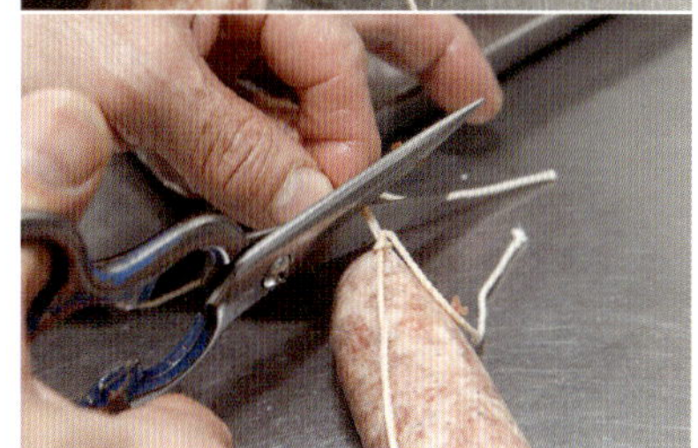

豚腸部分の両端をたこ色で縛り、真ん中で切り離す。

同様に作業をして、同じ長さの腸詰を作る。

10

9を叉焼汁＊にくぐらせて串に刺す。

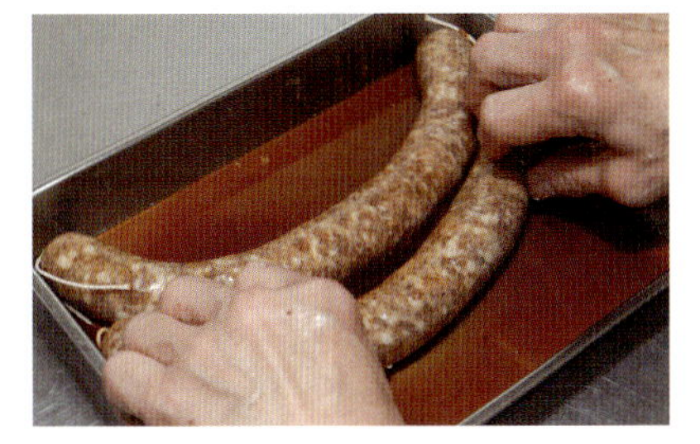

バットに叉焼汁＊適量（分量外）を入れて、腸詰をくぐらせる。

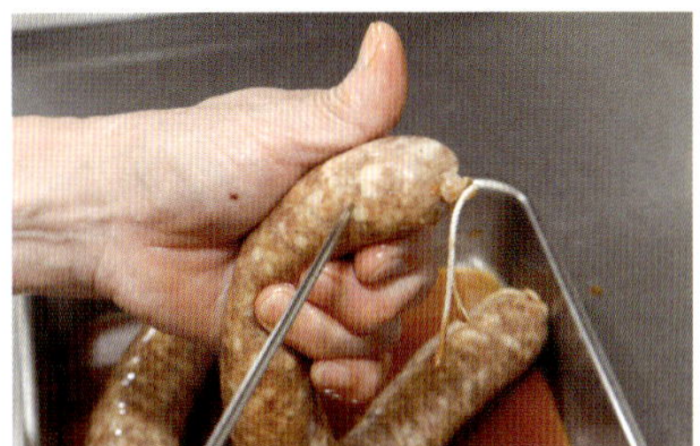

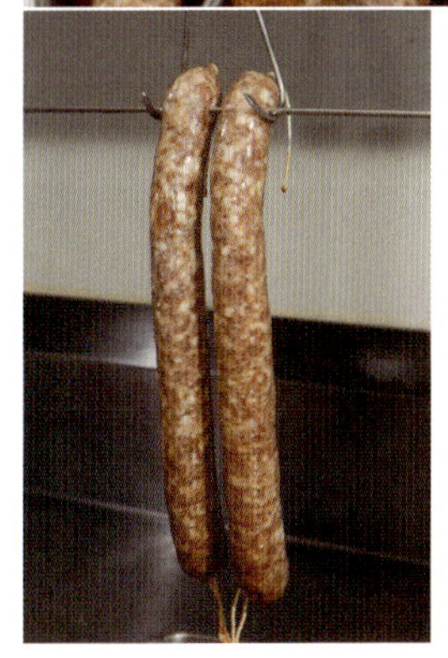

腸詰の端に金串（叉焼針：P.16）を刺して、フック（叉焼環：P.16）で吊るす。

11

10を100〜180℃程度に温めた窯で焼き上げ、切り分けて、器に盛る。

焦げやすい上部にアルミホイルをかけ、チャーシューと同じくらいの温度（100〜180℃）に温めた窯に入れ、約15分焼く。焼き上がったら、取り出して吊るし、少し粗熱がとれて落ち着いてから切り分け、器に盛る。

大紅乳猪（ダイホンイュチュウ）

仔豚の丸焼き

Crispy roasted suckling pig

大紅乳猪（ダイホンイュチュウ）

仔豚の丸焼き

広東料理を代表する名物料理。仔豚一頭を丸ごと焼いた焼物は婚礼や慶事に欠かせない。豚は皮を傷つけないよう腹から切り開き、自然な丸みを帯びるように串を刺す。仕上げに遠赤外線効果の高い溶岩を用いた専用コンロにかざし、絶えず回転させながら香ばしく焼く。このときの串の回し方、串の角度、焼き加減など微妙な見極めは焼物名人の腕の見せどころ。下準備から焼きあがりまで非常に手間はかかるが、焼物の最高峰ともいえる逸品。

[材料]
子豚…1頭(4.5〜5kg)
下味用調味料＊…適量
生醤＊(P.175)…150g
塩水(10%濃度)…適量
乳猪水＊…適量

＊下味用調味料
[材料] 作りやすい分量
塩…1200g
砂糖…600g
チキンパウダー…180g
五香粉…50g
沙姜粉(乾燥生姜粉)…40g
1 材料をすべて合わせる。

＊乳猪水
[材料] 作りやすい分量
酢…600g
玫瑰露酒…10g
紅酢…150g
1 材料をすべて合わせる。

片鴨醤(➡P.178)…適量
グラニュー糖…適量

◉子豚の下処理をする
1 子豚の腹側を上にして置き、背骨の真ん中に切り込みを入れて開く。
2 タンや目を取り除く。
3 肩甲骨を切り取る。
4 肩の骨をはずし、余分なスジを取り除く。
5 前脚の付け根で切り落とす。
6 あばら部分から股関節あたりまで切り込みを入れる。
7 「モモ」部分の身をそぎ切る。
8 後ろ脚を切り落とす。
9 もう一方の半身②も、手順4〜8と同様に処理する。
10 切り開いた肉面を切り整える。

◉子豚に味を入れる
11 10を水洗いして、吊るして水気をきる。
12 11を熱湯(90℃程度)で茹で、冷水にとって洗い、吊るして水分をきる。
13 肉面に下味調味料＊をすり込んで吊るす。
14 13の肉面にしっかり生醤＊をすり込む。

◉子豚の形を整える
15 串を刺して形を整える。
16 15を添え木で固定して平らにする。

◉子豚を焼く
17 皮に塩水をすりこんで水で洗い流し、乳猪水を皮全体にぬる
18 17を約2時間、風干しにする。
19 窯のふたを開けたまま18を入れ2〜3時間焼く。
20 専用コンロで19を焼く。
21 皮の焼き加減を注意深く確認しながら、色よく焼く。
22 こんがりと色づいてきたら、皮に油を塗り、10〜12分焼いて仕上げる。

◉半身に切り分けて、器に盛る
23 吊るしながら半身①、②に切り分ける
24 半身①の頭を切り離す。
25 半身①の「背」と「腹・モモ」部分を切り分ける。
26 半身①の「腹・モモ」部分から後ろ脚を切り離す。
27 半身①の「背」部分を切り分ける。
28 半身①の「腹・モモ」部分を切り分ける。
29 28の「モモ」部分の皮を食べやすい幅に切り分ける。
30 29で切り離した脚は縦半分に切る。
31 盛り付けた仔豚の丸焼きに、片鴨醤とグラニュー砂糖を別器で添えて供する。

子豚の下処理をする

1

子豚の腹側を上にして置き、背骨の真ん中に切り込みを入れて開く。

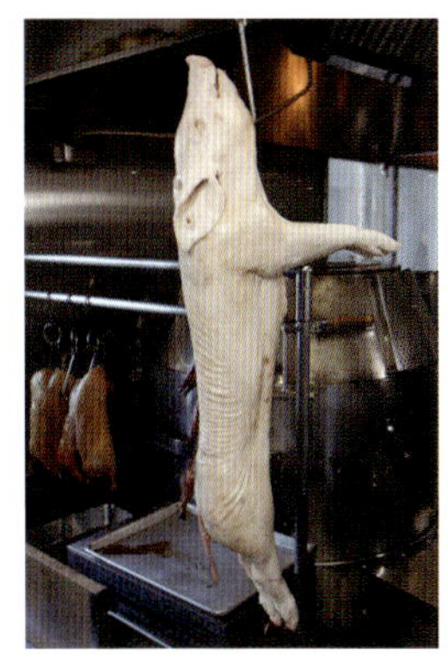

子豚は生後2〜3カ月、スペイン産（4.5〜5kg）を使用。毛は除去、内臓やあばら骨をはずしたものを用意する。

＊特に皮を賞味するものなので、まず皮に傷がないかを確認する。

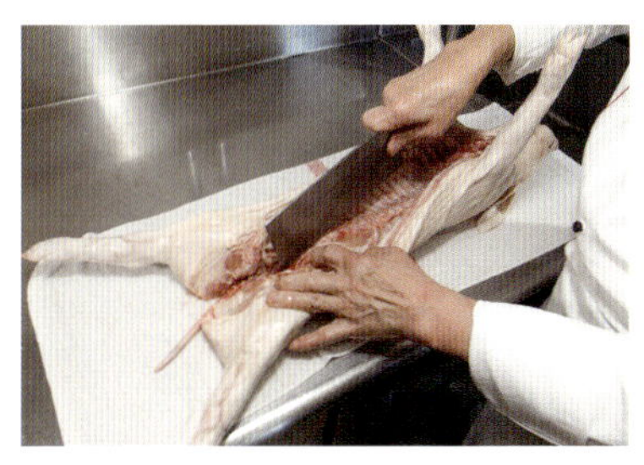

子豚の腹を上にして置き、尻尾の付け根から背骨の真ん中に包丁を当て、切り開いていく。骨を切るため、包丁の背を強く叩きながら、少しずつ切り開いていく。

＊このとき、刃が皮に当たらないようにする。少しでも皮を傷つけると、そこから皮が破れてしまうので十分な注意が必要。

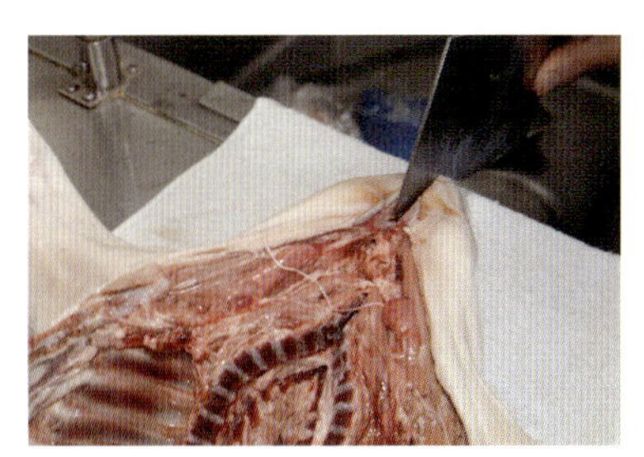

そのまま顎、鼻先まで包丁を入れて、切り開く。

2

タンや目を取り除く。

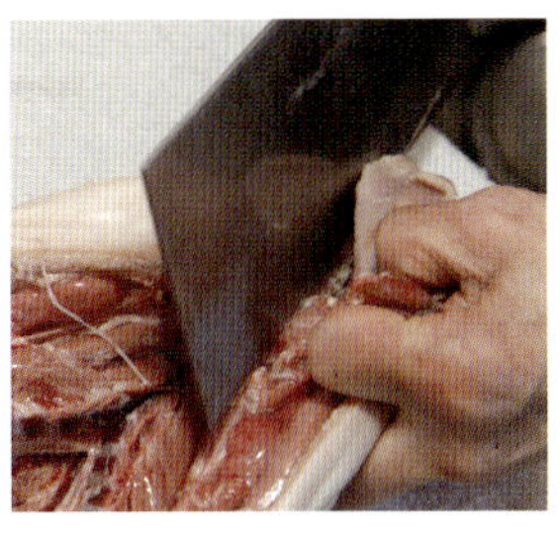

顎付け根に包丁を入れ、舌（タン）部分を切り取る。

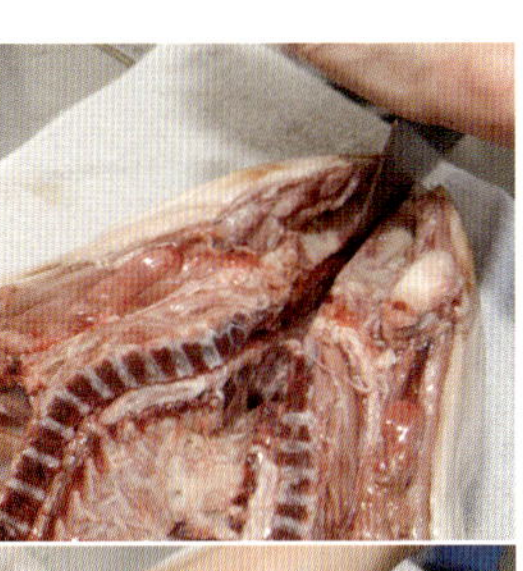

顎の付け根から鼻先にかけて頭がい骨部分は、包丁の刃元で何度か骨に切り込みを入れる。皮を傷つけないように気をつけながら鼻の先まで深く切り開く。

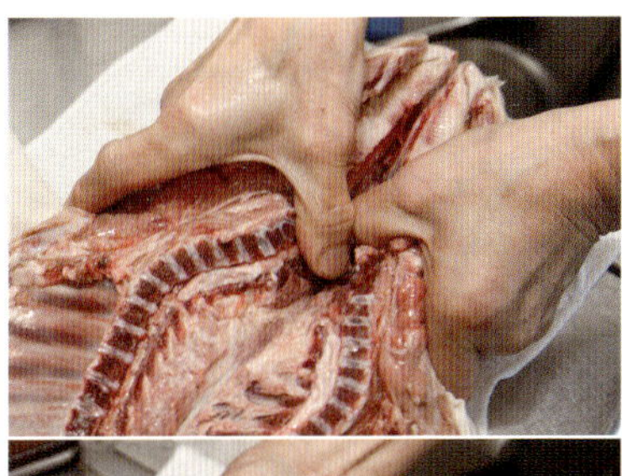

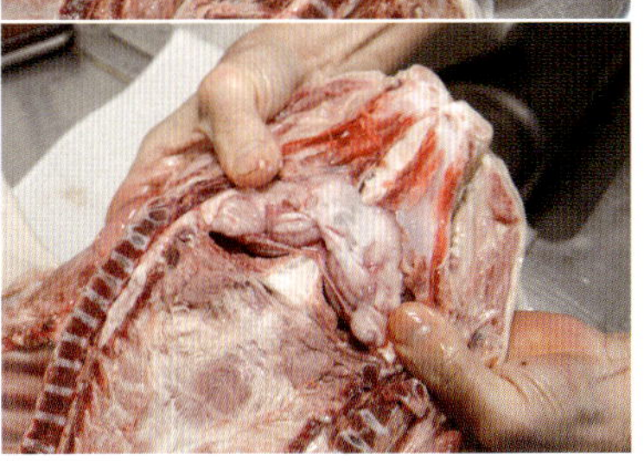

両手で顎部分をもって押さえ、左右に開く。

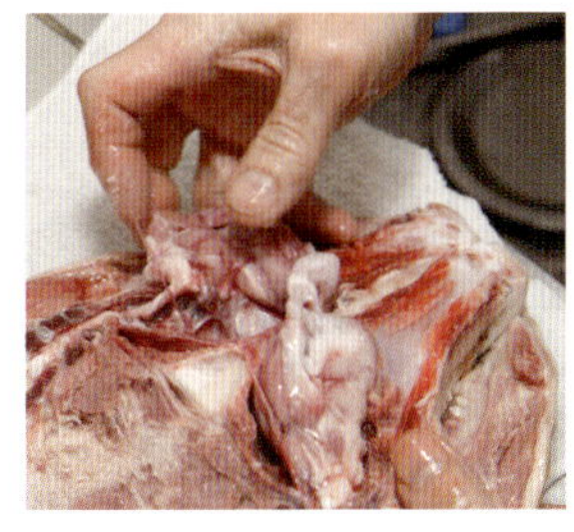

開いて現れた両目の裏側から指を入れ、目と脳部分を引きはがして取る。

3

肩甲骨を切り取る。

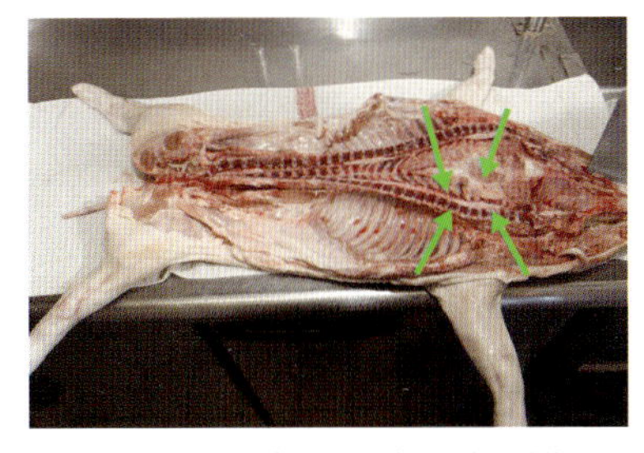

豚を尻尾の付け根から頭まで切り開いた状態。

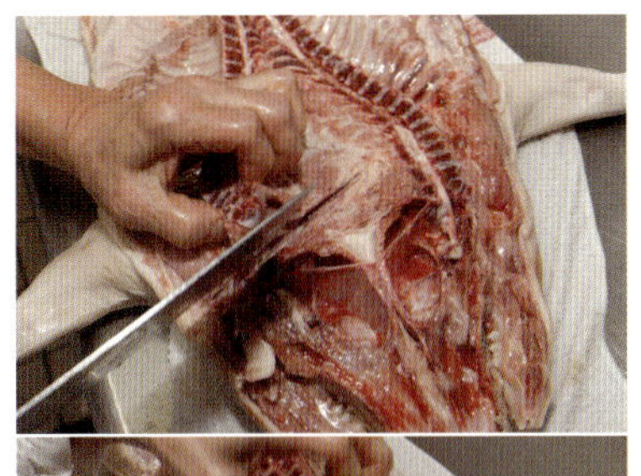

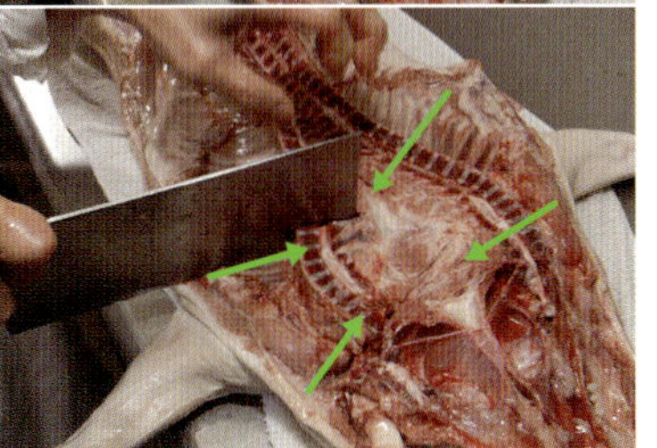

左右の肩甲骨の両脇（＝肩上と脇部分）に、それぞれ包丁の刃元で切り込みを入れる。

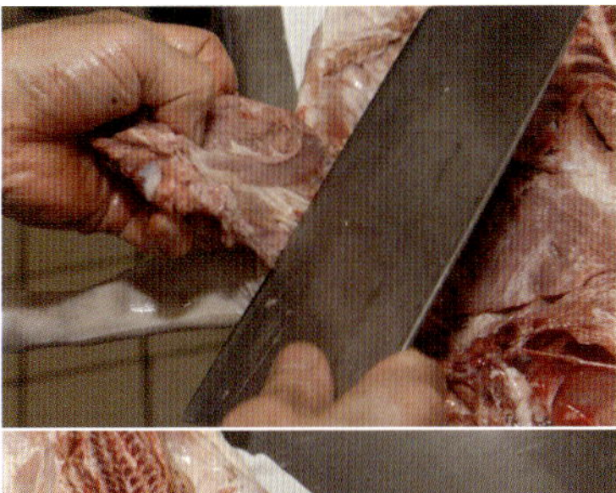

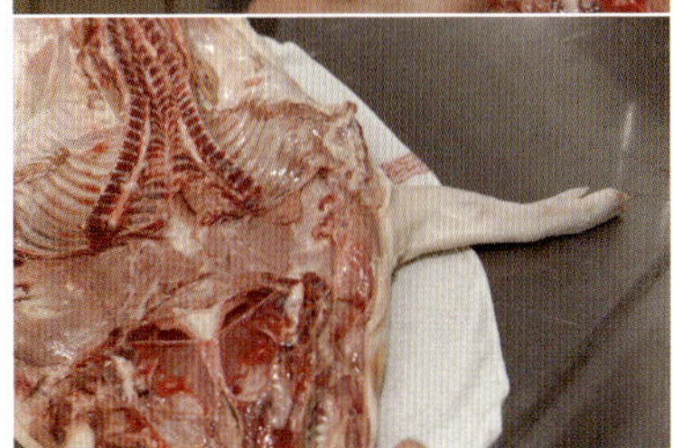

切り込み部分から包丁を寝かせて入れ、肩甲骨を身ごと切り取る。肩甲骨の下にある肩と腕をつなぐ短い骨をはずす。反対側も同様にして切り取る。

4

肩の骨をはずし、余分なスジを取り除く。

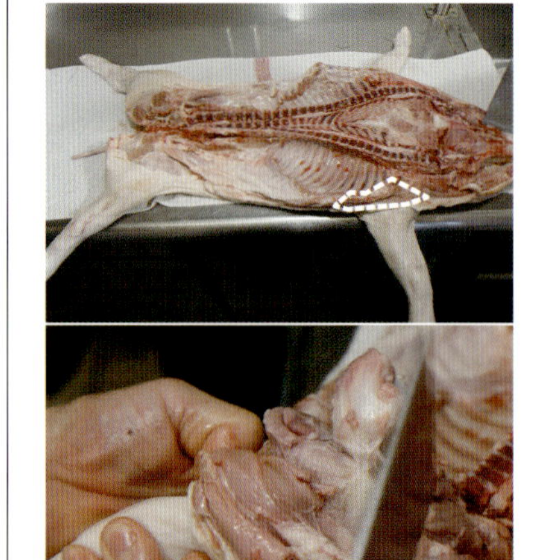

半身ずつ下準備を行う。まず半身①の肩の付け根を手に持ち、ぐるりと強く回しながら、肩の関節を押し出す。

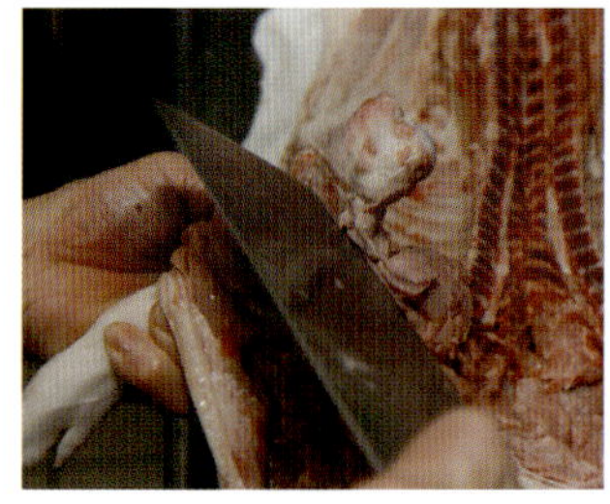
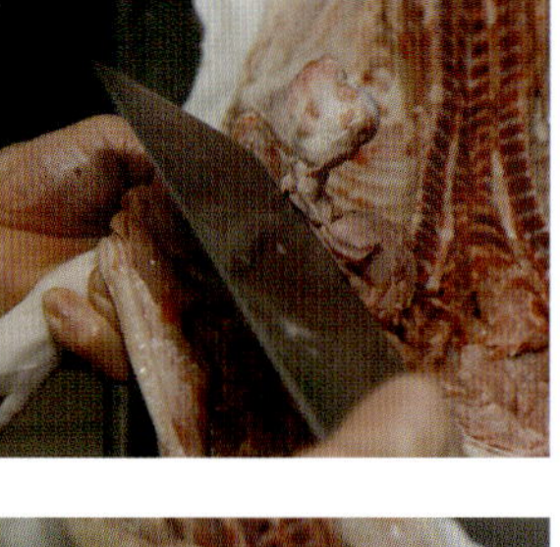

骨の周りについている肉を包丁で切ってはずす。

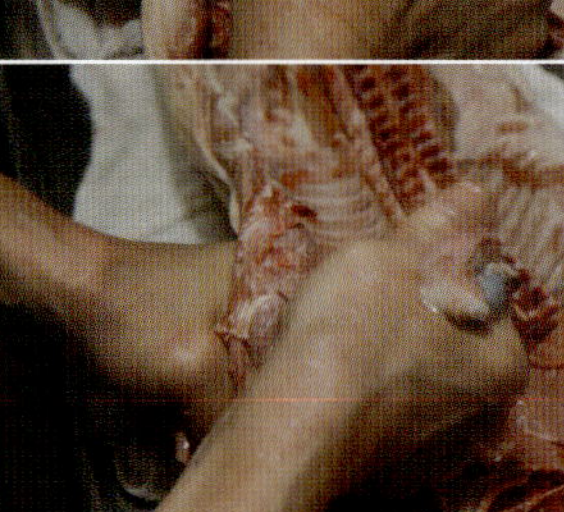

肉と骨の間に指を差し込んで骨をつかみ、ねじって関節を折る。

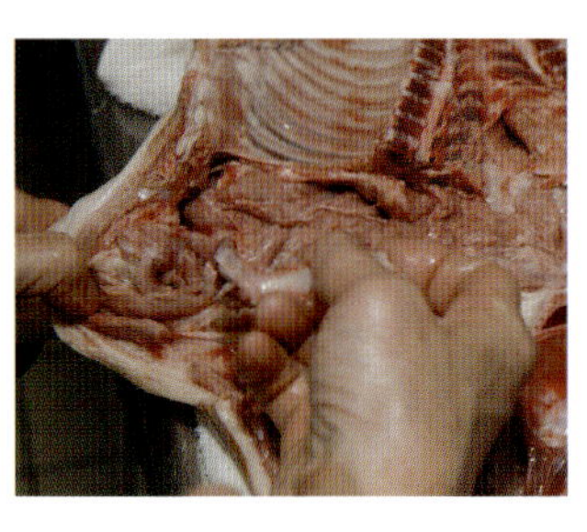

余分なスジも取り除く。

5

前脚の付け根で切り落とす。

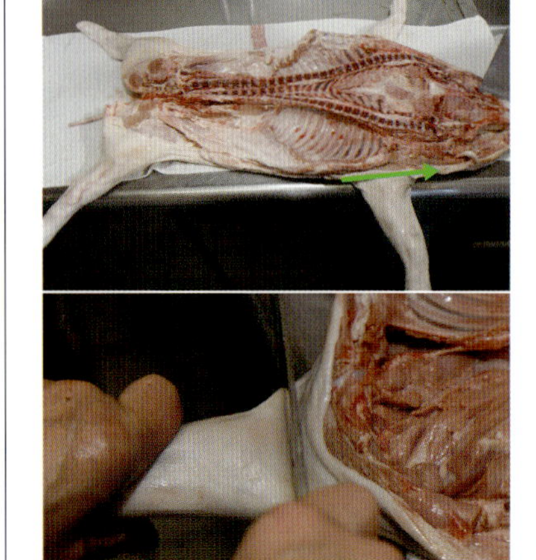

前脚の付け根を包丁で強く叩き切る。

6

あばら部分から股関節あたりまで切り込みを入れる。

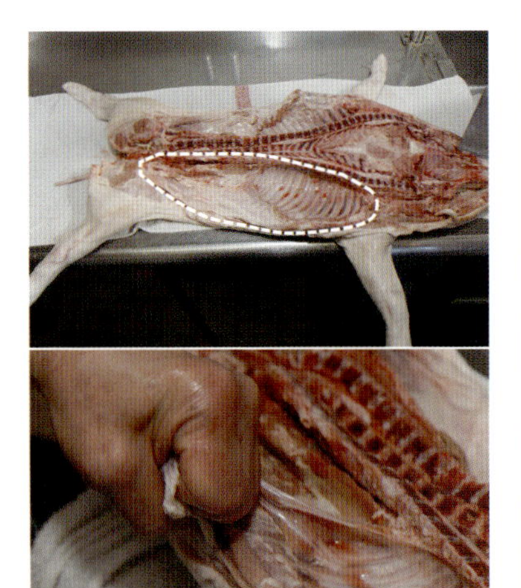

胸の筋膜を手ではがしとる。

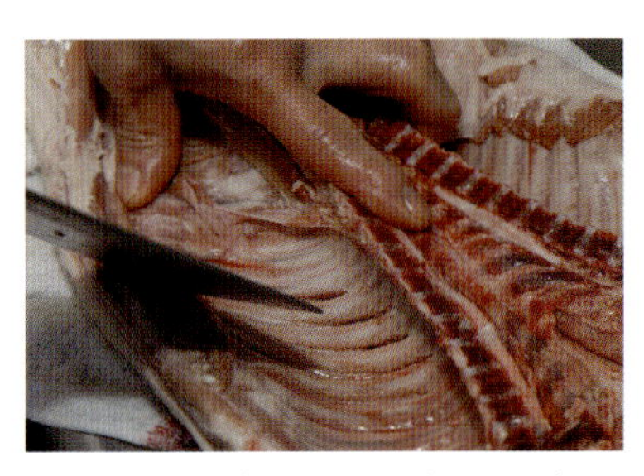

包丁の刃先を使って、あばらをはずした跡の溝に1本ずつ切り込みを入れていく。

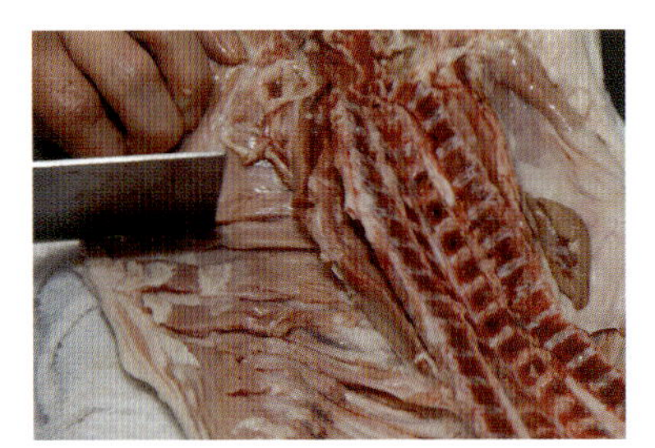

股関節の付け根あたりにも切り込みを入れておく。

7

「モモ」部分の身をそぎ切る。

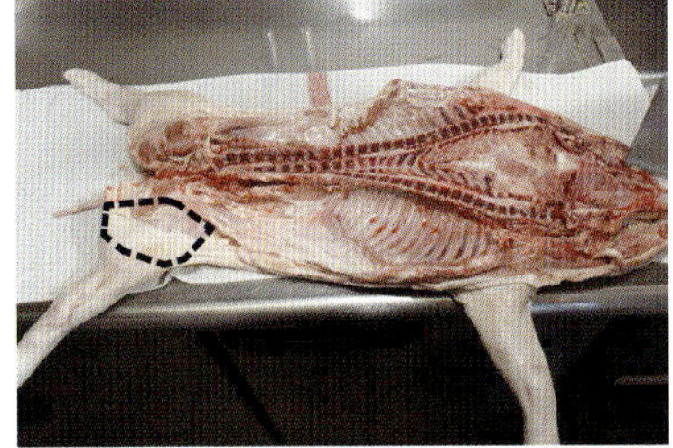

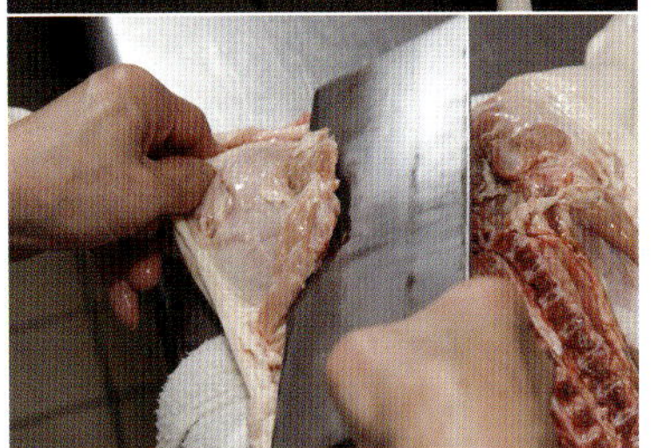

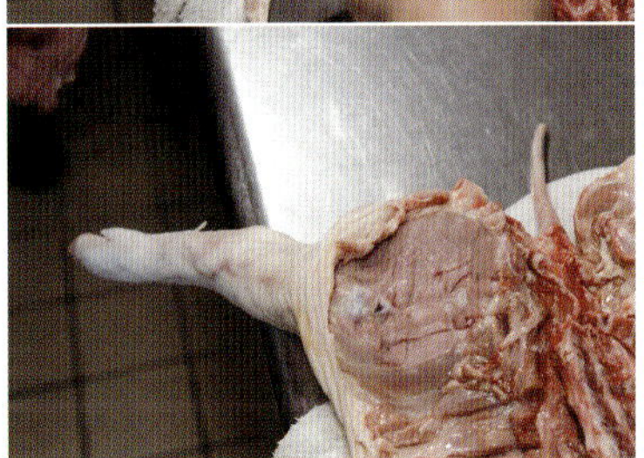

股関節に沿って切込みを入れ、「モモ」部分の肉を切りとる。

＊「モモ」部分は厚みがあるので、肉をそぎ切りにして他と厚みを揃える。皮の下に隠れている脂身は切り離して、火の通りをできるだけ厚みを均一にする。

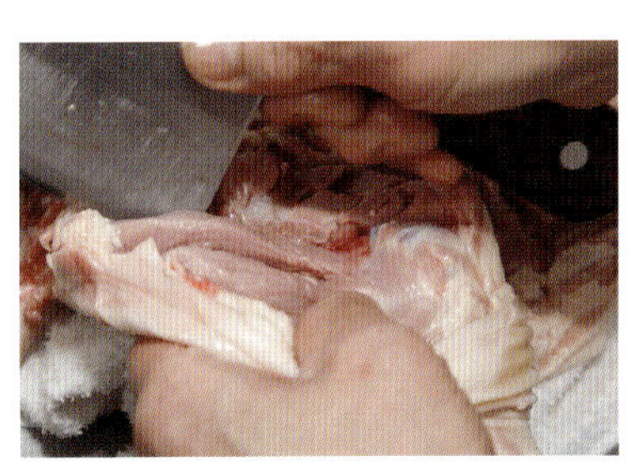

「モモ」部分にも包丁の刃元で、皮を傷つけないよう注意しながら、深めに切り込みを入れる。

＊肉は手の平と指先を使って裏から持ち上げ、立体的になるようにしながら作業すると、切り込みを入れやすくなる。

8

後ろ脚を切り落とす。

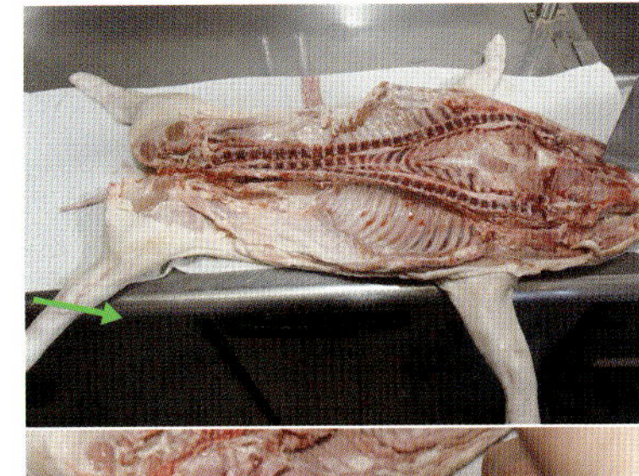

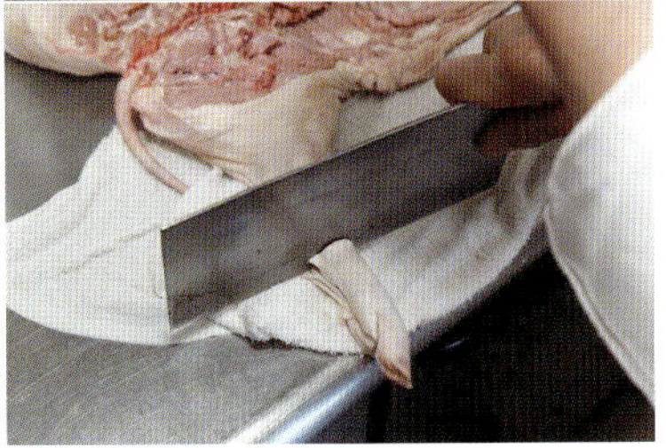

後ろ脚を切り落とす。このとき、大腿（だいたい）骨まで残して切り落とす。

9

もう一方の半身②も、手順4〜8と同様に処理する。

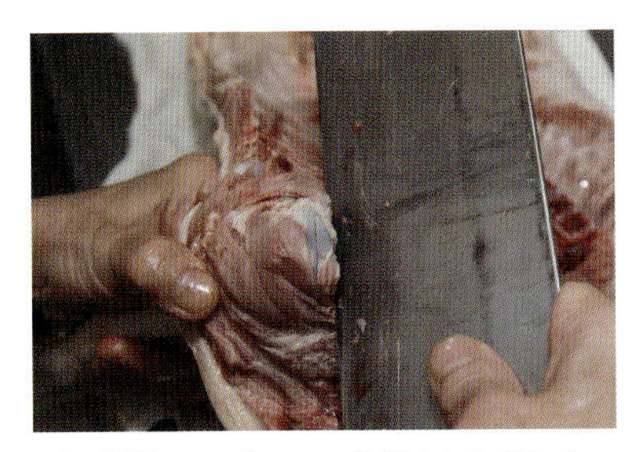

肩の関節をはずして、前脚を切り落とす。

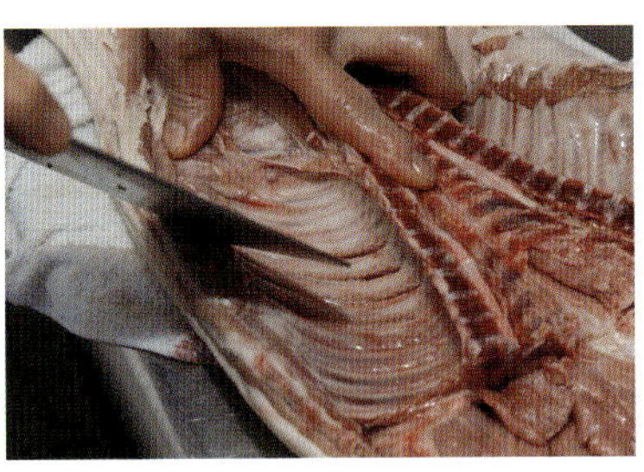

あばら骨跡の溝に包丁目を入れる。股関節あたりにも切り込みを入れる。

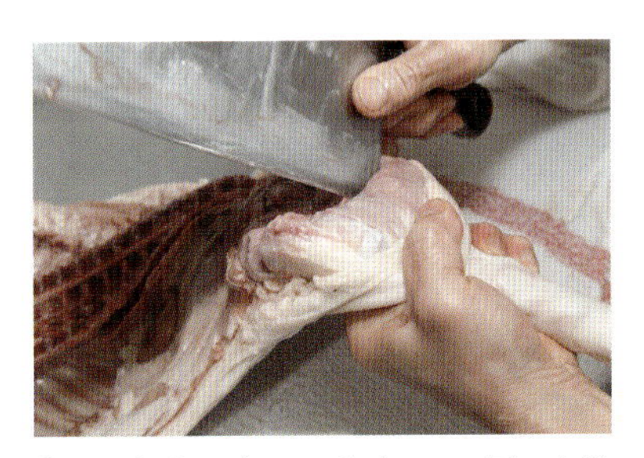

「モモ」部分の身をそぎ切りにして厚みを揃えてから、切り込みを入れる。

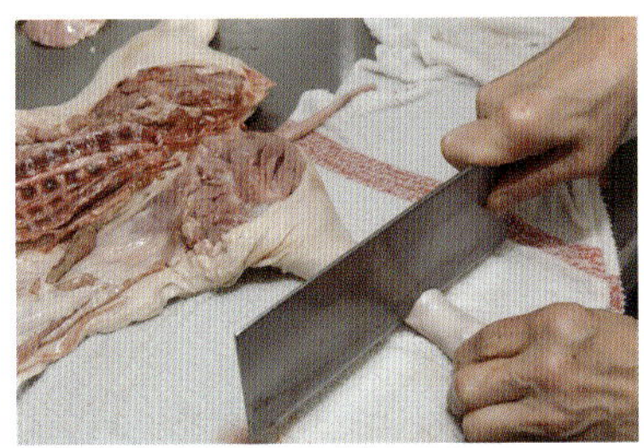

後ろ脚を大腿（だいたい）骨まで残して切り落とす。

10

切り開いた肉面を切り整える。

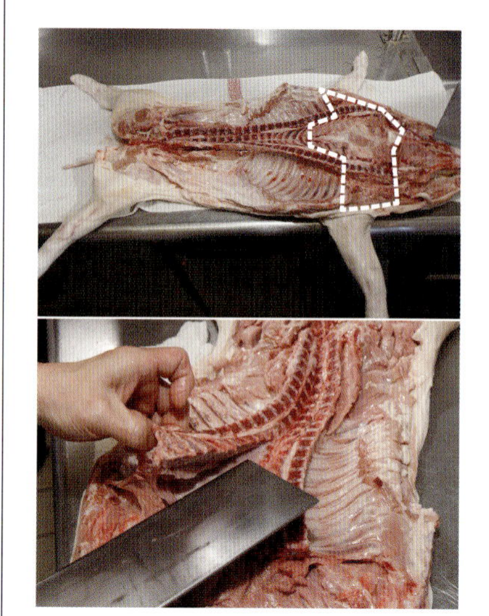

肩のあたりは厚みがあり火が通りにくいので、背骨の下からも両側に切り込みを入れて厚みを調整する。

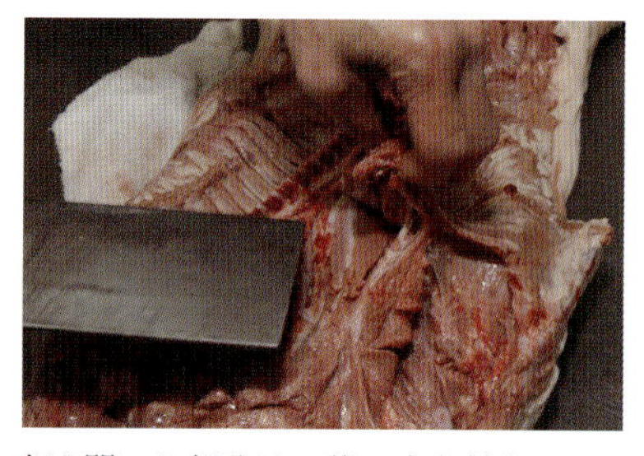

切り開いた部分は、後で串を刺すスペースになる。

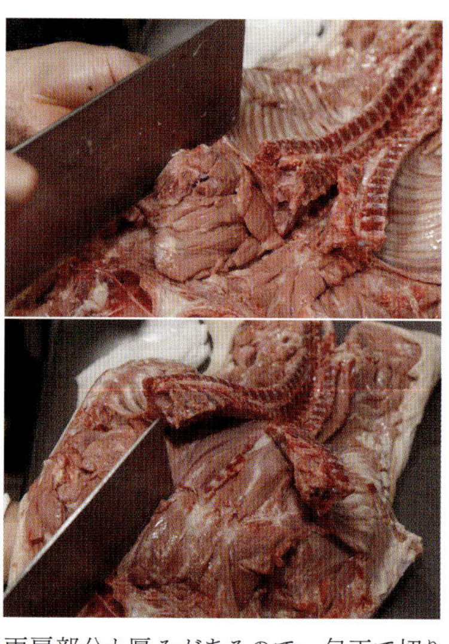

両肩部分も厚みがあるので、包丁で切り込みを入れて、熱の入り方が均等になるようにする。このときも皮には傷をつけないよう注意する。

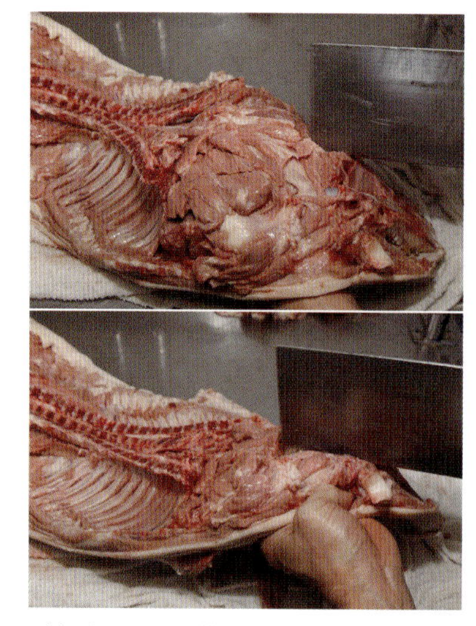

肩部分は下から持ち上げて立体的にして包丁を入れると、皮を傷つけず肉だけを切りやすい。

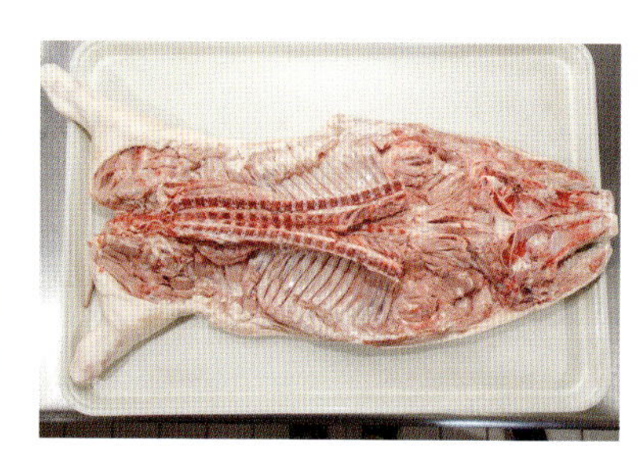

これで下準備の完了。関節をはずして平らにし、皮を傷つけないように注意しながら全体の肉の厚みを切り揃えた状態。

◉子豚に味を入れる

11

10を水洗いして、吊るして水気をきる。

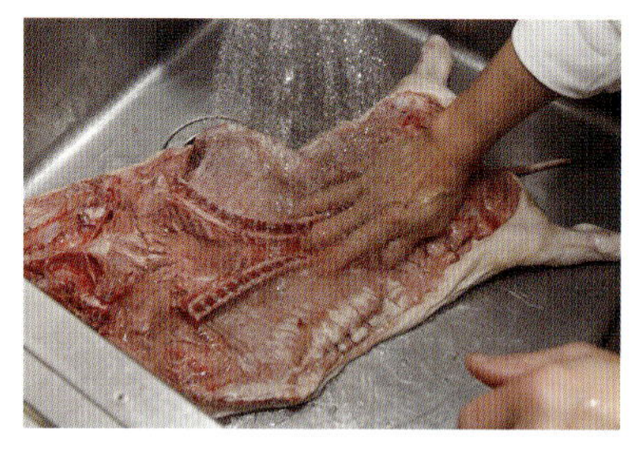

流水で10の血や汚れを洗い流して落とす。

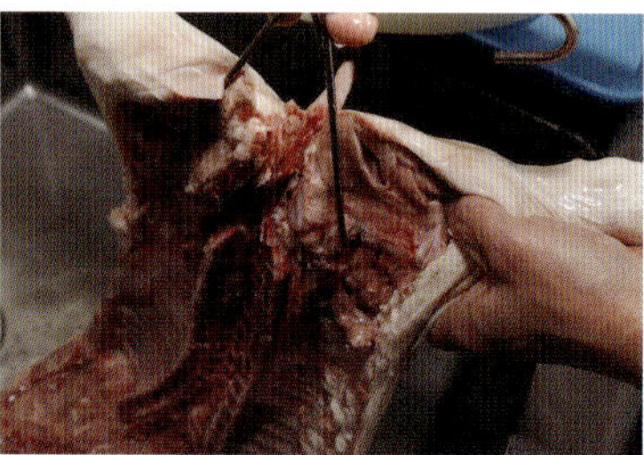

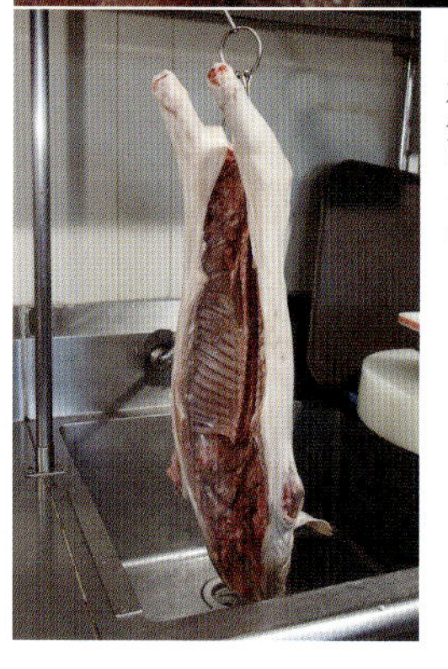

股関節にフックを刺して吊るし、余分な水分をきる。

12

11を熱湯（90℃程度）で茹で、冷水にとって洗い、吊るして水分をきる。

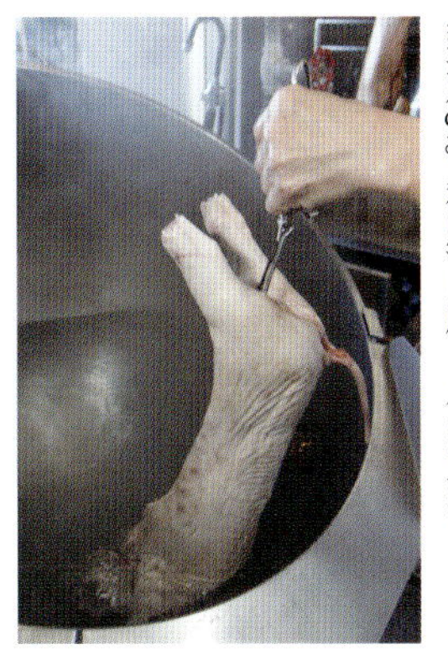

熱湯（90℃程度）に豚を入れて茹でる。

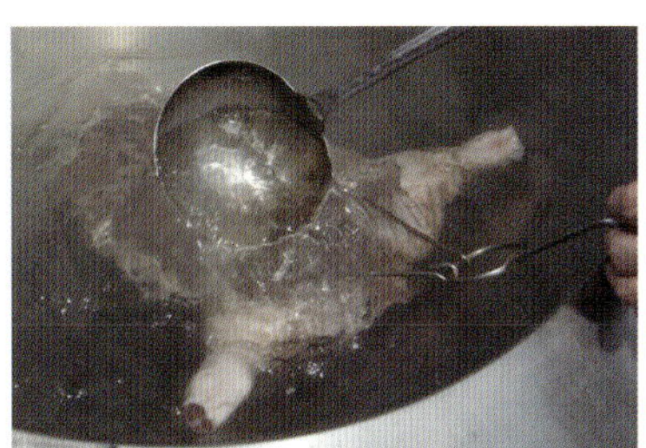

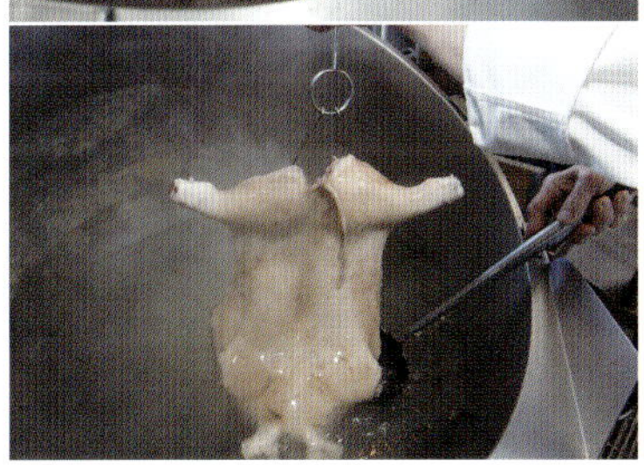

玉杓子で、熱の入りにくい場所にも熱湯をかけながら、皮をピンと張らせる。

皮が張ったら、素早く流水で表面を洗い流し、冷水で冷ます。

吊るして水気をよくきり、表面を丁寧にふく。

13

肉面に下味調味料＊をすり込んで吊るす。

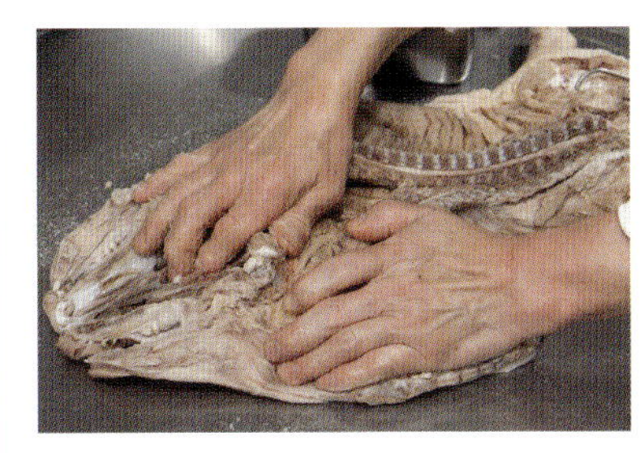

肉面に下味用調味料＊をふり、手ですりこむようにして、全体になじませる。

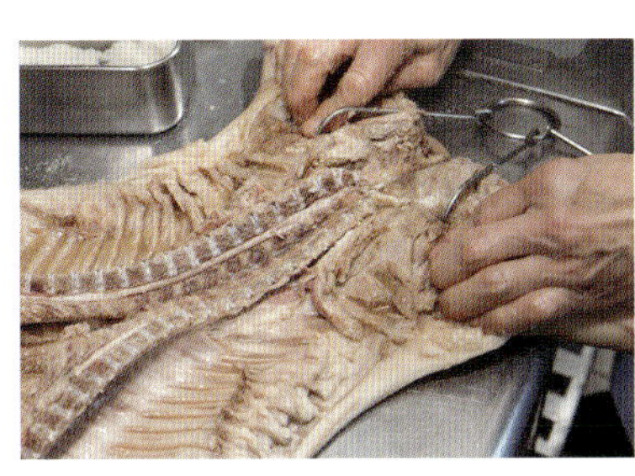

切り込みを入れた部分にも指を入れ、なぞるようにして丁寧にすり込む。

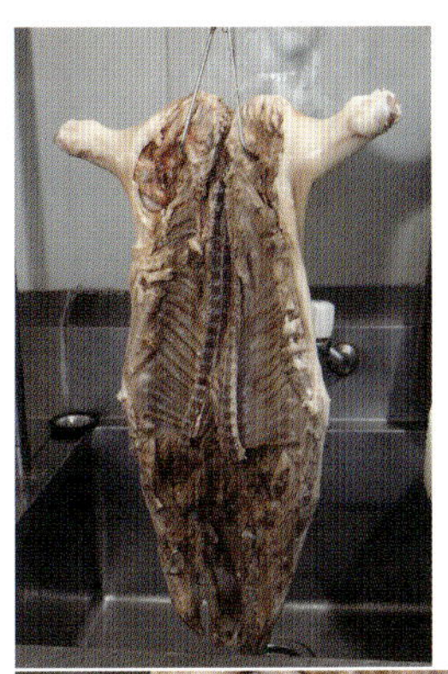

吊るして、しみ出てくる水分をよくきる。

14

13の肉面にしっかり生醤＊をすり込む。

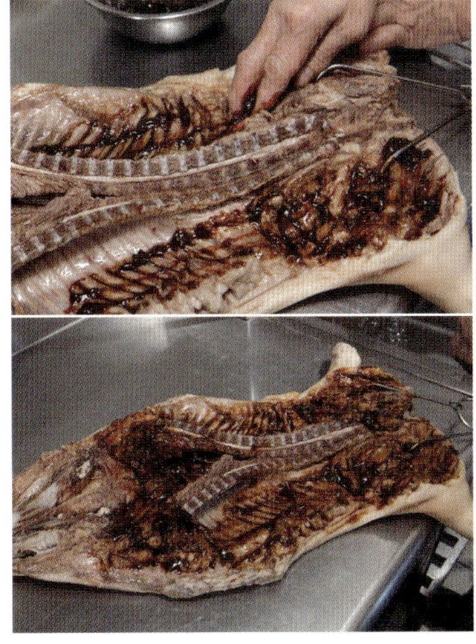

次に生醤＊を肉面全体にすり込む。凹凸がある場所や、すり込みにくい場所も指先を使って丁寧に塗る。

15

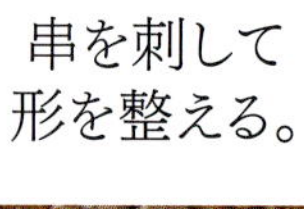

串を刺して形を整える。

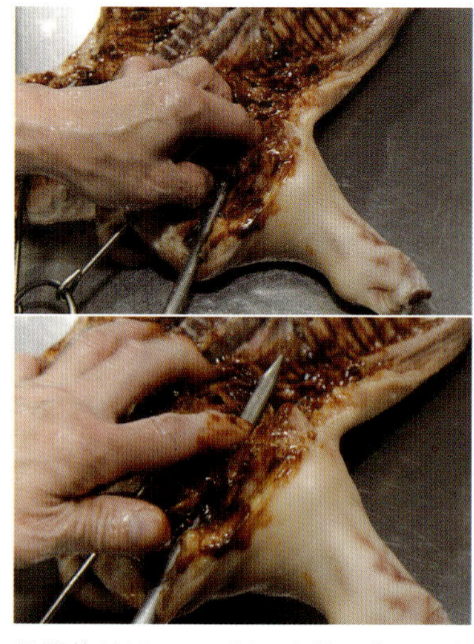

股関節付近から子豚の丸焼き専用の串（乳猪叉：P.16）を左右均等に刺し入れ、縫うようにして出す。

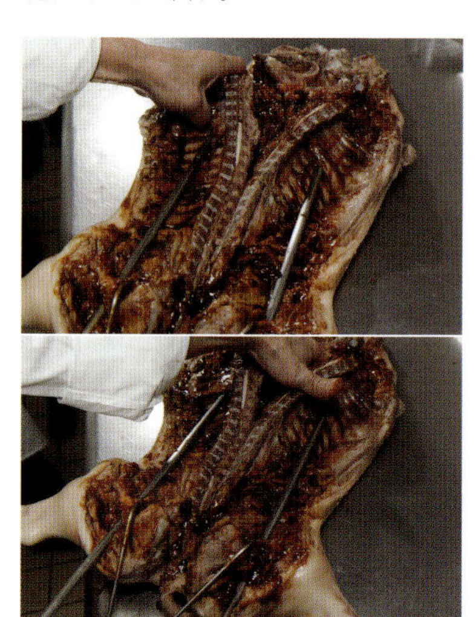

出した串を、脇腹付近の肋骨の骨の間に刺し、再び縫うようにして出す。

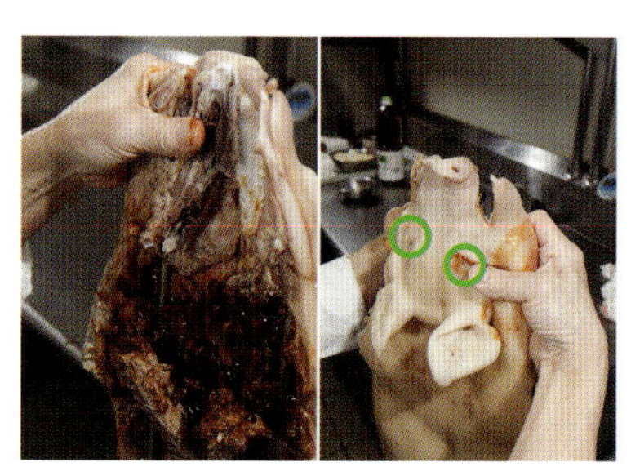

頭を上にして串を立て、頭を持ちながら、串の下をトントンと床に当て(左)、出した串を両顎の下まで(右)刺して固定する。

＊この串を刺す工程は、仔豚の丸焼きの形の良し悪しを決める重要な工程。串を刺すときに、皮側が自然な丸みを帯び、ゆるやかにカーブを描くように串を通すことが大切。

16

15を添え木で固定する

添え木を3本（背骨用1本：約40cm、肩・股関節用2本：約15cm）を用意する。

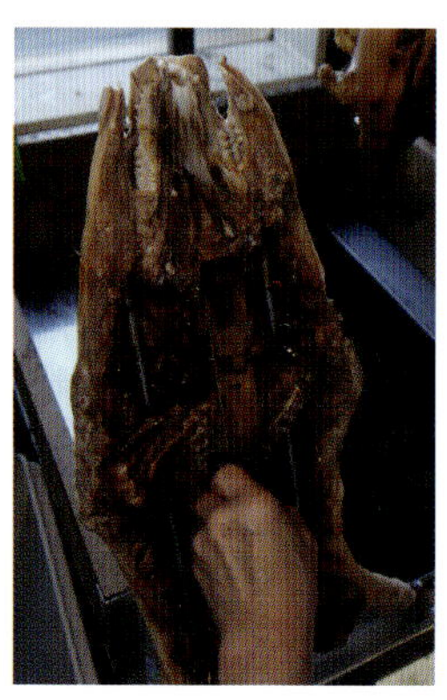

背骨に沿って長い方の添え木を縦に当てる。

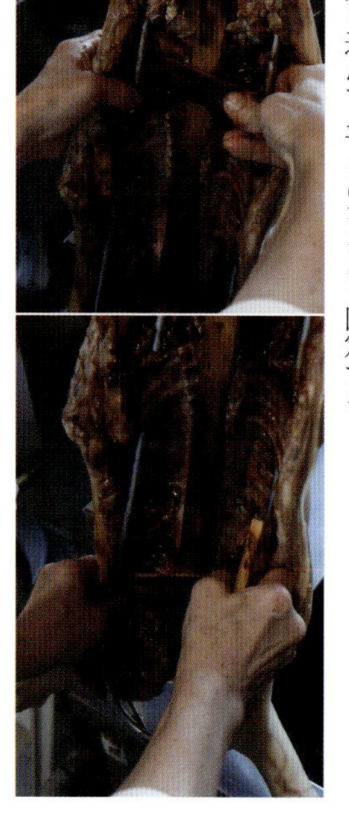

短い方の添え木を、それぞれ肩、股関節付近にのせ、串の下に差し込んで、平らになるよう固定する。

両脚の付け根を針金を巻いて、足を縛り固定する。こうすることで焼き上がりの姿がよくなる。

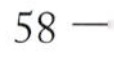

◉子豚を焼く

17
皮に塩水をすりこんで水で洗い流し、乳猪水*を皮全体に塗る。

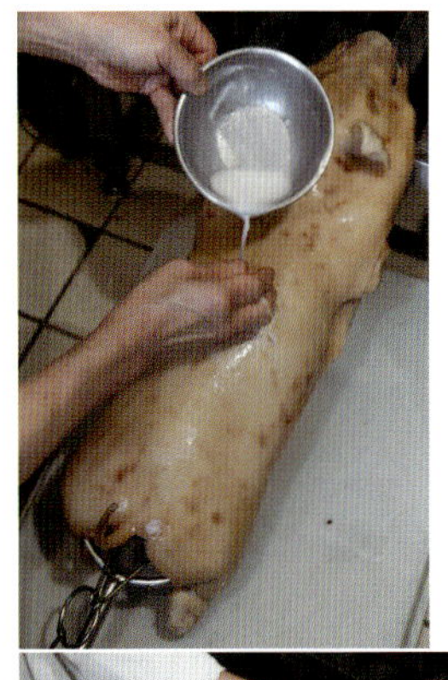
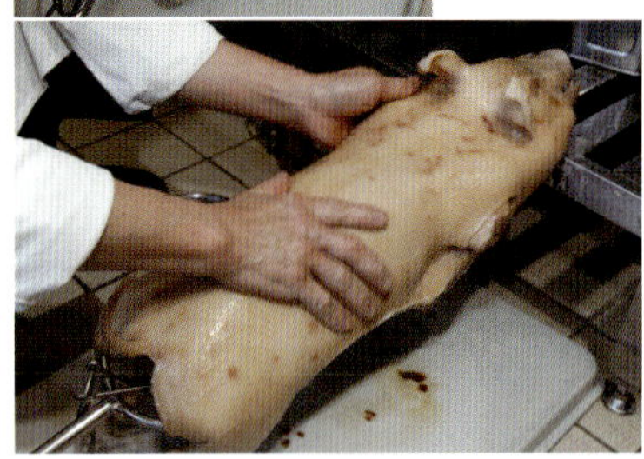

塩水を全体にすりみながら、汚れを落とす。

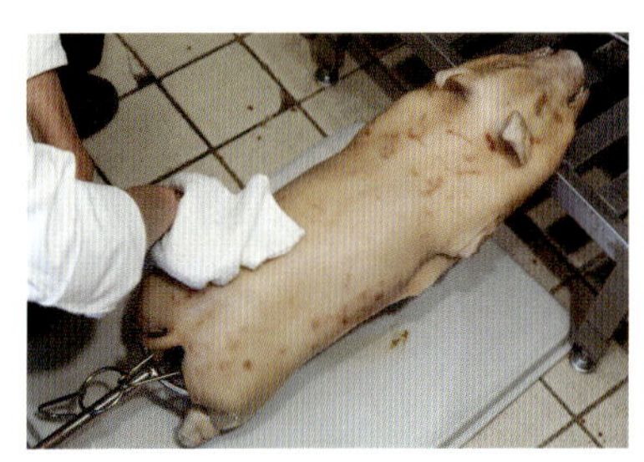

水をかけて塩を洗い流し、水気をしっかりふきとる。耳の裏なども丁寧にふきとる。

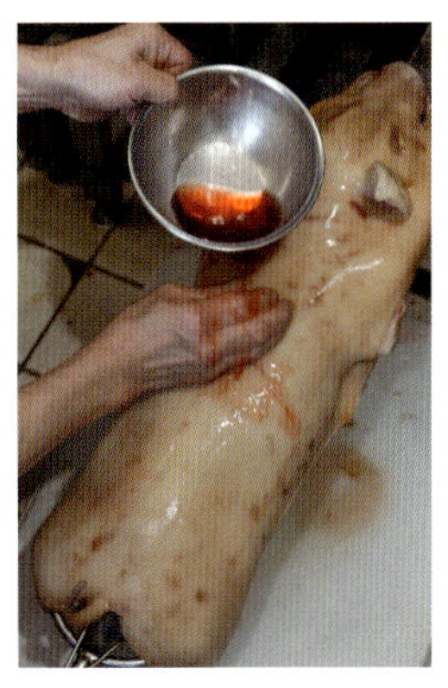

乳猪水*を皮全体にかけて塗る。

18
17を約2時間、風干しにする。

フックを利用して、串に刺したまま吊るす。

約2時間、風通しのよい場所に吊るして表面を乾かす。

19
窯のふたを開けたまま18を入れ、2〜3時間焼く。

窯を中温で温め、18の肉面を熱源に向けてふたを開けたまま入れる。そのまま2〜3時間焼いて肉に火を入れる。

肉に火が入った状態。この工程で肉部分には火を入れておく。

20
専用コンロで焼く。

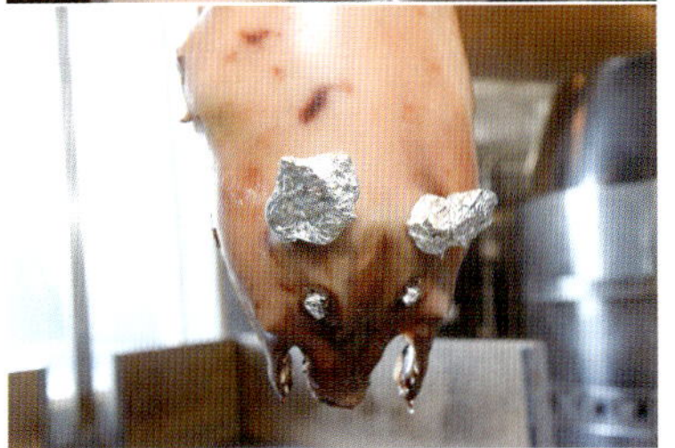

19の豚が冷たくなっていた場合は、再びふたを開けた窯に入れてサッと温め直す。こうすると皮を炙ったときに皮が破れにくくなる。さらに焦げやすい部分（耳・尻尾）にはアルミホイルをかける。目にはアルミホイルを丸めて詰めておく。

専用のコンロに串を刺した子豚をのせて、素早く回転させながら炙り焼きにする。

* 専用のコンロ（焼き台）は富士山の溶岩をガス火で加熱して使用。遠赤外線効果があり、遠火の強火でパリッと香ばしく焼き上げることができる。

21

皮の焼き加減を注意深く確認しながら、色よく焼く。

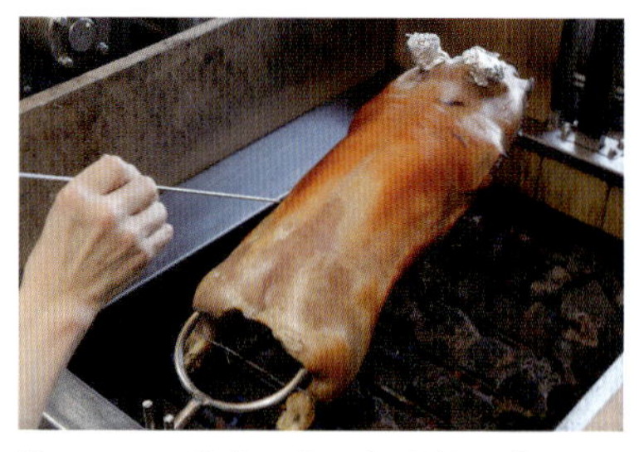

焼いている途中で皮が部分的に泡のように膨んできたら、早めに針で刺して蒸気を抜き、皮が破裂しないようにする。

＊ただし針を深く刺し過ぎると、皮の下の脂が流れ出てしまい、旨味も流れ出てしまうので注意する。

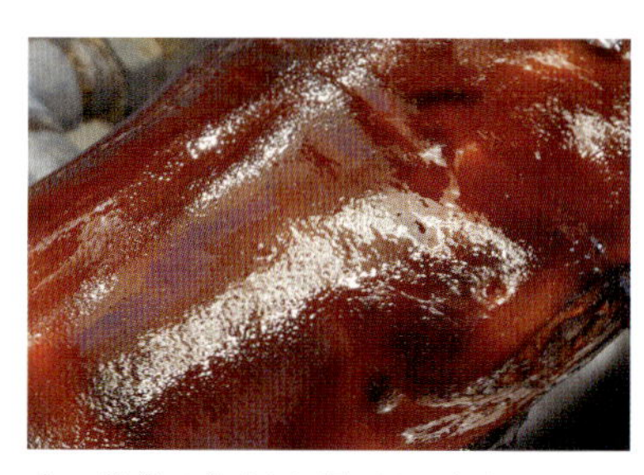

皮の状態は〝ごまが爆ぜたような〟ぶつぶつとした状態に焼き上げるのが理想。

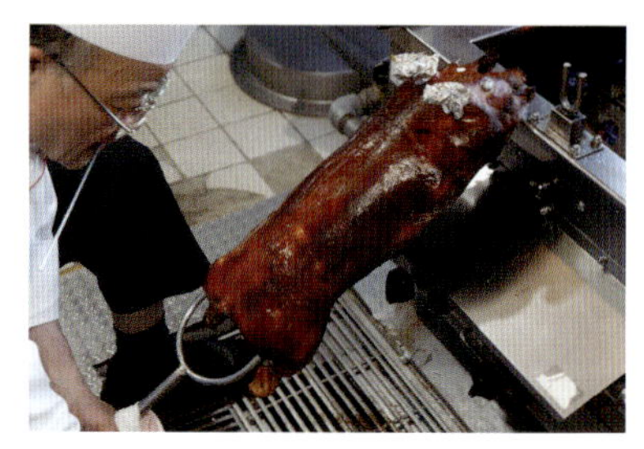

常に注意深く焼き加減を確認しながら、全体がまんべんなく焼けるように調整する。

22

こんがりと色づいてきたら、皮に油を塗り、10〜12分焼いて仕上げる。

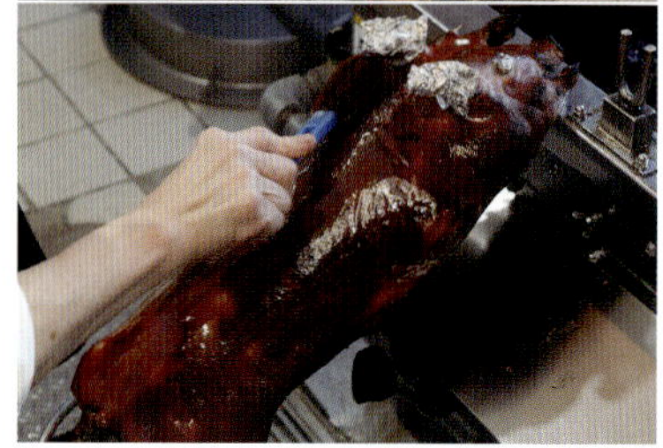

柄付きブラシに油をつけながら、皮に塗り、つやを出すとともに、表面の汚れも洗い流す。

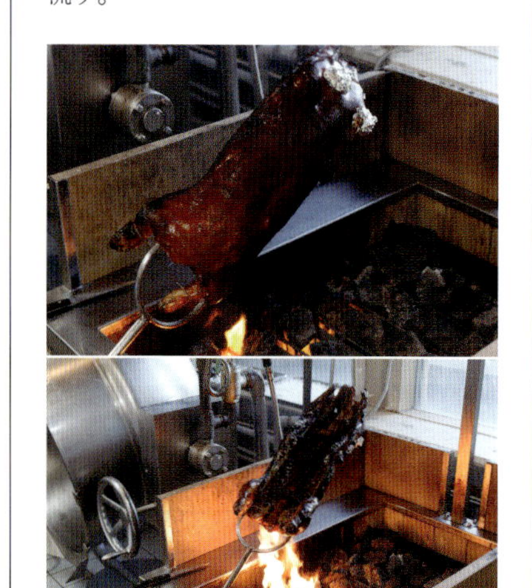

強火の遠火で炙り、素早く回転させながら、まんべんなく火が当たるようにする。

＊油を塗って火にかざす工程を何度も繰り返し、皮をパリッと香ばしく仕上げていく。

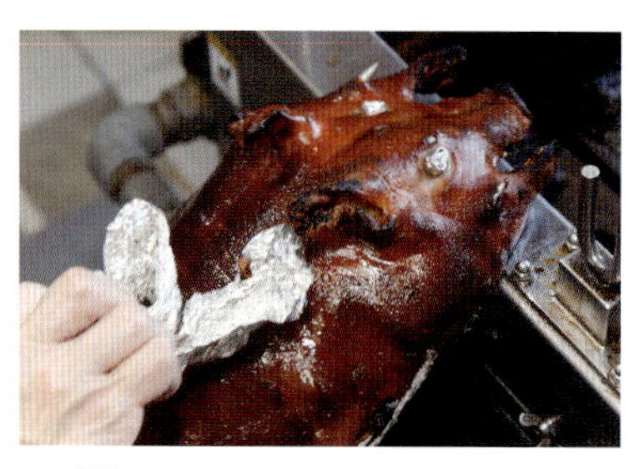

ほぼ焼き上がったら、耳にかぶせているアルミホイルをはずす。

仕上げに油を塗り、パリッとつややかに焼き上げる。

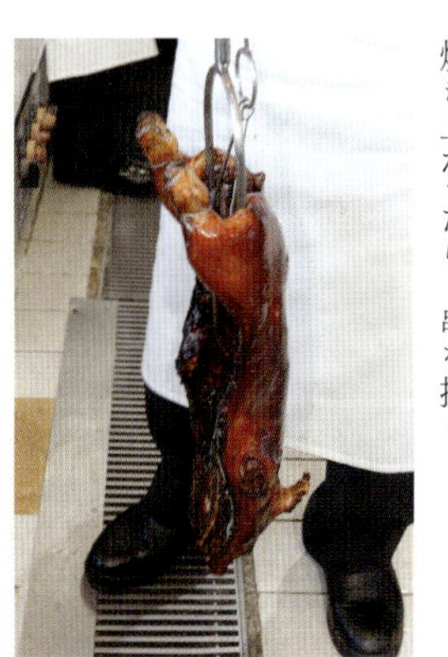

焼き上がったら、串を抜く。

フックで吊るして粗熱をとる。

切り分ける前に、焼き上がった子豚を器に盛り、客前へ出して披露する。

◉半身に切り分けて、器に盛る

23

吊るしながら半身①、②に切り分ける。

焼き上がった子豚の頭を下にして吊るし、包丁の刃を上にして持つ。鼻先の真ん中から包丁を入れ、そのまま背骨の真ん中、尻まで切りすすめて半身に切り分ける。

＊吊るし切りにすることで、皮にかかる負担を最小限に抑えることができ、皮を傷めずきれいに切ることができる。

24

半身①の頭を切り離す。

半身を一皿に盛りつけていく。半身①は皮を上にしてまな板に置き、耳の下あたりで切り、頭部を切り離す。

25

半身①の「背中」と「腹・モモ」部分を切り分ける。

半身①は、「背中」と「腹・モモ」部分に切り分ける。

まず「背中」部分の肉面を上にして、皮から1cm厚さ程度の肉を残して、そぎ切りにする。

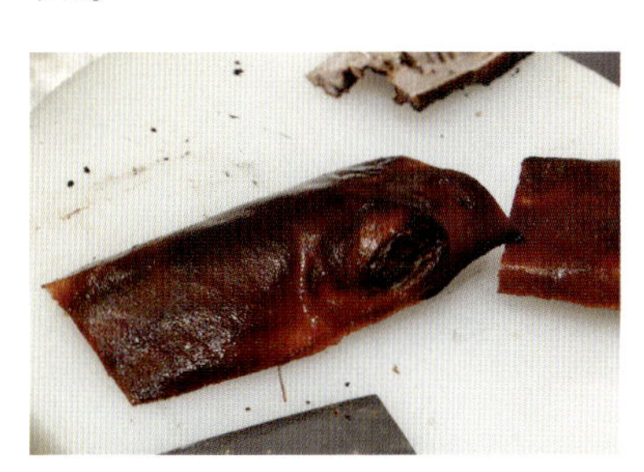

肉部分をそぎ切りにした後の背中の皮（➡手順27で使用）。

半身①の背中から切り離した肉部分は、焦げた部分などを切り落とし、食べやすく切って器の中央に盛る。

26

半身①の「腹・モモ」部分から後ろ脚を切り離す。

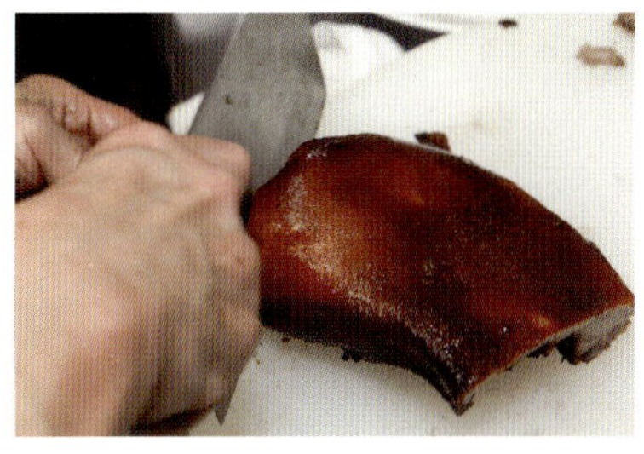

半身①の「腹・モモ」部分（➡手順28）から後ろ脚（➡手順30）を切り離す。

27

半身①の「背」部分を切り分ける。

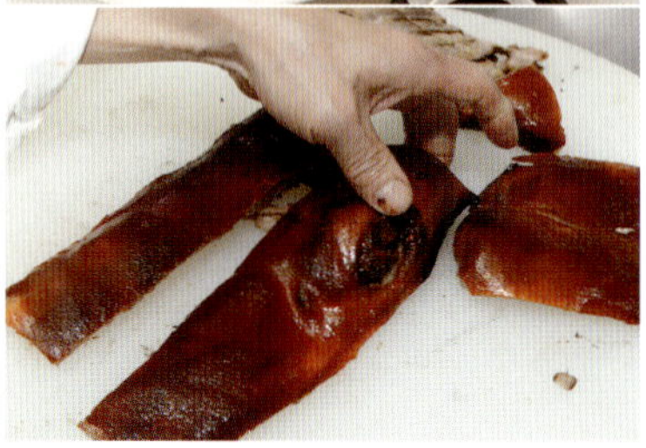

手順25で切り離した背中の皮を縦半分に切り分ける。

肉面を上にして置き、皮に少し肉をつけた状態で、肉部分をさらにそぎ切りにし、食べやすく切って器の中央に盛る。

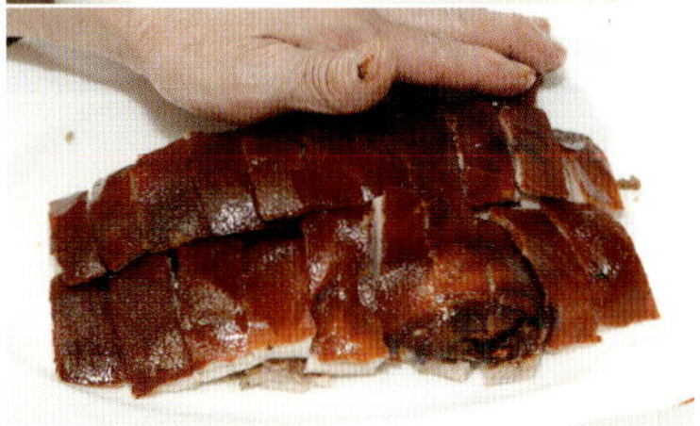

皮は形を整え、二列にして器に並べ置く。

28

半身①の「腹・モモ」部分を切り分ける。

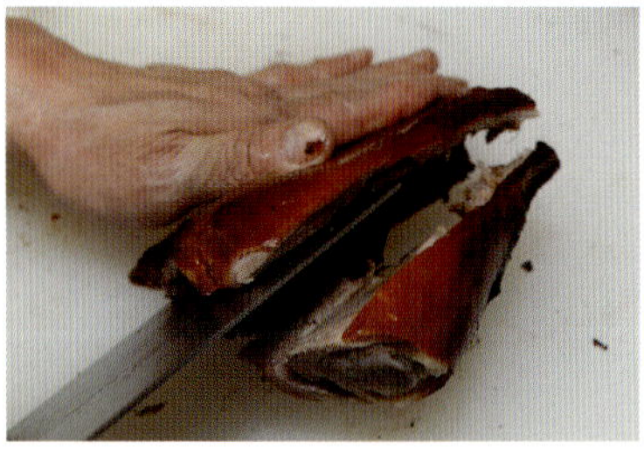

後ろ脚を切り離した「腹・モモ」部分の皮を上にして置き、皮に薄く肉を残しながら、モモ付け根部分をそぎ切るようにして切り離す。

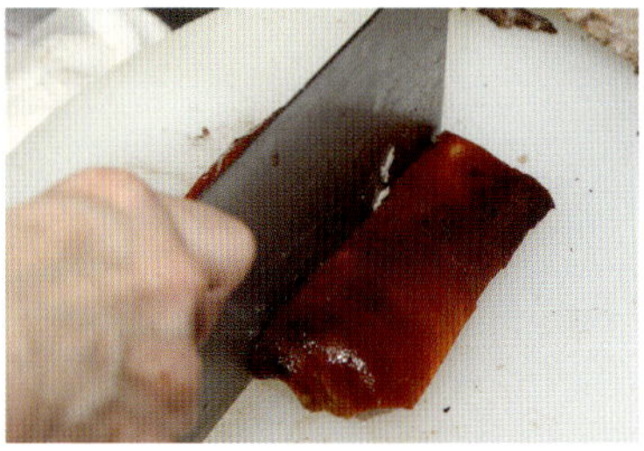

「腹」部分の皮を縦半分に切る（➡手順29）。

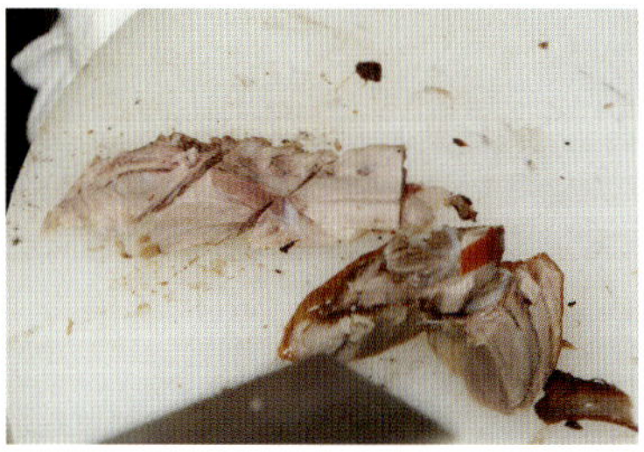

そぎ切りにした肉部分は、焦げた部分などを切り落とし、食べやすく切り分けて器に盛っておく。

29

28の「モモ」部分の皮を食べやすい幅に切り分ける。

手順28で切り離した「腹・モモ」部分の皮を縦半分に切り分ける。

「モモ」の皮部分は、それぞれ形を切り整え、食べやすい幅に切り分ける。

包丁の腹にのせ、器の奥に一列にして盛る。

62

30

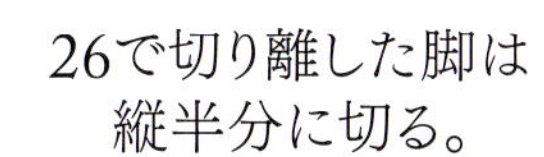

26で切り離した脚は縦半分に切る。

切り分けた脚は、器の手前にそれぞれ盛る。

＊半身②を切り分けるときも、手順24～30と同様に切り分けて、器に盛る。

31

たれを添えて提供する

盛りつけた子豚の丸焼きに、片鴨醤とグラニュー糖を別器で添えて供する。

家禽類

脆皮鶏　龍皇赤鶏のパリパリ焼き
Crispy roasted chicken

香辣鶏　龍皇赤鶏のスパイシー焼き
Spicy roasted chicken

焼鴨　鴨のロースト
Roasted duck

醤焼琵琶鴨　鴨のパリパリ焼き
Crispy roasted duck

石岐乳鴿　仔鳩の丸焼き
Crispy roasted pigeon

蜜汁鶏肝　鶏白レバーの生姜焼き
Barbeque white chicken liver

豉味金銭鶏　鶏レバーの挟み焼き
Barbeque chicken liver

脆皮鶏（チョイペイカイ）

龍皇赤鶏のパリパリ焼き

Crispy roasted chicken

脆皮鶏（チョイペイカイ）

龍皇赤鶏のパリパリ焼き

〝脆皮〟とは、パリパリの皮のことを指す表現。皮に水飴と酢を合わせた「焼鶏水」を塗り、風干しにしてから窯で香ばしく焼け上げる。水飴を塗った皮が熱でキャラメリゼされ、パリパリの食感に。鶏肉は柔らかく、肉質がキメ細やかでコクがあり、しっかりとした皮が特徴である「国産の地鶏」を使用。皮の美味しさはもちろん、肉部分には香味野菜や調味料で下味をつけているので、しっかりと味が入っている。

［材料］

丸鶏（中抜き）＊…1羽（約2kg）

A

- 香菜（みじん切り）…1/2束分
- エシャロット（みじん切り）…200g
- 生姜（叩いて半分に切る）…200g
- 塩…40g
- チキンパウダー…24g

焼鶏水＊…適量

＊焼鶏水

［材料］作りやすい分量

- 酢…600g
- 水飴…450g
- 紅酢…75g

1 材料を合わせて混ぜる。

1 鶏は水洗いしてから吊るして水気をきる。
2 Aを合わせて1の表面にすり込み、腹の中にも詰めて冷蔵庫で半日以上おく。
3 2の鶏の表面を洗い、フックに吊るして水気をきる。
4 3を熱湯の上に吊るし、玉杓子で熱湯をまわしかけて皮を張らせる。
5 焼鶏水＊を4の表面全体に塗って吊るし、3時間以上風干しにする。
6 160℃前後に温めた窯に5を入れ、40分程度焼く。
7 6を中高温の油で香ばしく揚げる。

●切り分けて、器に盛る

8 7の頭を首の付け根で切り落とす。
9 背に沿って縦半分に切り、半身①と②に分ける。
10 半羽①を「手羽」「背」と「胸・モモ」部分に切り分ける。
11 10の半羽①の「胸」部分を切り分ける。
12 半羽②も手順10〜11の要領で「手羽部分」「背部分」と「胸・モモ部分」に切り分ける。
13 半羽①、②の「モモ」部分をそれぞれ切り分ける。
14 半羽①、②の「背」部分をそれぞれ切り分けて器に盛る。
15 半羽①、②の残りの「モモ」部分をそれぞれ切り分けて器に盛る。
16 半羽①、②の「手羽」部分を切り分けて器に盛る。
17 頭を切り整えて器に盛る。

1

鶏は水洗いしてから吊るして水気をきる。

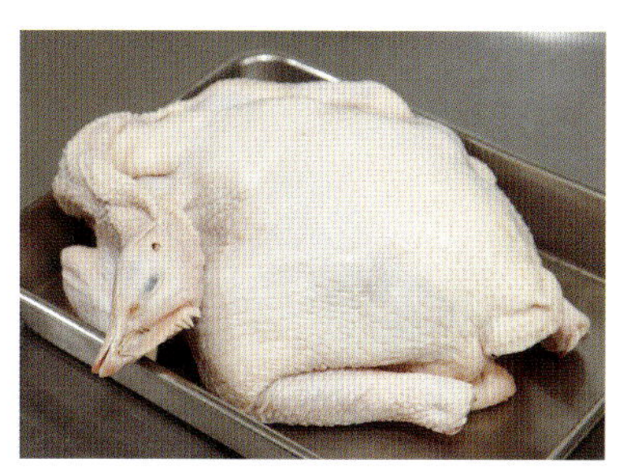

国産の地鶏を使用。皮に脂がのっているのが特徴で、肉質はほどよくしまり、うまみがある。頭・首付きの中抜きした丸鶏を使う。

中抜きした丸鶏は、流水で腹の中の汚れや残った臓物を洗い流す。

首にフック（焼鶏環：P.16）をかけて吊るし、水気をきり、フックをはずす。

2

Aを合わせて1の表面にすり込み、腹の中にも詰めて冷蔵庫で半日以上おく。

Aの香味野菜はすべて粗みじん切りにし、塩、チキンパウダーと合わせる。

水気が出てしっとりするまで手でよくもむ。

合わせたAを半量程度、鶏の表面にまんべんなくまぶす。手羽下にも丁寧にぬり込む。

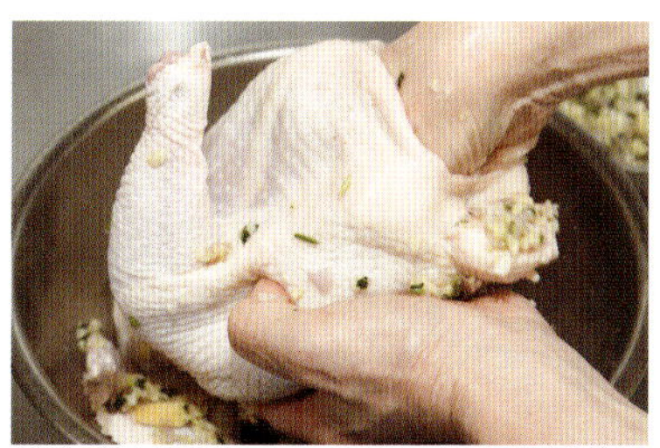

残り半量を尻から腹に詰める。この時、手を入れて内側にもしっかりとすり込む。

冷蔵庫で一晩、少なくとも半日以上おいて漬け込む。

3

2の鶏の表面を洗い、フックに吊るして水気をきる。

腹側を下にして持ち、流水で表面をサッと洗い流す。

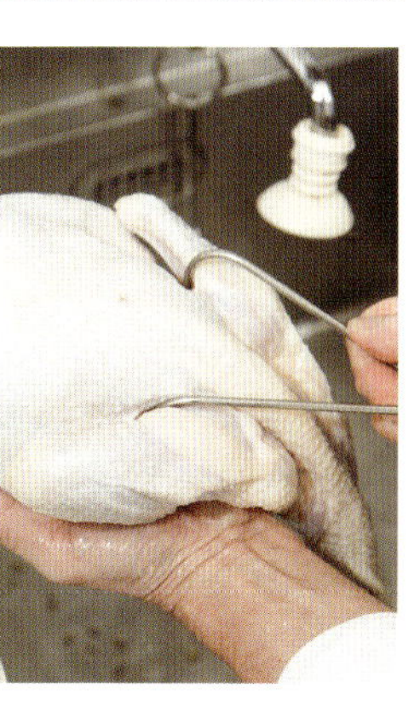

手羽の付け根にフック（焼鶏環：P.16）をかける。

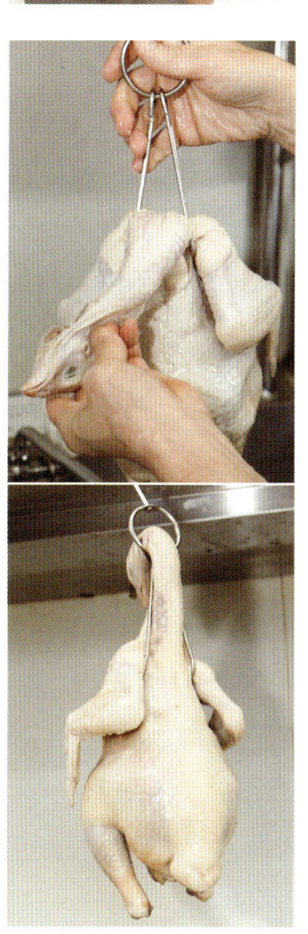

首を持ち上げてリング部分に入れて吊るし、水気をしっかりきる。

4

3を熱湯の上に吊るし、玉杓子で熱湯をまわしかけて皮を張らせる。

鍋に熱湯を沸かし、3をフックで吊るしながら持ち、玉杓子で全体に熱湯をまわしかける。

＊手羽部分など熱が入りにくい場所も、丁寧に熱湯をまわしかける。

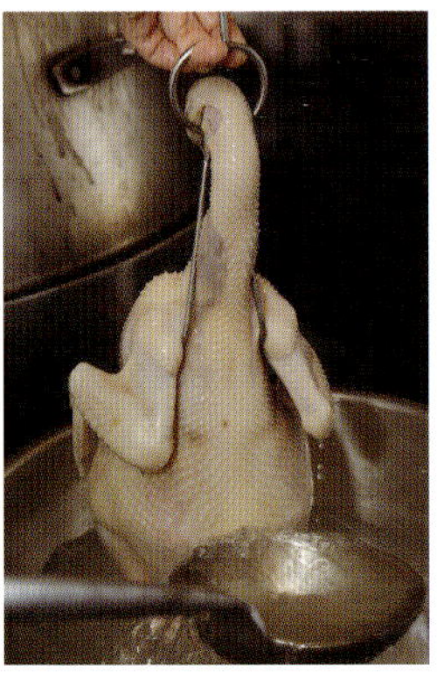

皮がピンと張り〝鳥肌〟が立ってきたら取り出す。

さっと水洗いして吊るし、水気をきる。

5

焼鶏水＊を4の表面全体に塗って吊るし、3時間以上風干しにする。

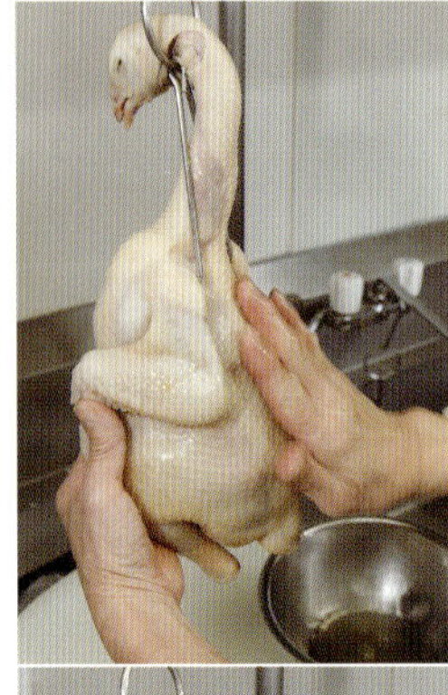

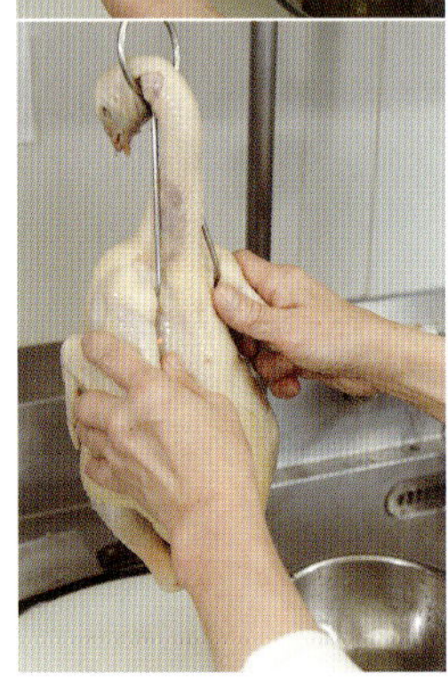

焼鶏水＊を全体に塗る。手羽の付け根なども指を入れて丁寧に塗る。

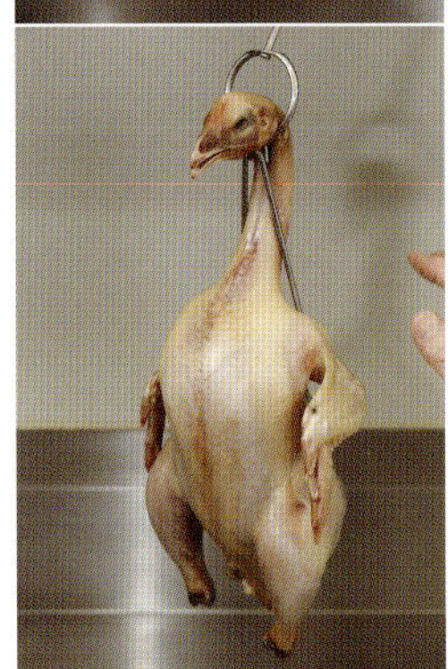

風通しのよい場所に吊るし、3時間程度風干しにする。

6

160℃前後に温めた窯に5を入れ、40分程度焼く。

160℃程度に温めた窯に5の胸側を熱源に向けて入れ、焼く。

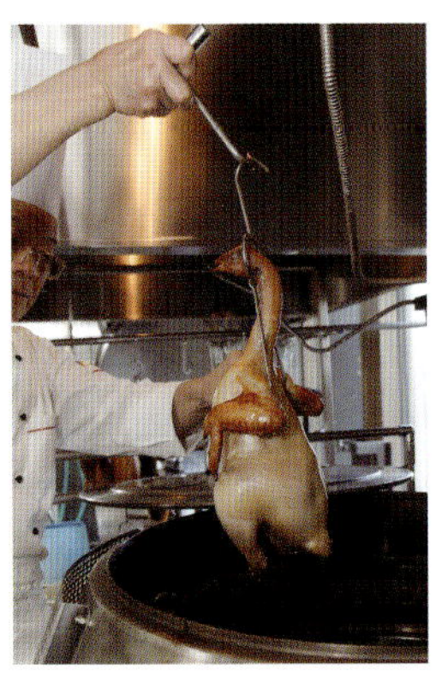

焦げやすいので、途中焼け具合を確認する。

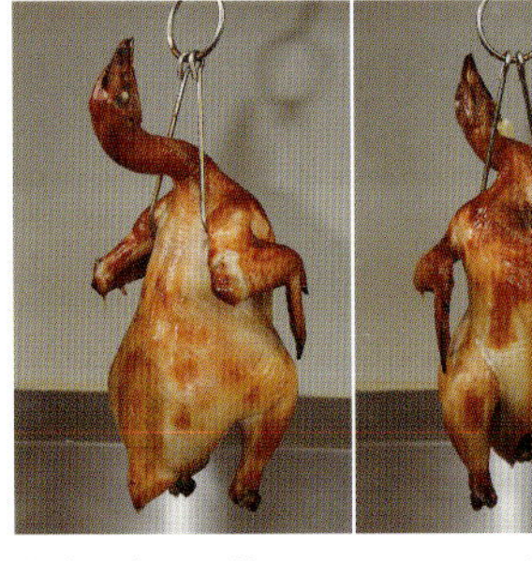

全体に色よく焼きあがったら、取り出して吊るし、粗熱がとれるまで、1時間程度おく。

＊この後、粗熱をとらないで揚げると皮が破れやすいので、必ず粗熱をとってから揚げる。

7

6を中高温の油で香ばしく揚げる。

鍋に揚げ油を入れ、はじめは中温で、徐々に高温に上げながら玉杓子で全体に油をまわしかける。

仕上げに手羽の付け根など、油をかけにくい場所も丁寧に油をまわしかける。

○ 成功例：全体にまんべんなく香ばしく揚がったら引き上げる。

✕ 失敗例：油の温度が高すぎると、皮が破れやすい。特に胸肉付近、モモの付け根は皮が薄く、破れやすいので注意する。

◉切り分けて、器に盛る

8

7の頭を首の付け根で切り落とす。

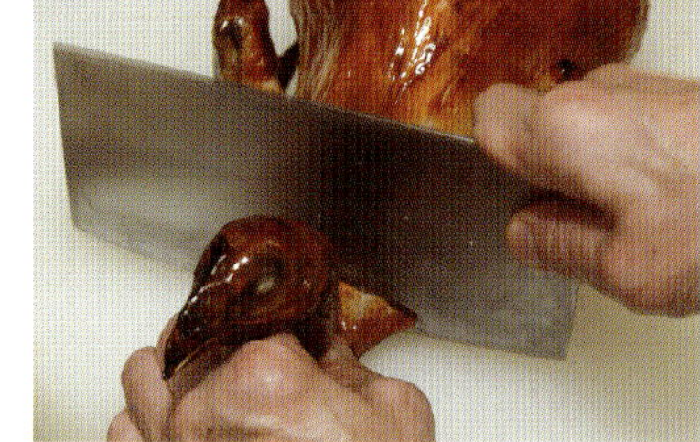

首の付け根に包丁を当て、勢いよく垂直に包丁付をおろして頭を切り落とす（➡手順17）。

9

背に沿って縦半分に切り、半身①と②に分ける。

尻部分を上にして置き、ボンジリ部分から包丁を入れ、背に沿って切り込みを入れる。

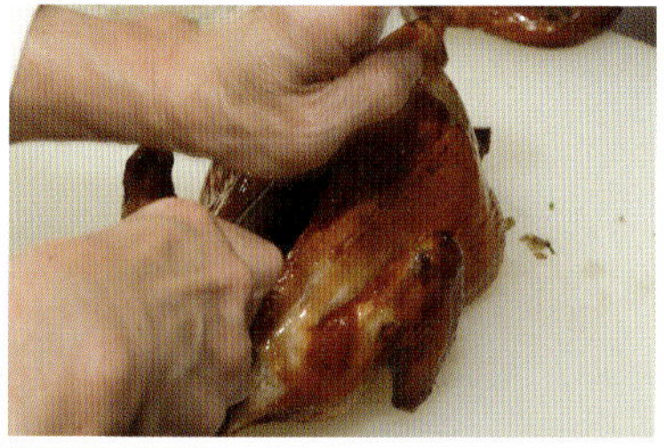

切り込みに沿って包丁を入れ、骨に当たったところで、手の付け根で勢いよく叩いて、半分に切り分ける。中の詰めものは、包丁で軽くこそげとる。

10

半羽①を「手羽」「背」と「胸・モモ」部分に切り分ける。

半羽①の手羽を持ち上げ、付け根で切り離す。尻のボンジリ部分も切り落とす。

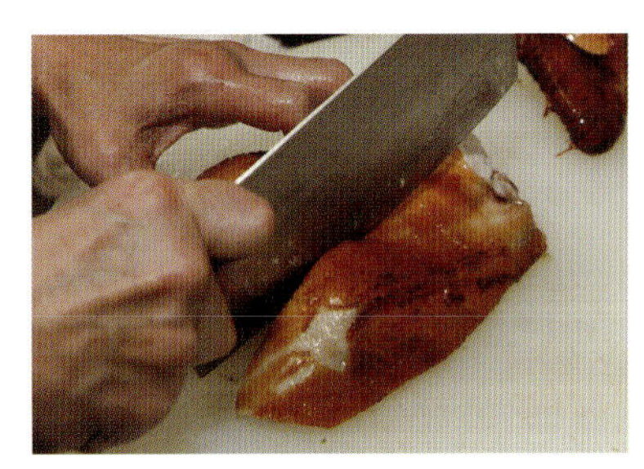

半羽①を「背」部分と「胸・モモ」部分に切り分ける。

さらに「胸・モモ」部分を、「胸」と「モモ」部分に切り分ける。

＊「モモ」部分を切り離すときは、関節に沿ってぐるりと包丁を添わせる。

11

10の半羽①の「胸」部分を切り分ける。

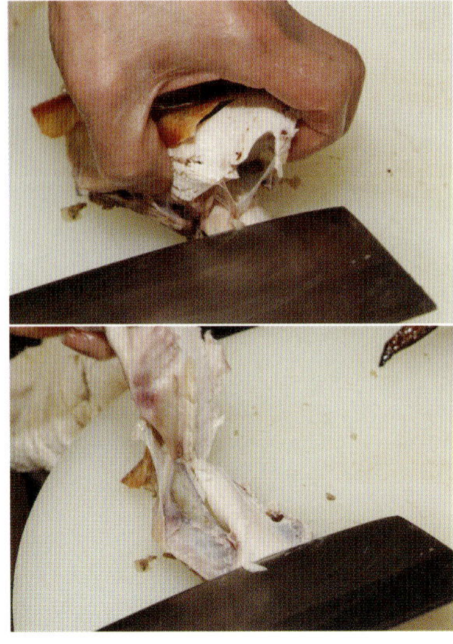

「胸」部分は皮を上にして置き、包丁を寝かせて入れ、「ササミ」部分を押さえてはがし、食べやすい幅に切り分けて器に盛る。

ササミを取り外した胸肉は、皮を上にして置き、包丁を寝かせ入れ、スジや骨をそぎ落して厚みを揃え、端を切り整える。

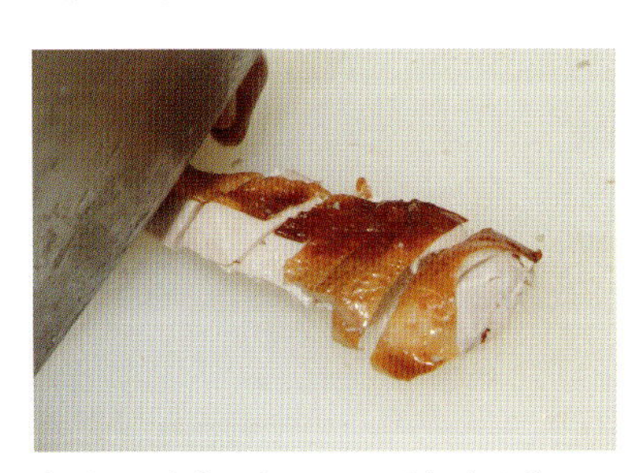

皮付きの胸肉を食べやすい幅に切り分けて器に盛る。「手羽」「背」「モモ」部分は手順13～16で切り分ける。

12

半羽②も手順10～11の要領で「手羽」部分と「背」部分、「胸・モモ」部分に切り分け、器に盛る。

半羽②の「胸」部分も半羽①と同様にして切り分ける。「胸」部分と「ササミ」は食べやすい幅に切り、形を整えて器に盛る。「手羽」「背」「モモ」部分は手順13～15で切り分ける。

13

半羽①、②の「モモ」部分をそれぞれ切り分ける。

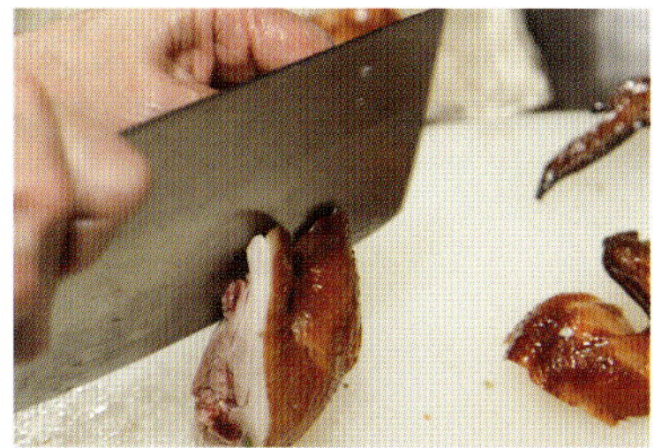

「モモ」部分を切り分ける。モモの骨を上にして立て、骨をそぐようにして垂直に包丁をおろして切り分ける。

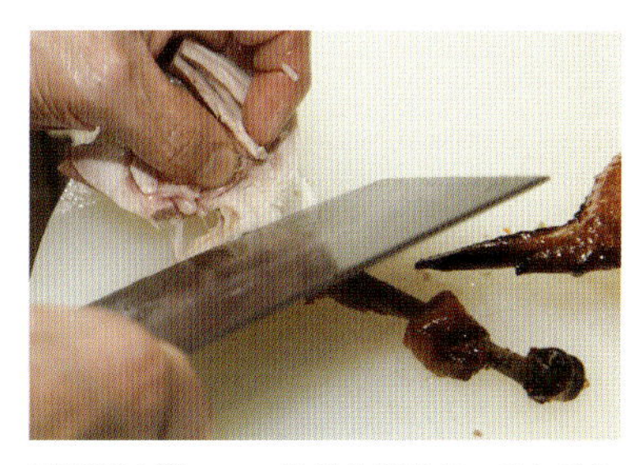

半羽①と②のモモ骨付き部分は、それぞれ足首あたりにぐるりと包丁で切り込みを入れ、肉部分を引き上げて骨からはずす。

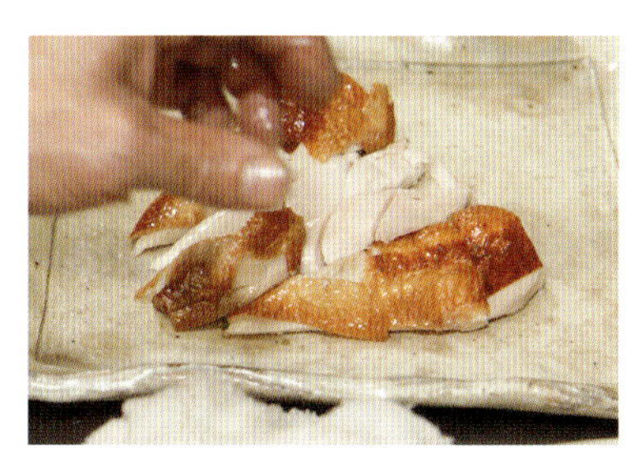

骨をはずした肉をそれぞれ切り分けて器に盛る。残りの「モモ」部分は後で盛るので、おいておく(➡手順15)。

14

半羽①、②の「背」部分をそれぞれ切り分けて器に盛る。

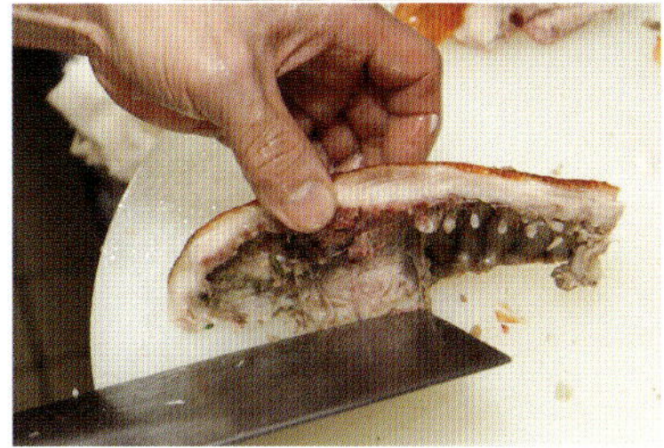

半羽①②の「背」部分の身側の骨を刃先でそぐようにして、それぞれはずし、端身は切り落として形を整える。

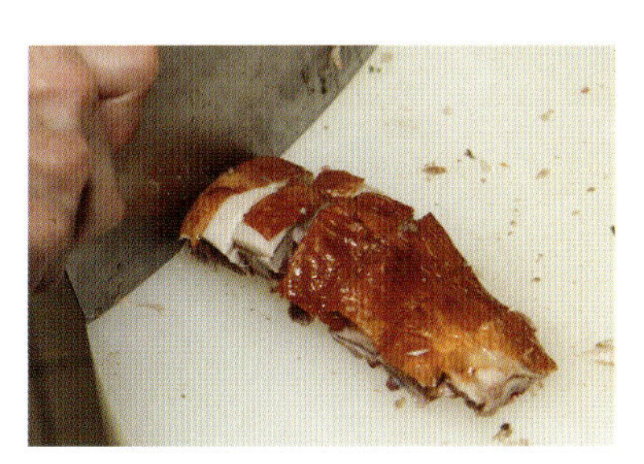

それぞれ食べやすい幅に切り分ける。

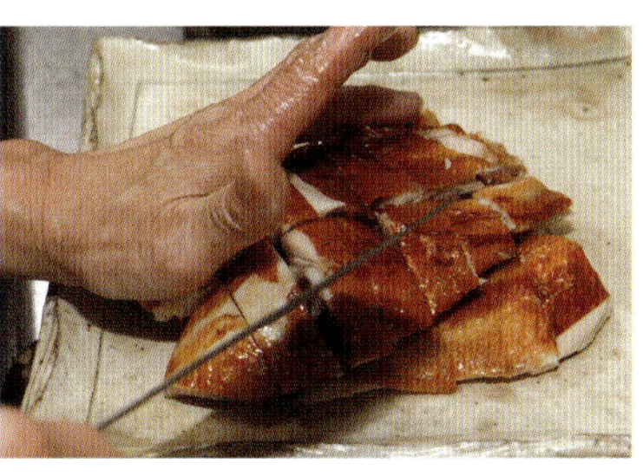

切り分けたら、それぞれ形を揃え、器の中央に盛る。

15

半羽①、②の残りの「モモ」部分をそれぞれ切り分けて器に盛る。

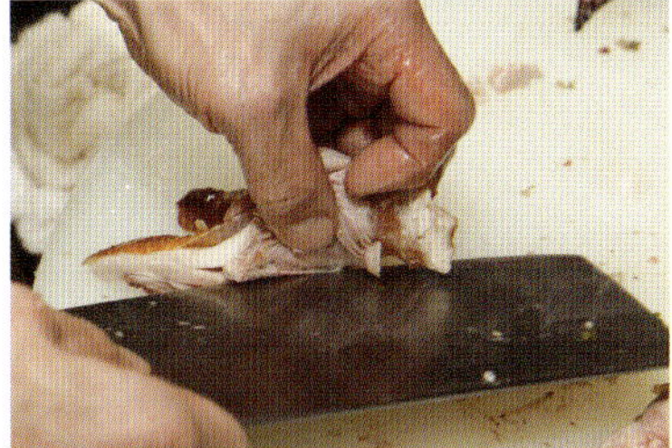

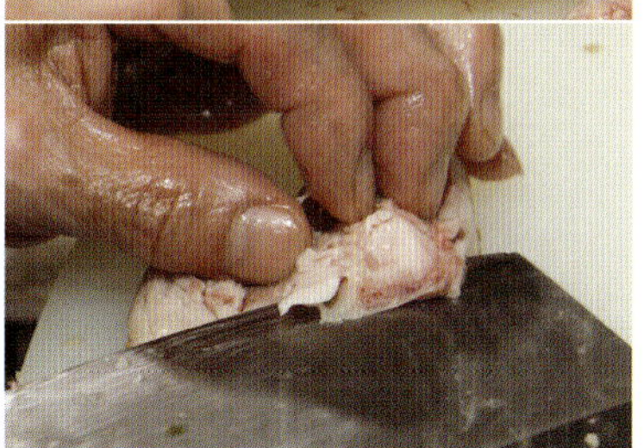

13の残りのモモ肉は、身側を上にして置き、余分なスジや血合い、小骨を切りとり、形を整えて平らにする。

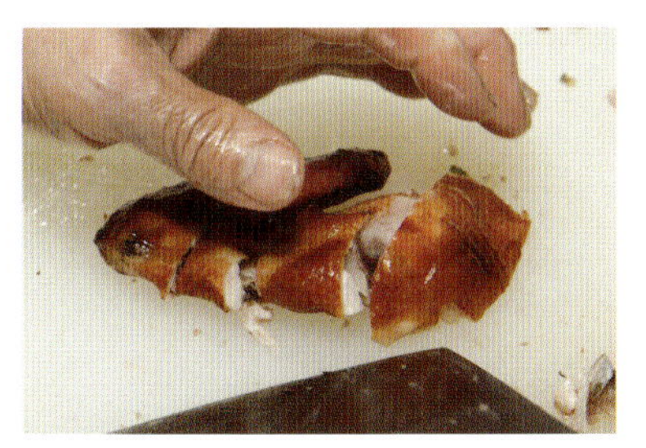

それぞれ食べやすい幅に切り分ける。

切り分けたら、それぞれ形を整えて、器に盛る。

16

半羽①、②の「手羽」部分を切り分けて器に盛る。

手羽先の先端を切り離す。

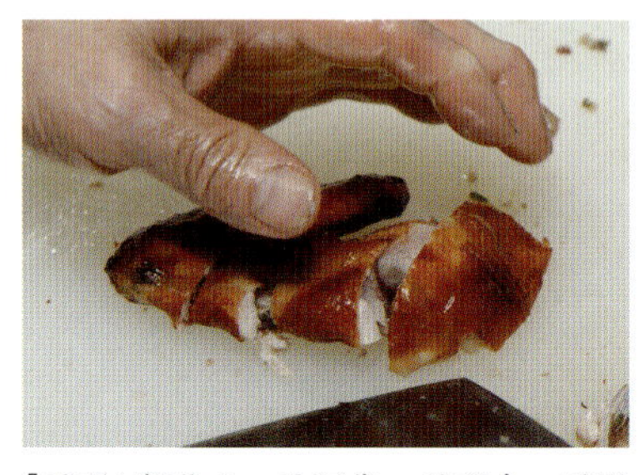

「手羽」部分を、手羽先、手羽中、手羽元で切り分ける。

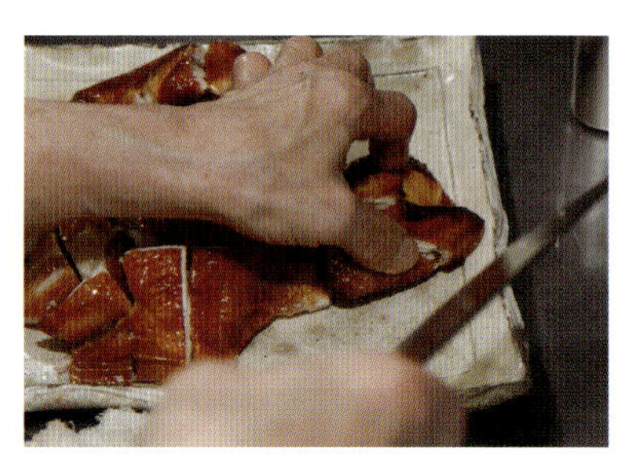

それぞれ切り分けた手羽①②の「手羽」部分の形を整え、器に盛る。

17

頭を切り整えて器に盛る。

8の首から頭を切り離し、置いたときに安定するように、顎の下を平らに切り整えて盛る。

Spicy roasted chicken

龍皇赤鶏のスパイシー焼き

丸鶏は腹から開いて平らにして「醤焼琵琶鴨」と同様に〝琵琶のような形〟に整えるのが特徴。〝琵琶鶏叉〟と呼ばれる、鶏用の三つ又になった金串を使い、まっすぐ平らになるよう固定する。さらに辛味の強いカイエンペッパーを配合した下味調味料を全体にすり込んでから窯で香ばしく焼き上げる。スパイシーで旨味もあり、前菜や酒の肴としても喜ばれる。

［材料］
丸鶏（中抜き）…1羽（約2kg）
辣鶏塩＊…180g
焼鶏水＊…適量

＊辣鶏塩
［材料］作りやすい分量
塩…60g
砂糖…180g
チキンパウダー…60g
カイエンペッパー（粉）…30g
1 材料を合わせて混ぜる。

＊焼鶏水
［材料］作りやすい分量
酢…600g
水飴…450g
紅酢…75g
1 材料を合わせて混ぜる。

1 鶏は腹側を上にして置き、尻から包丁を入れて半分に切り開き、水洗いをして水気をふく。
2 1の鶏の両面に辣鶏塩＊をすり込み、半日ほどおく。
3 2の鶏に串を刺し、割り箸を交叉させて串に通し、平らになるよう固定する。
4 3の皮に熱湯をまわしかけ、皮をピンと張らせる。
5 皮に焼鶏水をムラなく塗り、風通しのよい場所に3時間程度吊るす。
6 5の鶏を100～150℃の窯で30～40分かけて焼く。
7 焼き上がったら、窯から取り出して吊るし、粗熱をとって落ち着かせる。
8 7の鶏から串を抜き、中高温の油でパリッと香ばしく揚げる。

◉切り分けて、器に盛る
9 8を首の付け根で切り離す。
10 手羽から胸にかけて、斜め下に向かって切り離す。
11 「胸・モモ」部分、「背」部分に切り分ける。
12 「モモ・胸」部分を、それぞれ「モモ」と「胸」部分に切り分ける。
13 「胸」部分を切り分ける。
14 「モモ」部分を切り分ける。
15 「背」部分を切り分ける。
16 残りの「モモ」部分を切り分ける。
17 「手羽」部分を切り分ける。
18 頭を切り離して、盛る。

1

鶏は腹側を上にして置き、尻から包丁を入れて半分に切り開き、水洗いをして水気をふく。

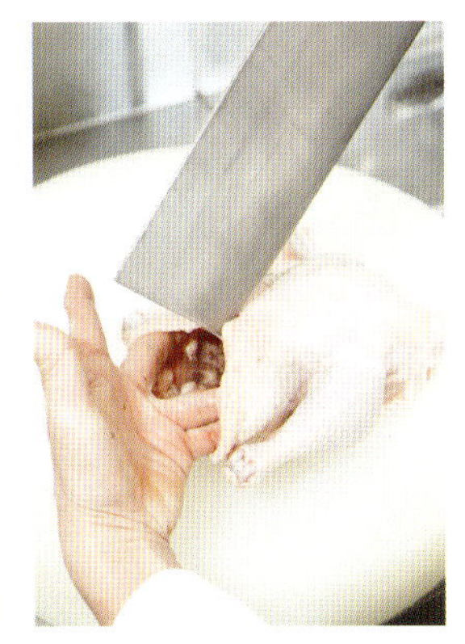

中抜きにした丸鶏は、流水で汚れを流し、水気をふく。腹側を上にして置き、尻から指を入れて皮を張らせ、真ん中に包丁を入れて切り開く。

＊生の鶏皮をきれいに切るコツは、皮をピンと張らせて、切り始めの位置を正確に決めることが大切。

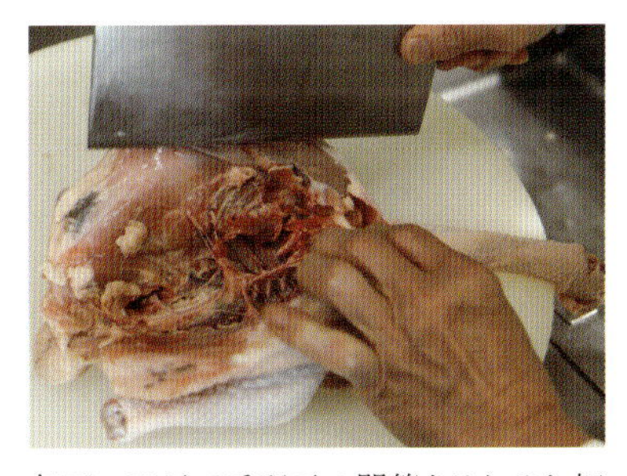

包丁の刃元で手羽元の関節をそれぞれ切り、平らにする。

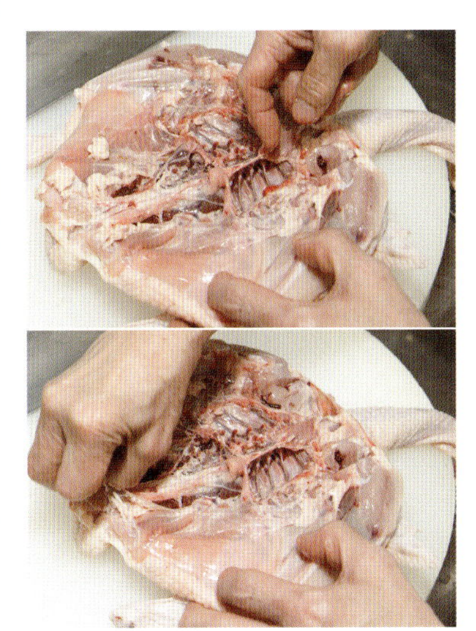

余分な脂やスジ部分、血だまりなどを丁寧とり、水洗いをして水気をよくふいておく。

2

1の鶏の両面に辣鶏塩＊をすり込み、半日ほどおく。

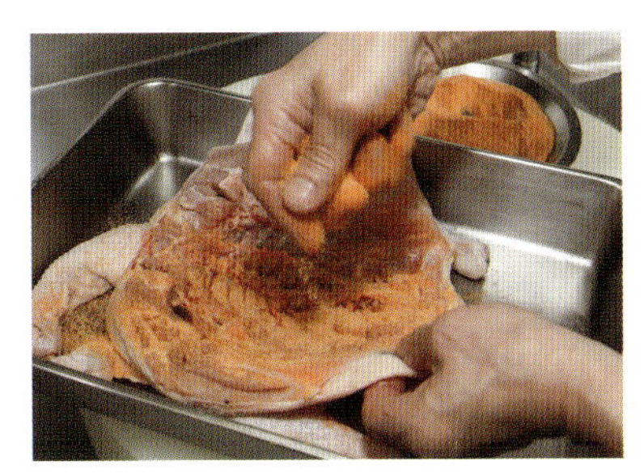

1の鶏の身側に辣鶏塩＊をまんべんなくふり、全体にすり込む。

＊辣鶏塩全量の6〜7割を身側に、残りの3〜4割を皮側にすり込む。

皮側にもまんべんなく辣鶏塩＊をふり、手ですり込む。手羽の付け根などにも丁寧にすり込む。

全体に辣鶏塩＊をふった状態(上)。冷蔵庫で半日程度おき、味をなじませる(汁気が出てくる：下)。出てきた水分は捨てる。

＊このとき、皮側を下にしておくことがポイント。肉面を下にすると、辣鶏塩が下に落ち、肉の中まで浸透しにくくなってしまうため。

3

2の鶏に串を刺し、割り箸を交叉させて串に通し、平らになるよう固定する。

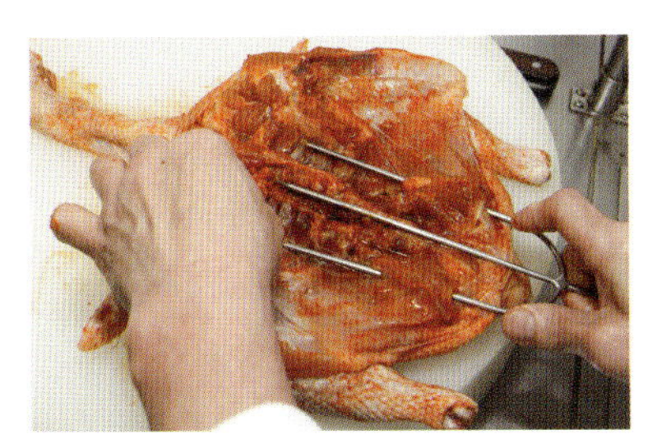

まず三つ叉になった串(琵琶鶏叉：P.16)の両端を、モモの付け根あたりに縫うように刺して出す。

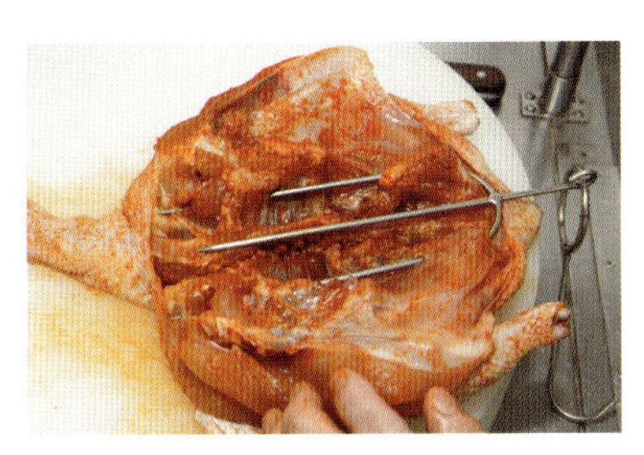

続いて両端の串を手羽元あたりに刺して肩から出す。真ん中の串は肉には刺さない。

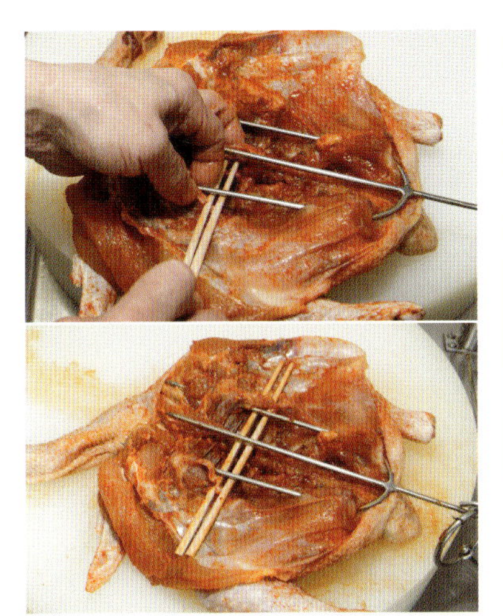

割り箸2本を、モモの付け根あたりから金串の下に通し、平らな形になるように固定する。

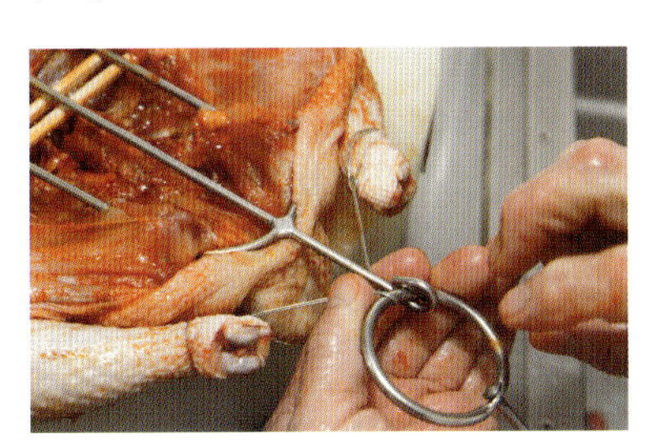

両足にワイヤーを巻いて縛って真ん中のリング部分に結んで固定する。

4

3の皮に熱湯をまわしかけ、皮をピンと張らせる。

網の上に3の鶏皮を上にして置き、熱湯をまわしかけて皮をピンと張らせる。

＊皮の毛穴が縮まり“鳥肌が立った”状態になればOK。ブロイラーの場合、この段階で皮がさけてしまうことも多い。

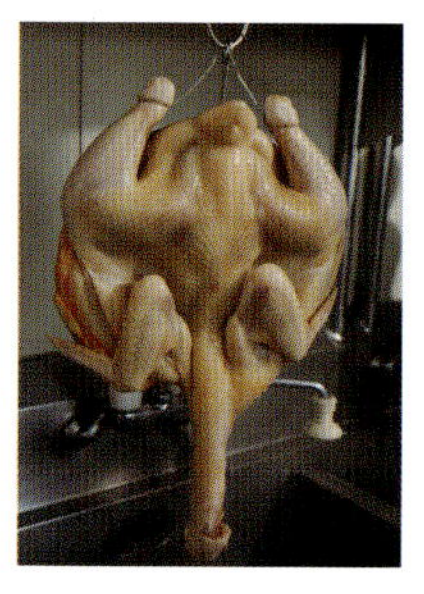

吊るして水気をきる。

5

皮に焼鶏水＊をムラなく塗り、風通しのよい場所に3時間程度吊るす。

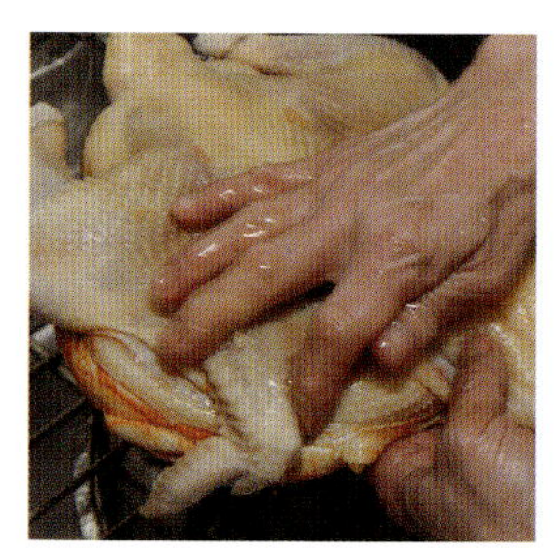

焼鶏水＊を皮全体にまんべんなく塗る。手羽の付け根にも塗る。

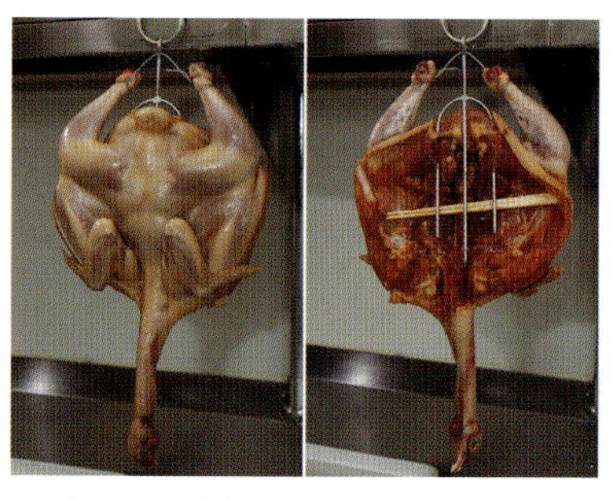

風通しのよい場所に吊るし、皮が十分に乾燥するまで風干しにする（写真は風干し後）。

6

5の鶏を100～150℃の窯で30～40分かけて焼く。

5の鶏をまず100℃程度の低温の窯に入れる。

15分くらいかけて徐々に温度を上げながら150℃まで上げ、さらに15分程度焼く。150℃以上にならないよう温度調節をしながら合計して30～40分焼く。

＊鶏の大きさや状態によっても適正温度は変わるので温度の見極めと調整が大切。

7

焼き上がったら、窯から取り出して吊るし、粗熱をとって落ち着かせる。

焼き上がったら、粗熱がとれるまで吊るして冷ます。

8

7の鶏から串を抜き、中高温の油でパリッと香ばしく揚げる。

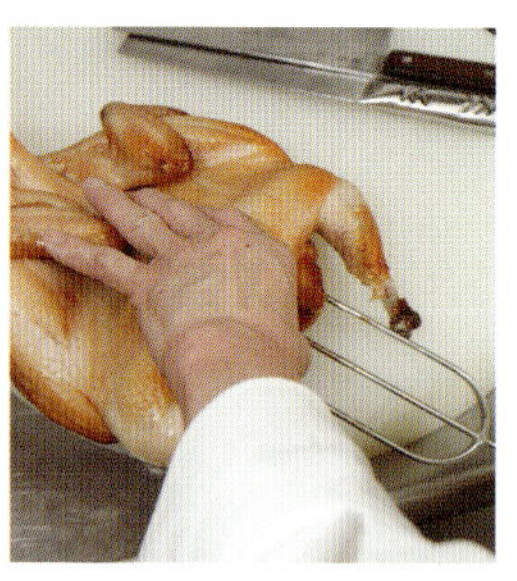

皮や身がくずれないよう、串をそっとはずす

ジャーレンに皮側を上にして置き、熱した油を玉杓子でまわしかけ、表面をパリッとさせる。手羽の付け根など油をかけにくい場所も丁寧に行う。

＊油の温度は、最初やや低温で少しずつ上げていく。最初から高温の油に入れると皮が破れやすいので気を付ける。

途中、皮が膨みそうな場所を見つけたら、針（鷲尾針：P.16）で刺して空気穴をあけ、蒸気を逃がして皮が破裂するのを防ぐ。

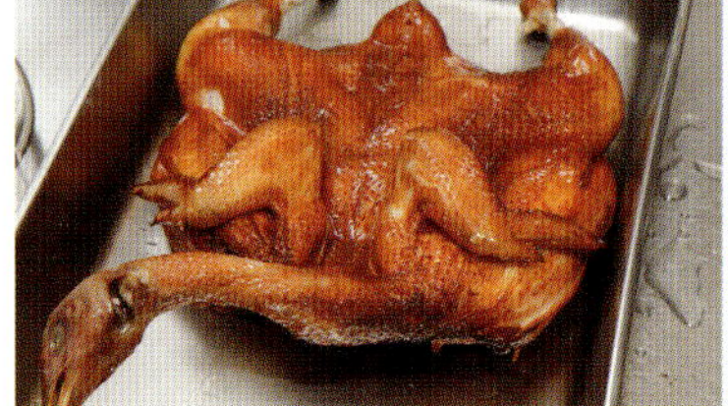

パリッとこんがりと揚げて引き上げる。

◉切り分けて、器に盛る

9

8を首の付け根で
切り離す。

首の付け根で切り落とす(➡手順18)。

10

手羽から胸にかけて、
下に向かって切り離す。

手羽を持ち上げ、付け根に包丁を入れ、大きく斜め下に向かって切り離す。

もう一方の手羽も同じようにして切り離し、切り口をきれいに切り整える。

11

「胸・モモ」部分、「背」部分に
切り分ける。

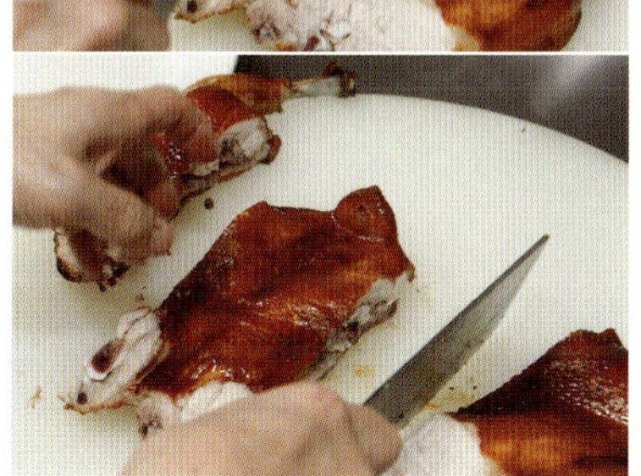

両モモの付け根から胸に向かて包丁をあてて切り離す。「両モモ・胸」部分、「背」部分とに切り分ける。

12

「胸・モモ」部分を、それぞれ、「胸」と「モモ」部分に切り分ける。

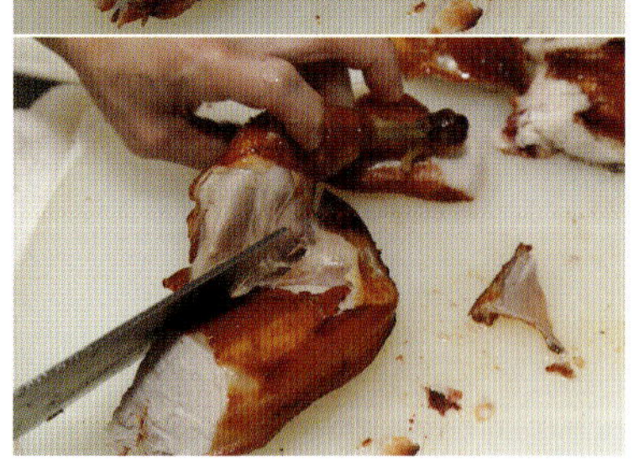

それぞれの「モモ・胸」部分を、モモの付け根で切り離し、「モモ」と「胸」部分に分ける。

13

「胸」部分を切り分ける。

「胸」部分は、それぞれ横から包丁を入れ、皮部分と身部分に切り分ける。切り分けた身部分（下部）を器に盛る。

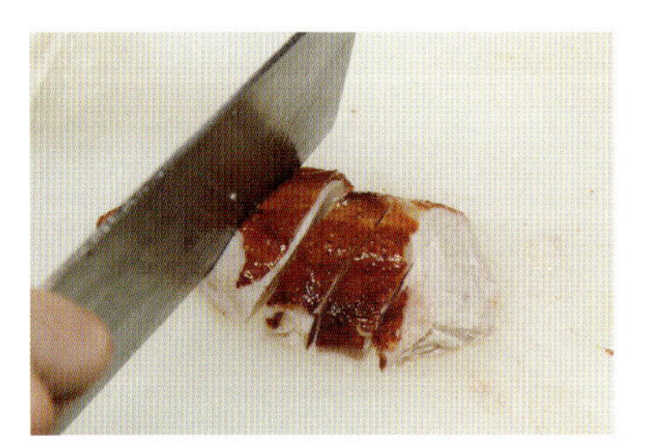

皮部分（上部）は、食べやすい幅に切り分ける。

それぞれ、先に盛りつけた身部分の上に、切り分けた皮部分を重ねて盛る。

14

「モモ」部分を切り分ける。

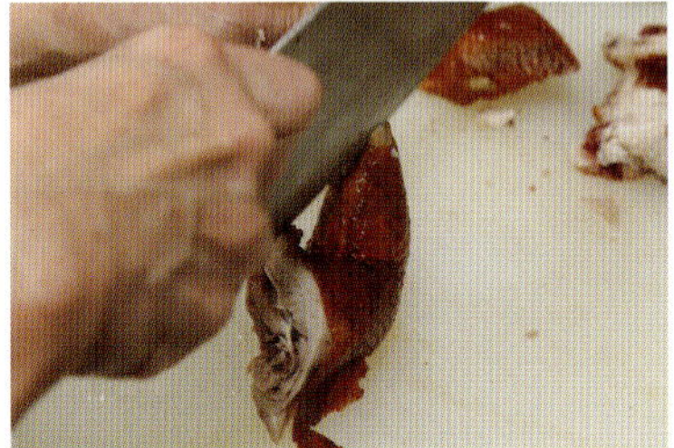

骨付きの「モモ」部分を立てて持ち、骨から皮をそぐようにして縦に切り離す。

＊骨から切り離した皮部分は、後で盛るので、とっておく（➡手順16）。

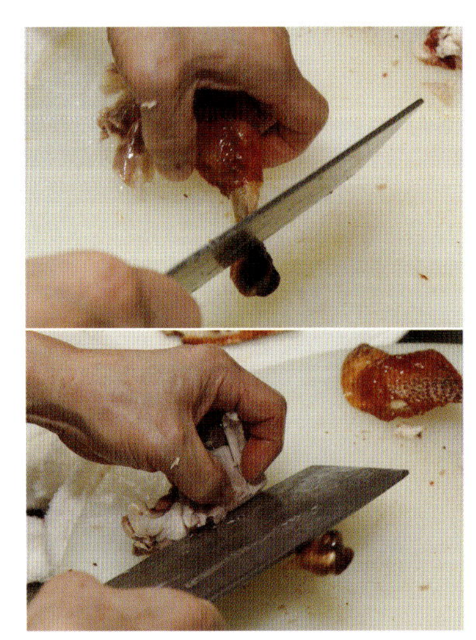

骨付きの「モモ」部分は、先にぐるりと骨の周りに包丁を入れ、肉を骨からはずす。肉の端を切り整えて食べやすい幅に切る。

15

「背」部分を切り分ける。

「背」部分の端を切り落とし、形を整える。

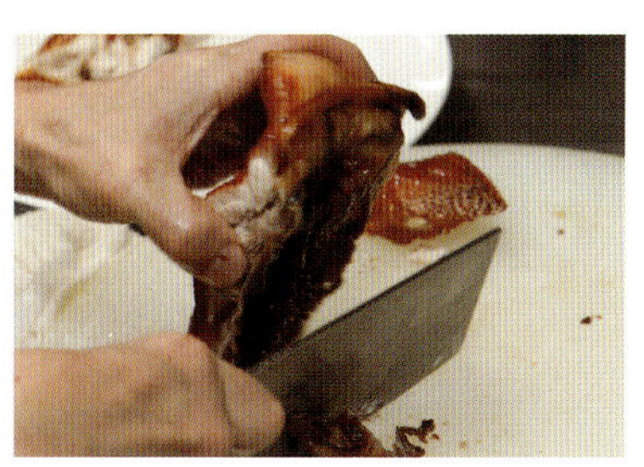

立てて持ち、身側を骨ごとそぎ切りにして、表面を平らにする。

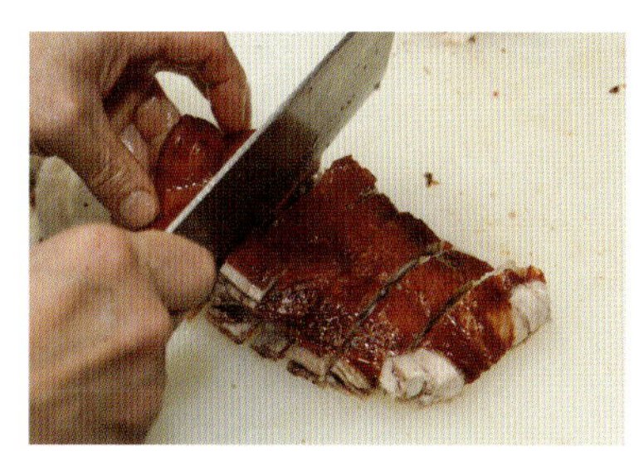

食べやすい幅に切り分ける。

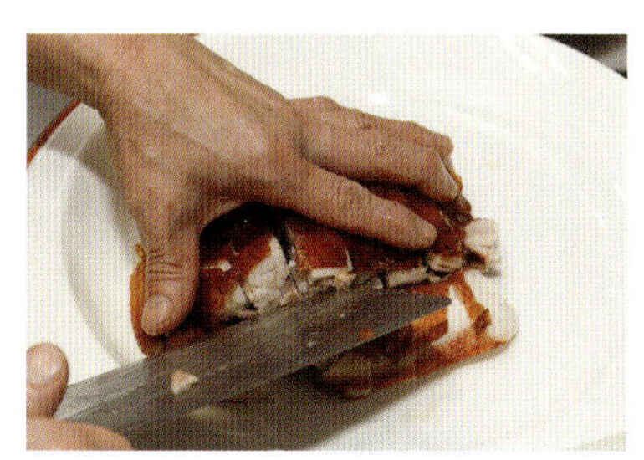

器の中央に盛る（このとき、手前が尻、奥が肩側になるように）。

16

残りの「モモ」部分を切り分ける。

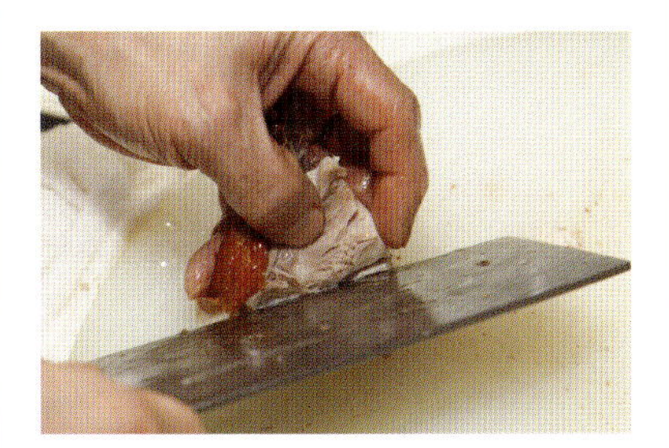

スジや小骨を切り落として、厚みを揃える。

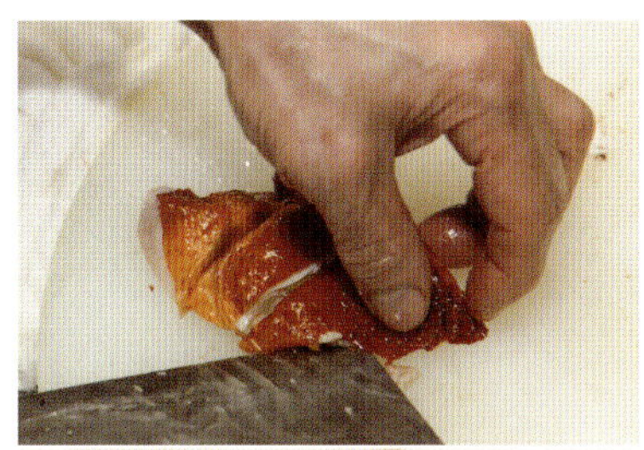

食べやすい幅に切り分け、先に（手順14）盛った「モモ」部分の上に重ねて盛る。

17

「手羽」部分を切り分ける。

「手羽」部分は、骨ごと厚み半分に切り分ける。

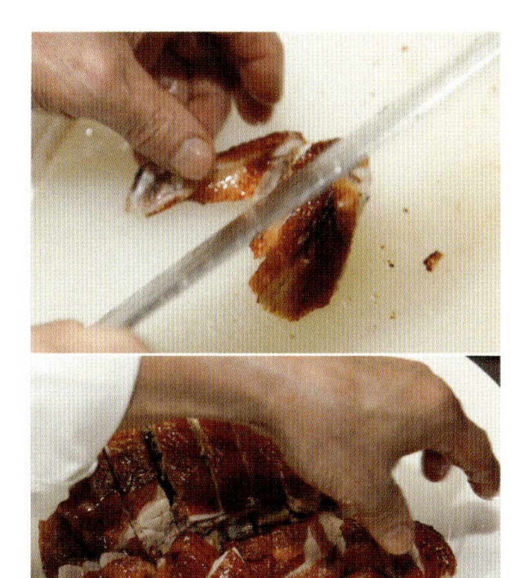

それぞれ、食べやすい幅に切り分け、器に盛る。

18

頭を切り離して、盛る。

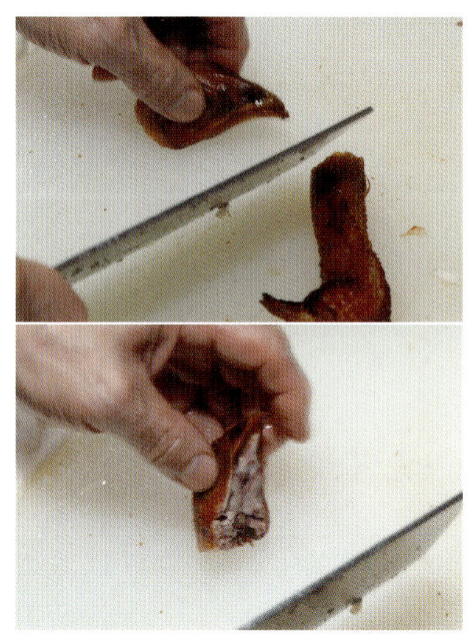

首から頭を切り離し、置いたときに安定するよう、下部を切りとる。

頭を器に盛りつける。

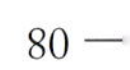

Roasted duck

焼鴨（シュウ ガァム）

鴨のロースト

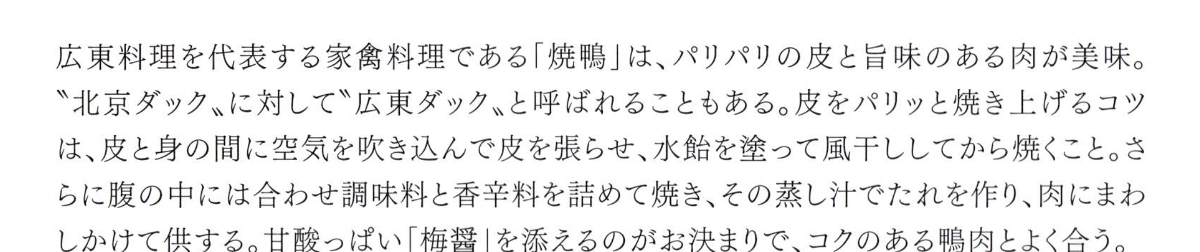

広東料理を代表する家禽料理である「焼鴨」は、パリパリの皮と旨味のある肉が美味。〝北京ダック〟に対して〝広東ダック〟と呼ばれることもある。皮をパリッと焼き上げるコツは、皮と身の間に空気を吹き込んで皮を張らせ、水飴を塗って風干ししてから焼くこと。さらに腹の中には合わせ調味料と香辛料を詰めて焼き、その蒸し汁でたれを作り、肉にまわしかけて供する。甘酸っぱい「梅醤」を添えるのがお決まりで、コクのある鴨肉とよく合う。

［材料］1羽分
合鴨（中抜き）
…1羽（2.8〜3kg）
生醤＊…600g
焼鴨水＊…適量
A
- 塩…8g
- 砂糖…15g
- チキンパウダー…2g
- 沙姜粉（乾燥生姜粉）…1g
- 五香粉…1g

B
- 八角…2個
- 沙姜片（乾燥生姜）…約8枚
- ローリエ…3枚

焼鴨のたれ＊…適量
梅醤＊…適量

＊生醤（➡P.175）
［材料］作りやすい分量
にんにく…600g
エシャロット…600g
油…1.2kg
A
- 南乳…500g
- 海鮮醤…2kg
- 芝麻醤…200g
- オイスターソース…500g
- 桜味噌…4kg

1 エシャロットとにんにくは、それぞれみじん切りにする。
2 鍋に油を熱して1のエシャロット、にんにくを順番に香ばしく揚げ、網ですくい出す（油に入れていると予熱で焦げてしまうため）。香味油が冷めたら、揚げたエシャロットとにんにくを戻し入れる。
3 南乳をフードプロセッサーでなめらかにしてボウルに入れ、オイスターソース、芝麻醤、海鮮醤、桜味噌の順に加える。
4 3に2を油ごとすべて加えて、よく混ぜ合わせる。

＊焼鴨水
［材料］作りやすい分量
- 水飴…375g
- 酢…600g
- 紅酢…225g

1 材料を合わせて、よく混ぜる。

＊焼鴨のたれ（➡P.179）
［材料］作りやすい分量
ねぎ（細切り）…10cm長さ分
生姜（みじん切り）…小1片分
二湯（二番スープ）…310ml
チキンパウダー…2g
砂糖…4g
オイスターソース…25g
老抽…少々
「焼鴨」蒸し汁（P.85）…1羽分

1 油でねぎと生姜を炒め、香ばしい香りが立ってきたら、二番スープを加える。
2 さらに「焼鴨」の蒸し汁を加え、チキンパウダー、砂糖、オイスターソースを加えて煮る。仕上げに老抽をまわし入れる。
3 キッチンペーパーを敷いたざるで2を漉して、たれとして使う。

＊梅醤（➡P.180）
［材料］作りやすい分量
パイナップル缶…1缶（560g）
梅干し（薄塩）…1kg
グラニュー糖…1kg
一味唐辛子（韓国産）…1g
生姜の甘酢漬け…100g
水…600g

1 パイナップルはシロップごと用意し、梅干しは種を取り除いて果肉にする。これらをミキサーでペースト状にする。
2 鍋に1のペーストを入れ、火にかける。沸騰してきたらグラニュー糖を加える。グラニュー糖が溶けたら、一味唐辛子を加えて混ぜ、火を止める。

1 合鴨は水洗いをしてから吊るし、水気をきる。
2 1の喉から空気を流し込み、腹をふくらませる。
3 2の腹内に手を入れて、生醤＊⇨Aの順に塗り込み、Bを入れる。
4 尻の開口部分を針で縫うようにして閉じる。
5 熱湯を沸かして4の鴨を入れ、皮を張らせたら、冷水にとって冷まして水気をしっかりときる。
6 5の鴨に焼鴨水＊を全体に塗って吊るし、約5時間風干しする。
7 180℃前後に熱した窯に6を入れ、約1時間、全体にこんがり焼き色がつくまで焼く。

●切り分けて、器に盛る
8 7の首を切り落とす。
9 腹に沿って縦半分に切り、半羽①、②に分ける。
10 半羽①、②をそれぞれ「手羽」、「背」部分と「胸・モモ」部分に切り分ける。
11 10の半羽①、②の「胸」部分を切り分ける。
12 「手羽」部分の骨から肉を切り離す。
13 半羽①、②の「背」部分をそれぞれ切り分ける。
14 半羽①、②の手羽骨付き部分を、それぞれ切り分ける。
15 半羽①、②の「モモ」部分を切り分けて盛る。
16 頭を切り分けてたれをかけ、梅醤を別添えにする。

1

合鴨は水洗いをしてから吊るし、水気をきる。

合鴨(2.8〜3kg)は、雌の合鴨を使う。内臓を取り除き、水かき、手羽先を切り落としたものを用意。

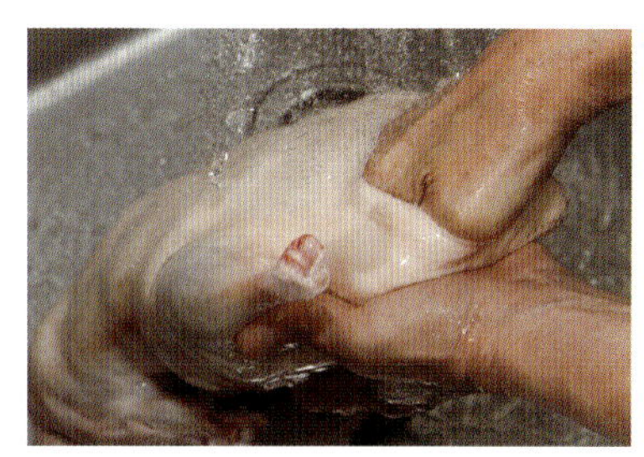

合鴨を流水で洗う。表面だけでなく、尻から手を入れて、腹の中もきれいに洗う。残った内臓や余分な脂もきれいに取り出す。

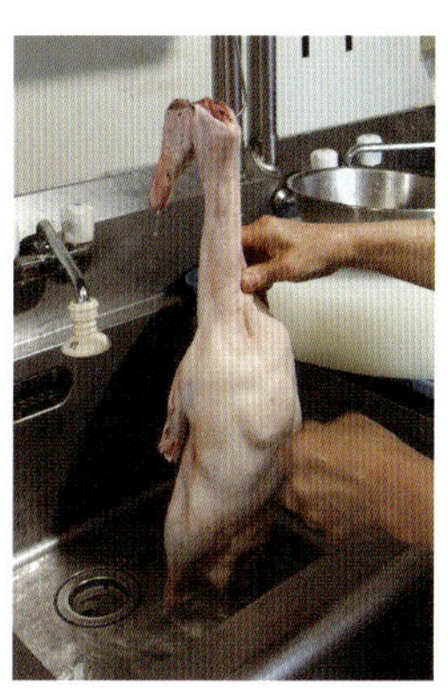

水洗いした合鴨をフック(焼鴨環：P.16)にかけて吊るす。水気がきれたらフックをはずして水気をふく。

2

1の喉から空気を流し込み、腹をふくらませる

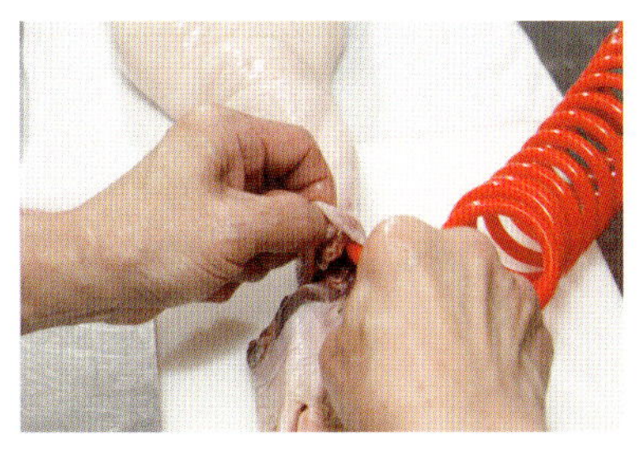

喉の付け根部分に切り込みを入れ、食道の上、皮との間にエアコンプレッサーの管を差し込む。

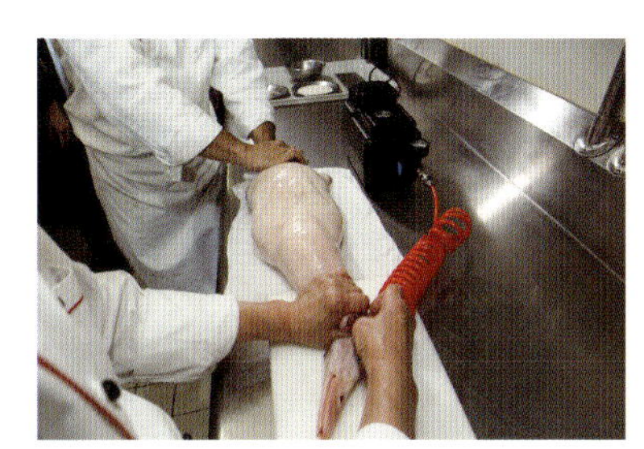

もう1人が尻部分をふさぎ、皮と肉の間に空気を流し込み、空気圧で皮を肉から離す。この作業は2人で行う。

3

2の腹内に手を入れて、生醤*⇨Aの順に塗り込み、Bを入れる。

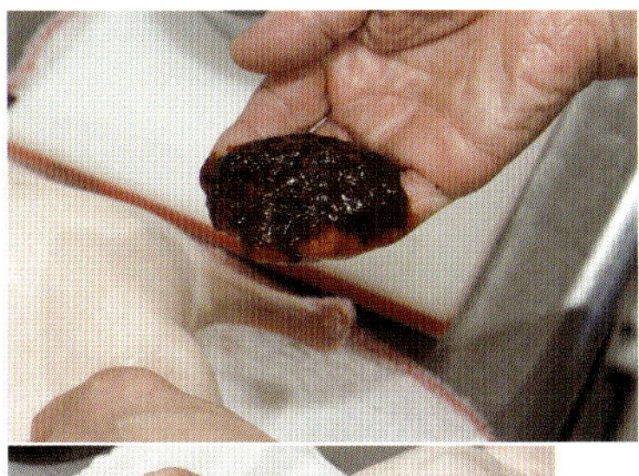

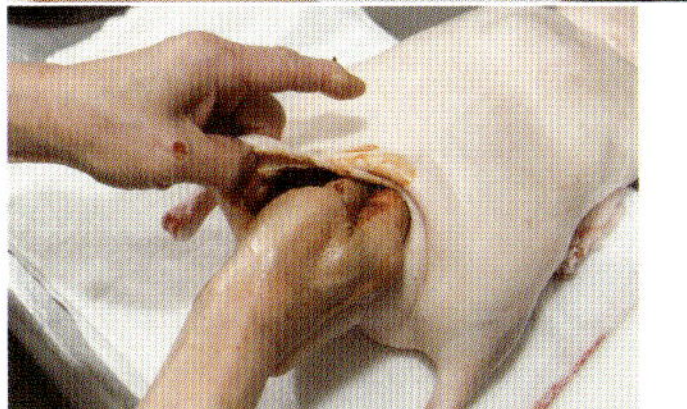

生醤*を手にとり、尻から手を入れて、腹内にしっかりと生醤を塗り込む。

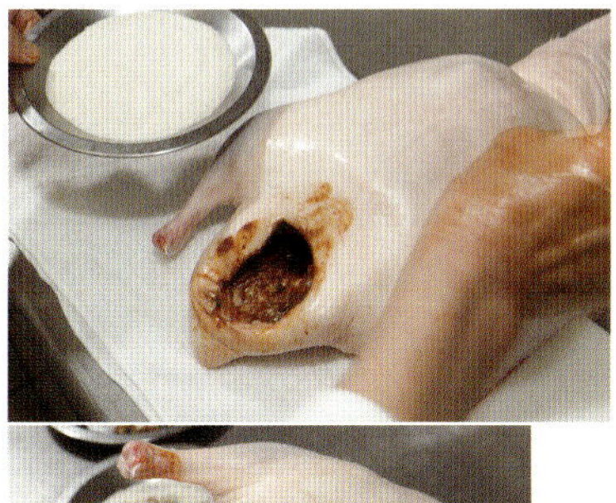

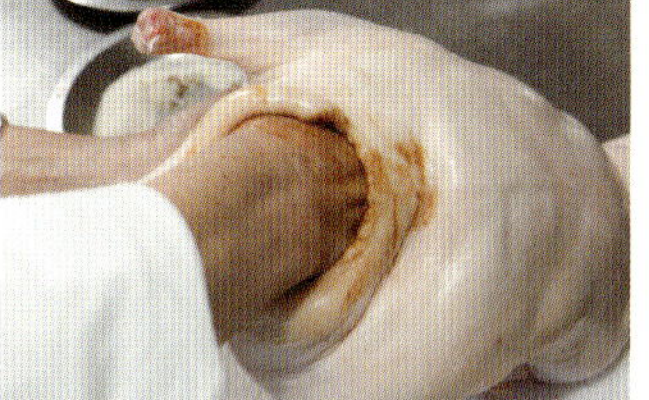

Aを合わせ、腹内の奥の方に入れてなじませる。

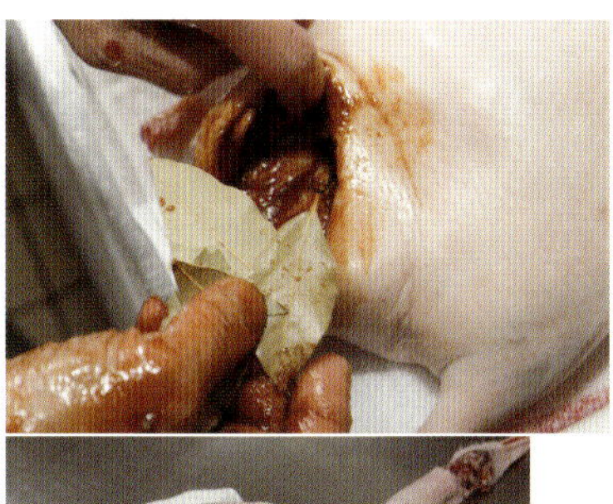

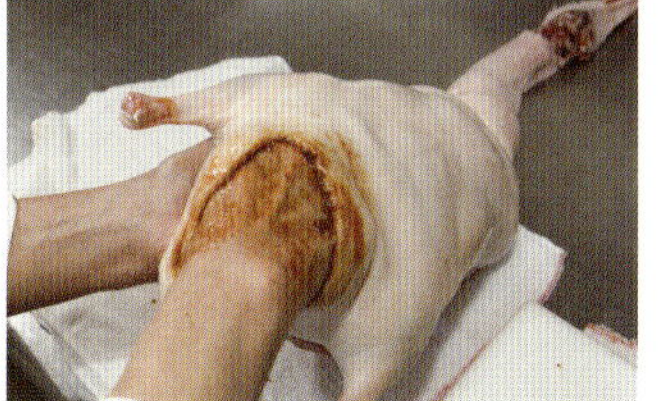

Bのスパイス類を腹内に詰め入れる。

4

「尻」部分を針で縫うようにして閉じる。

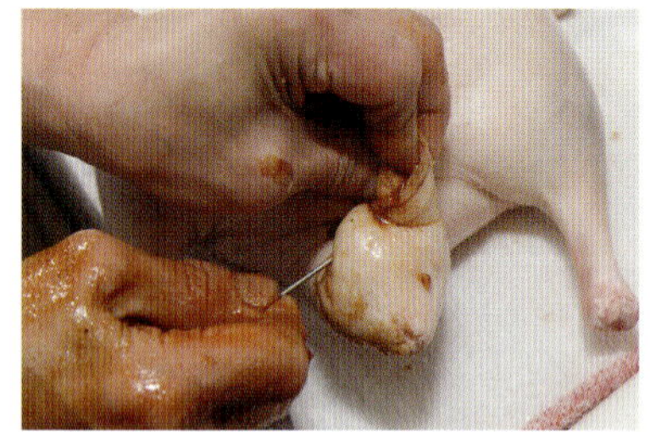

「尻」部分を閉じる。閉じ口の片側をもう一方に被せるようにして閉じ、針を縫うようにして通す。

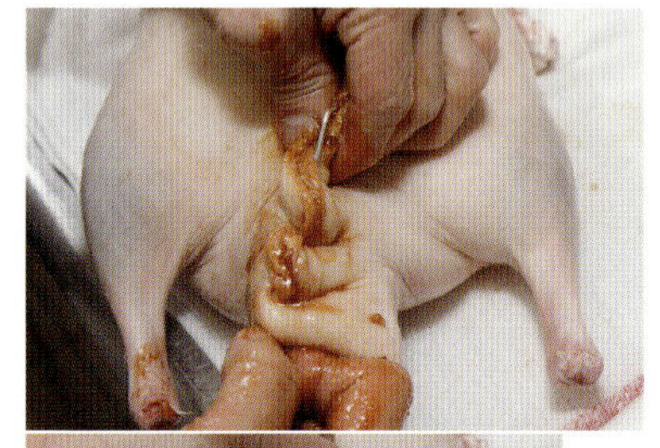

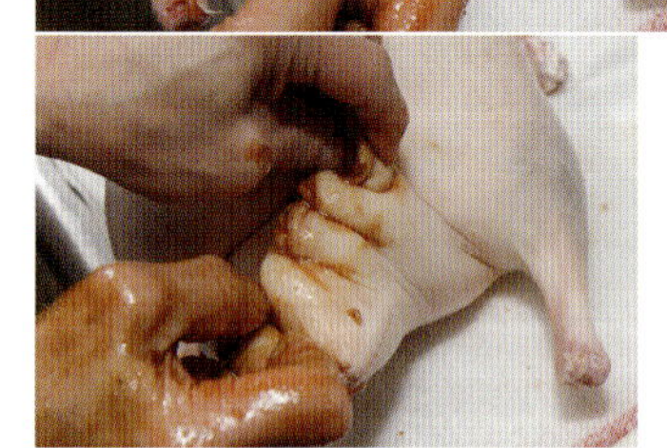

そのまま、閉じ口を何回が縫うようにして通し、口をしっかりと閉じる。

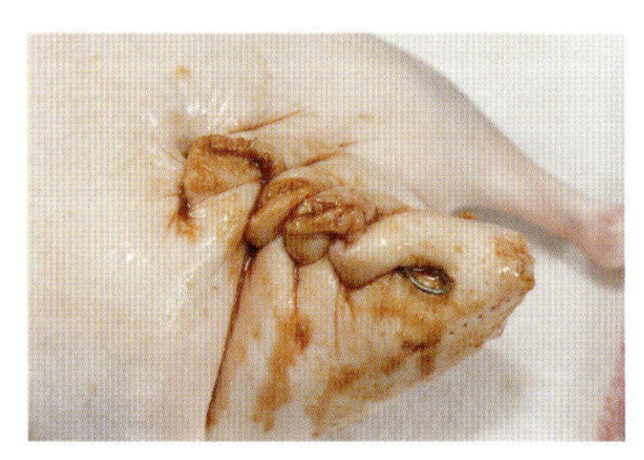

閉じ終えた状態。ここで口を完全に閉じておかないと、加熱したときに中から汁が流れ出してしまうので、丁寧に閉じておくことが大切。

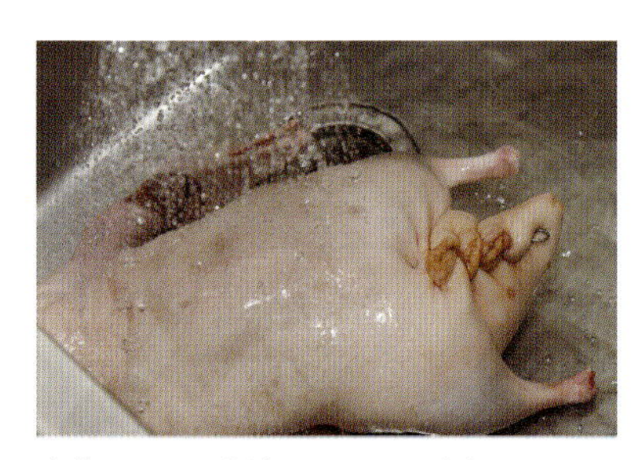

全体にサッと水洗いをして、水気をふく。

5

熱湯を沸かして4の鴨を入れ、皮を張らせたら、冷水にとって水気をきる。

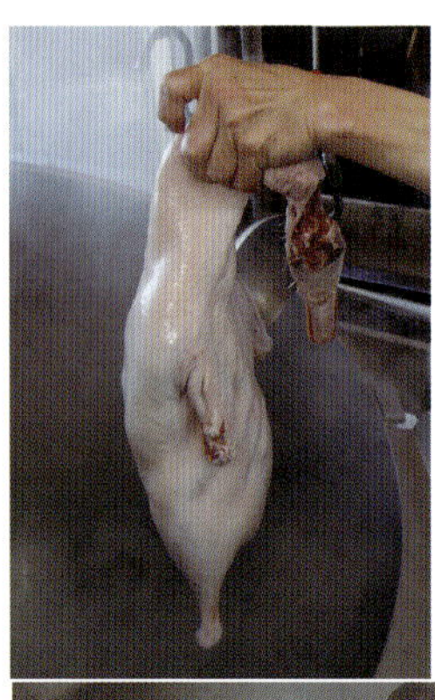

熱湯に4を入れて、表面の皮がピンと張れば、すぐに取り出す。

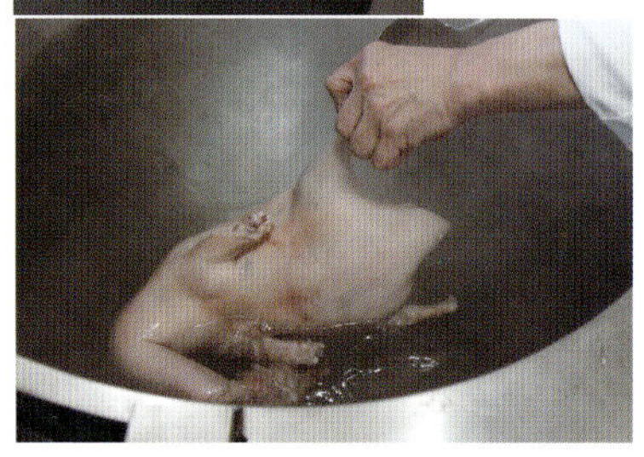

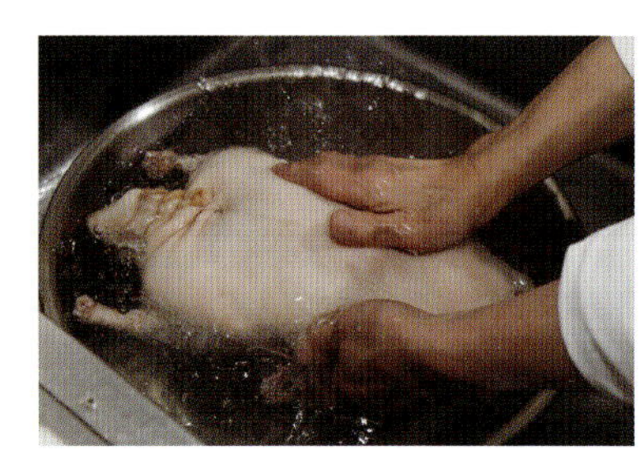

素早く冷水にとって、冷ます。

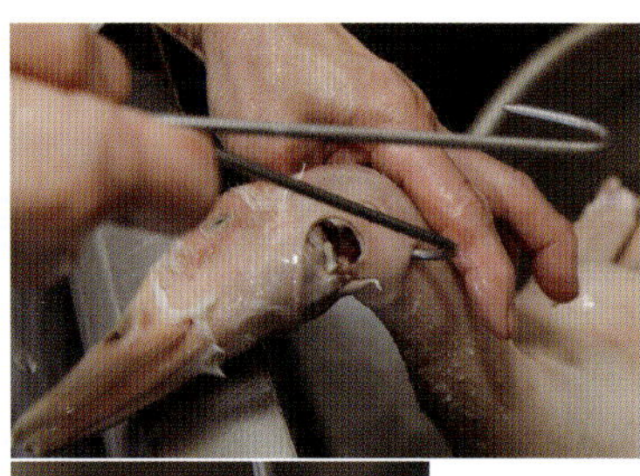

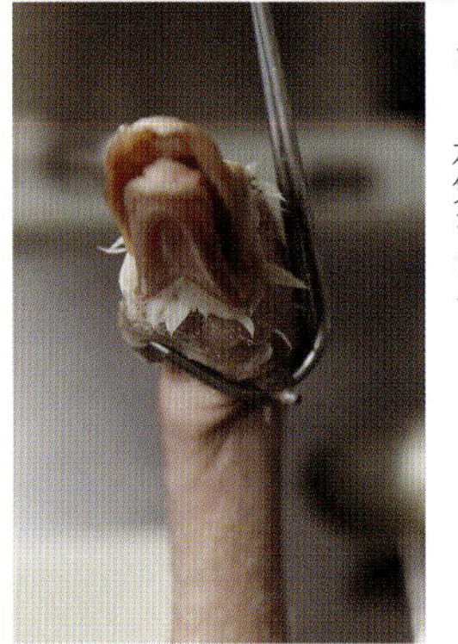

首にフック（焼鴨環：P.16）をかけて吊るし、水気をきる。

6

5の鴨に焼鴨水＊を全体に塗って吊るし、約5時間風干しする。

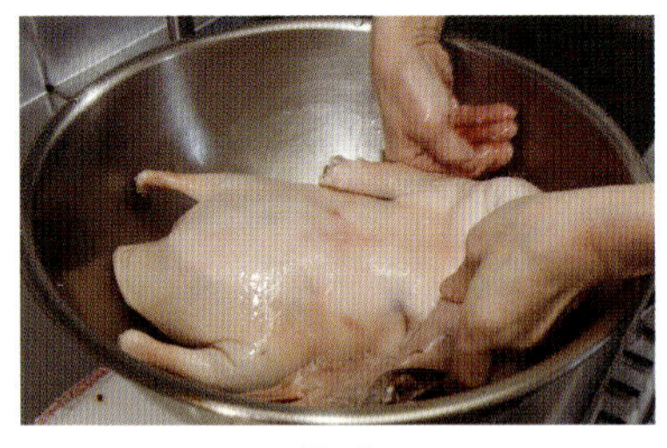

大きめのボウルに焼鴨水＊を入れ、5の鴨を入れて、手で焼鴨水をまわしかけて全体になじませる。

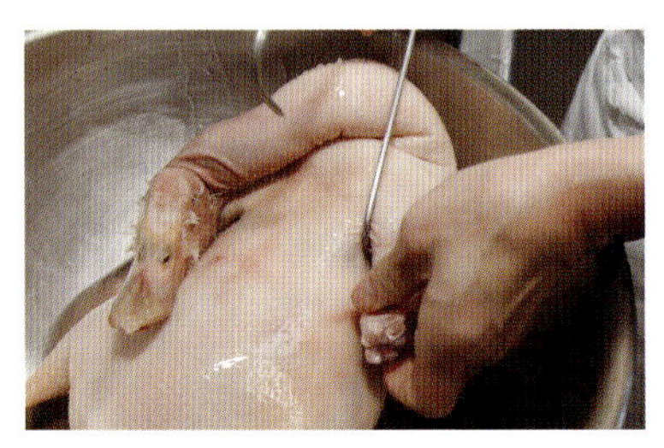

両手羽の付け根にフック（焼鴨環：P.16）を刺す。

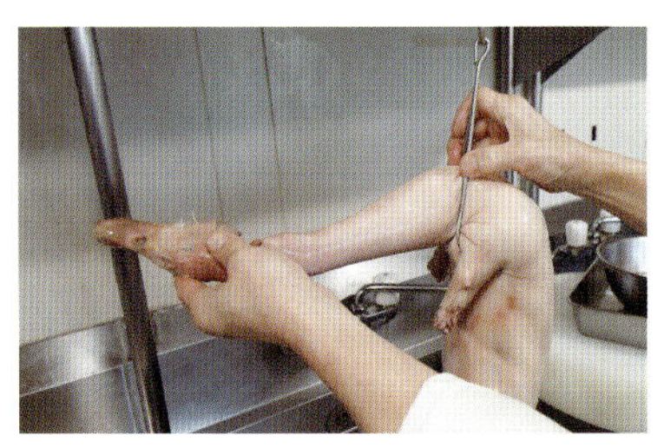

首をそらせるようにして頭を持つ。

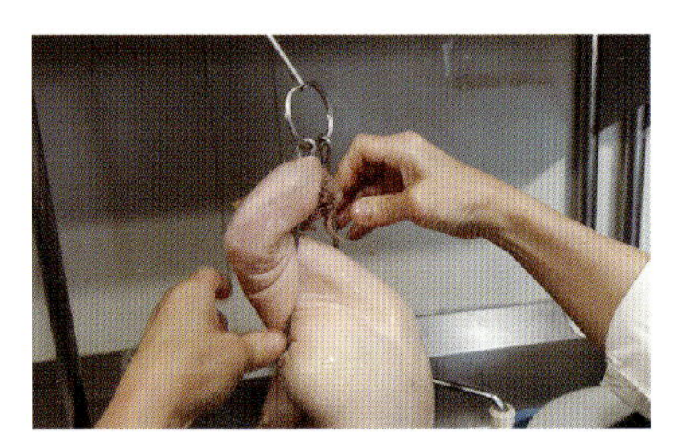

フックに巻き付けるようにして首をまわし、フックの間に首を差し込む。

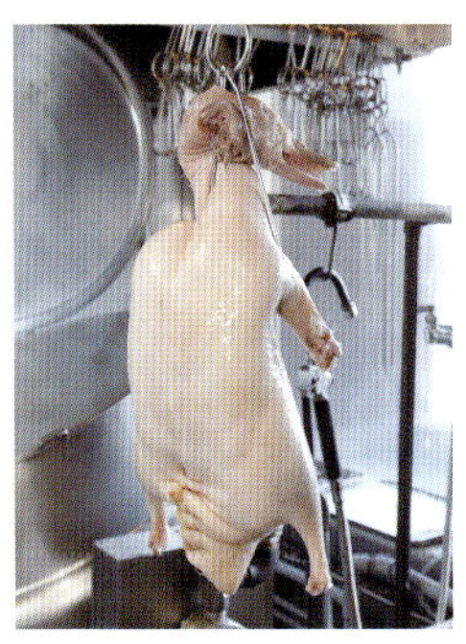

そのまま吊るして風通しのよい場所で約5時間風干しにする。

7

180℃前後に熱した窯に6を入れ、約1時間、全体にこんがり焼き色がつくまで焼く。

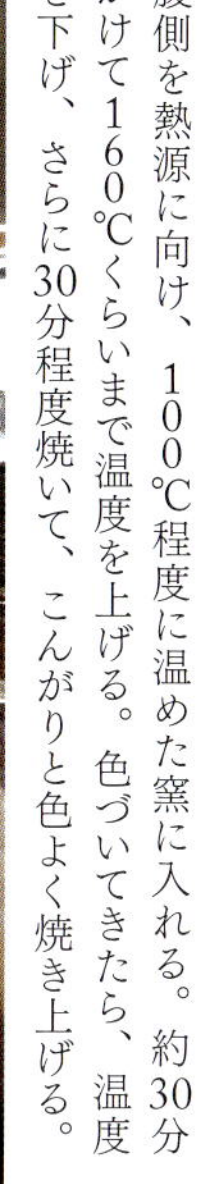

腹側を熱源に向け、100℃程度に温めた窯に入れる。約30分かけて160℃くらいまで温度を上げる。色づいてきたら、温度を下げ、さらに30分程度焼いて、こんがりと色よく焼き上げる。

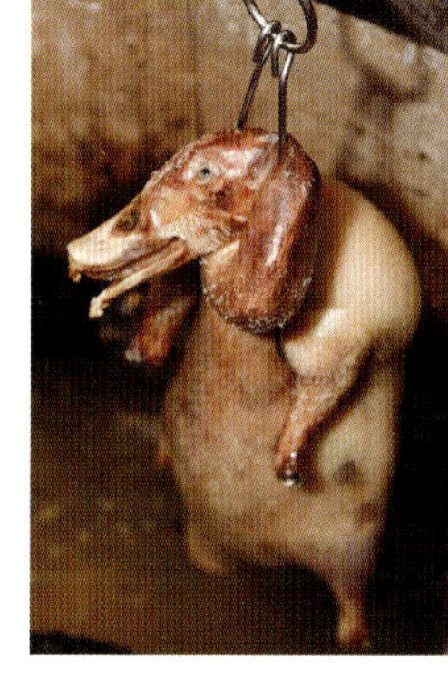

焼き上がり。約1時間焼いたもの。

＊焼き時間が長すぎると、皮が肉から浮いてしまって、表面がパリッと焼き上がらないので、焼き加減をみながら焼き時間を調節する。

◉切り分けて、器に盛る。

8

7の首を切り落とす。

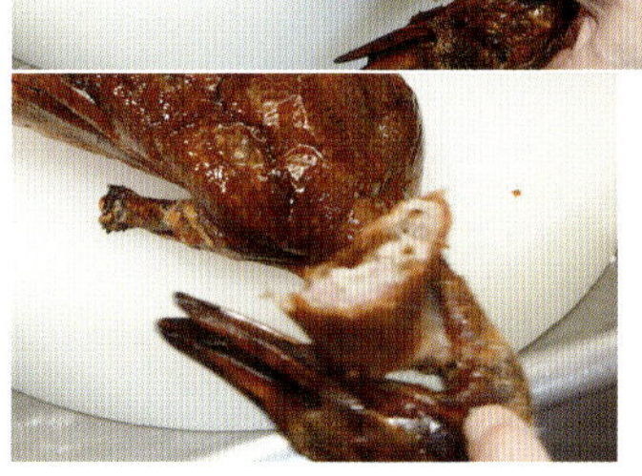

焼き上がったら粗熱をとり、7の首の付け根で切り落とす（➡手順16）。

9

腹に沿って縦半分に切り、半羽①、②に分ける。

尻を閉じた針を抜き、ボンジリの付け根あたりから、胸の上まで切り込みを入れて開く。

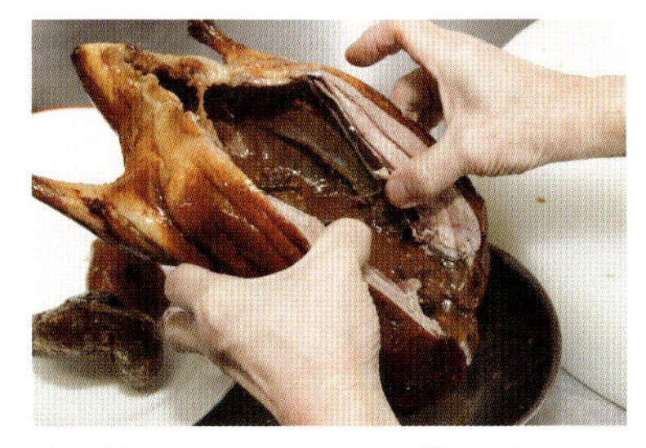

手で開いて、中にたまった蒸し汁をボウルに移し入れる。

＊この蒸し汁は、たれ用に使うので別にとっておく。

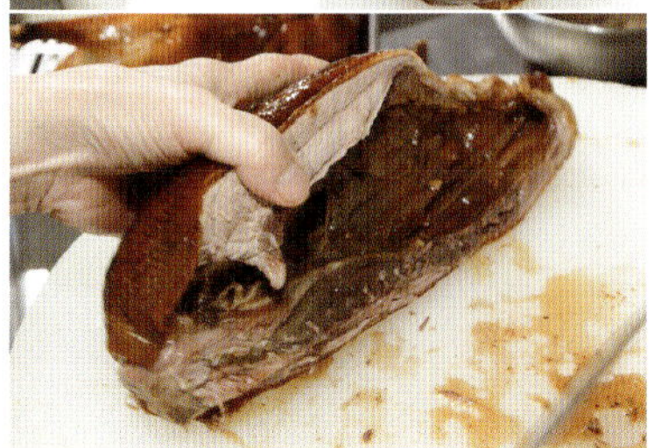

骨を切り離し、完全に半分（半羽①、半羽②）に切り分ける。

半羽①、②のボンジリ部分はそれぞれ斜めに切り落とす。

それぞれ腹の中に残っている汁気を包丁の刃先でかき出す。

10

半羽①、②をそれぞれ「手羽」、「背」部分と「胸・モモ」部分に切り分ける。

半羽①②の手羽をそれぞれ持ち上げ、包丁を付け根から骨に沿って斜め下に向けて切り離す。

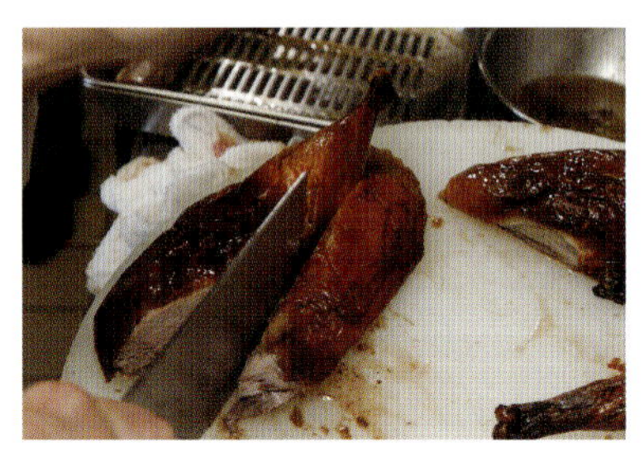

次に、それぞれを「背」と「胸・モモ」部分に切り分ける。

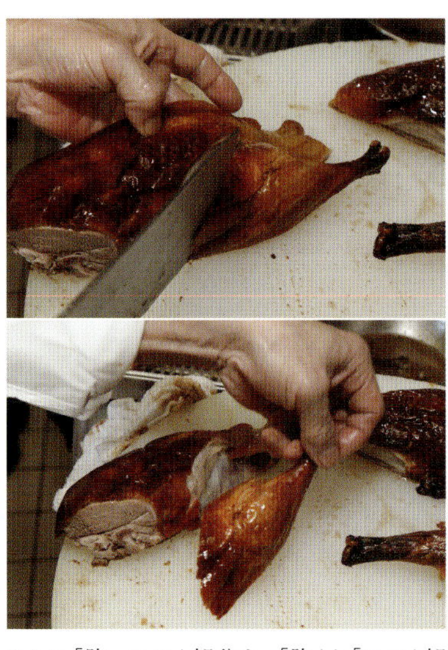

さらに「胸・モモ」部分を、「胸」と「モモ」部分とに切り分ける。

11

10の半羽①、②の「胸」部分を切り分ける。

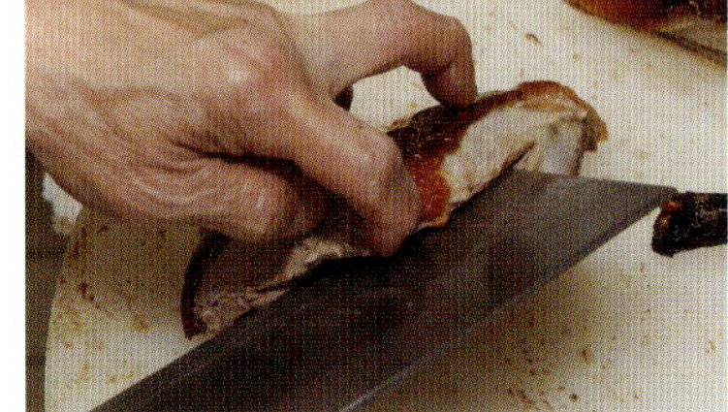

それぞれの「胸」部分は、厚み半分くらいに包丁を入れ、切り分ける。

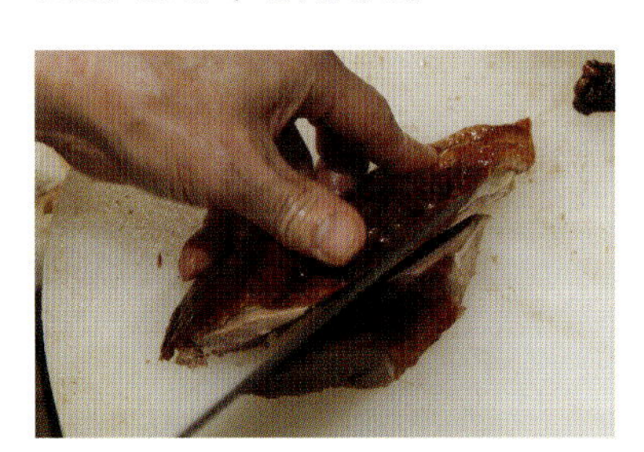

「ササミ」部分を切り落とし、形を整える。

半羽①、②の「胸」部分を、それぞれ食べやすい幅に切り分ける。

「胸」部分(ササミをはずした)をそれぞれ器に盛る。

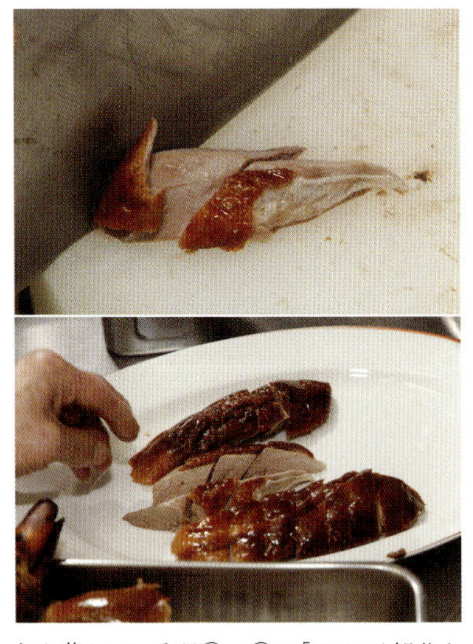

切り落とした手羽①、②の「ササミ」部分をそれぞれ食べやすい幅に切り分け、器に盛る。

12

「手羽」部分の骨から肉を切り離す。

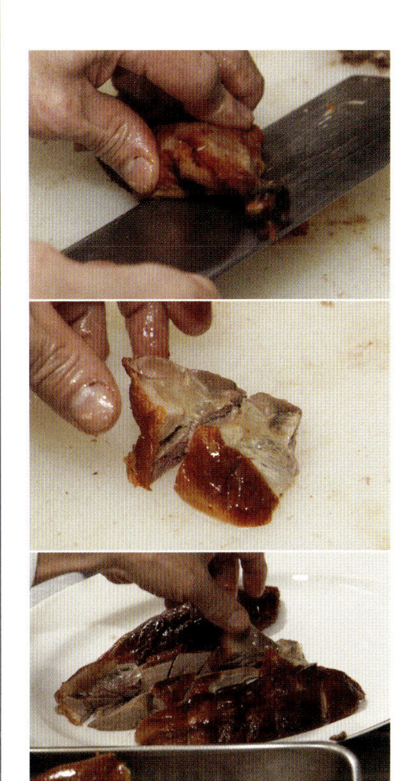

「手羽」部分は、骨をそぎ切るようにし、身部分を食べやすい幅に切って器に盛る。骨付き部分は、後で盛るのでおいておく（➡手順14）。

13

半羽①、②の「背」部分をそれぞれ切り分ける。

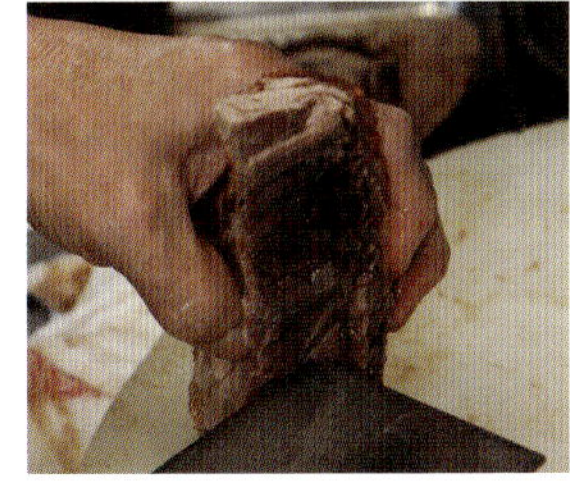

「背」部分は、身側の骨やスジなどを切り落として平らにする。

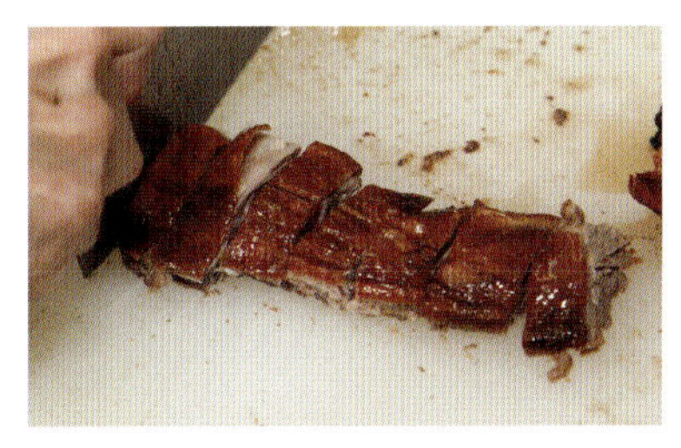

食べやすい幅に切り分ける。

形を整えて包丁の腹にのせ、それぞれ器に盛る。

14

半羽①、②の「手羽」骨付き部分を、それぞれ切り分ける。

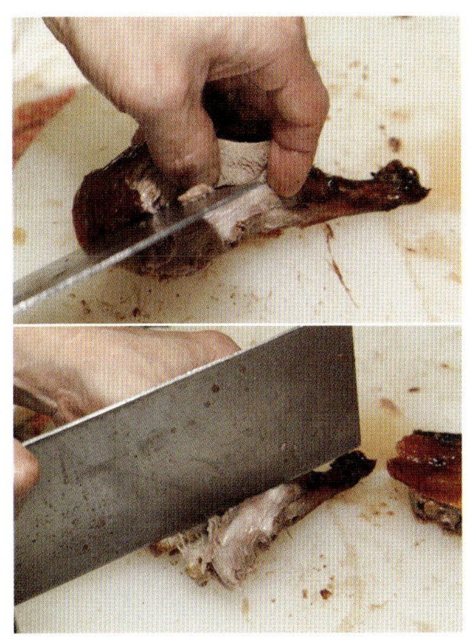

「手羽」の骨付き部分の骨の周りに包丁を入れて切り離す。

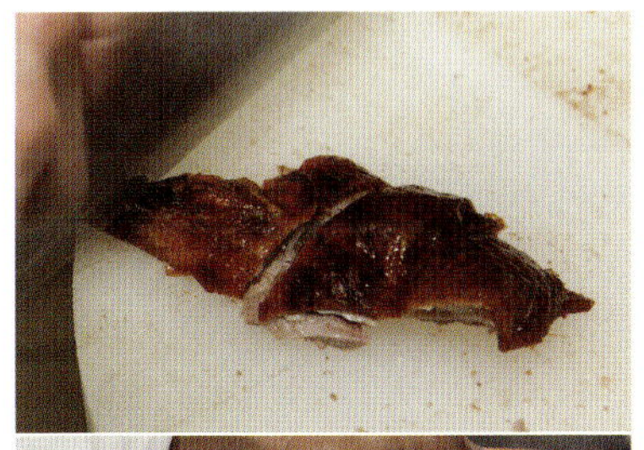

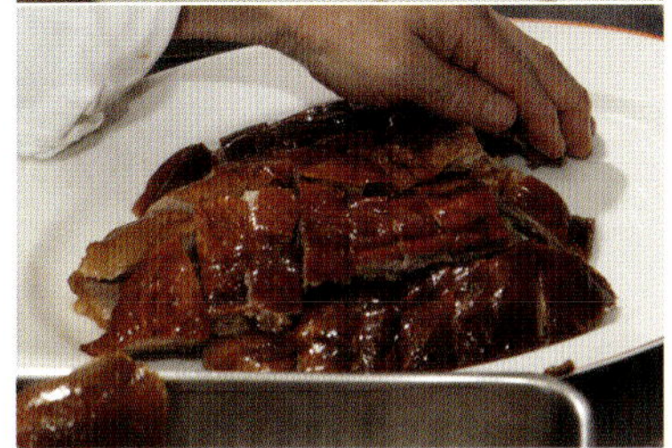

切り離した皮部分を食べやすい幅に切り分けて器に盛る。手羽の骨の先は切り落として器に盛る。

15

半羽①、②の「モモ」部分を切り分けて盛る。

「モモ」部分は、骨付きのまま、食べやすい大きさに切り分けて器に盛る。

16

頭を切り分けてたれをかけ、梅醤を別添えにする。

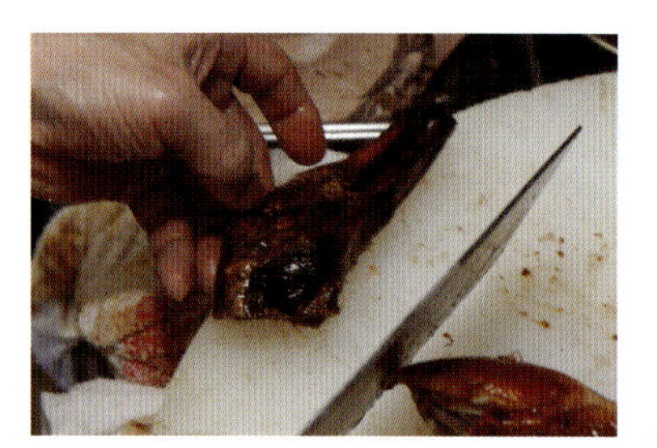

首から頭を切り離し、器に盛る。仕上げに「焼鴨のたれ」*をまわしかけ、梅醤*を別器で添える。

醤焼琵琶鴨（ジョンシュウペイパーアー）

鴨のパリパリ焼き

Crispy roasted duck

醤焼琵琶鴨

ジョン シュウ ペイ パー アー

鴨のパリパリ焼き

合鴨を腹側から切り開き、特製の生醤(たれ)を塗り込んで下味をつけて焼き上げた伝統的な焼物。広東では鴨の他にも、鵞鳥(がちょう)や鶏などの家禽類を同様の手法で焼いた「琵琶鵞鳥」「琵琶鶏」も香ばしくパリッとした皮とジューシーな肉の両方が堪能できるとして人気である。料理名の「琵琶」は、鴨を開いた形が楽器の琵琶の形に似ていることから。盛るときは形を生かして背部分を大きく切り分けるようにする。

[材料] できあがり1羽分

合鴨…1羽(約3kg)

焼鴨水＊(P.82)…適量

焼鴨塩＊(P.82)…50g

片鴨醤＊…適量

＊片鴨醤(➡P.178)

[材料] 作りやすい分量

ねぎ…100g

生姜…50g

油…適量

A

- 麺豉醤(中華みそ)…500g
- 海鮮醤…5784g
- 柱候醤…1kg
- 薄口醤油…300g
- 桜味噌…500g
- 酒…300g
- 砂糖…5kg

1 油を熱して、ねぎ、生姜をじっくり香ばしく揚げて引き上げ、油が冷めたら、ねぎ、生姜を戻し入れておく。

2 鍋に1を戻し入れ、Aを加え、絶えずかき混ぜながら弱火にかける。

3 1の油と調味料が乳化してとろりとしたら、砂糖を加えてさらに15分程度煮る。焦げやすいので、焦げないよう常にかき混ぜながら作業する。

1 合鴨は水かき、手羽を切り落とす。

2 喉を切り、皮の下に空気を入れて膨らます。

3 2の腹の中心に包丁で切り込みを入れて開く。

4 両肩の関節を切ってはずし、平ら(琵琶形)にする。

5 4を水洗いして水気をきる。

6 5の足の付け根あたりから専用の串を刺し、頭頂まで貫通させる。

7 6で刺した串に対し、さらに直角に金串を刺して固定する。

8 熱湯を沸かし、7の皮面にだけ熱湯をかける。

9 8を吊るして水気をきり、風干しする。

10 9の皮側に焼鴨水＊をかけ、肉面には焼鴨塩＊をふり、吊るして風干しをする。

11 焼く直前に肉面にだけ片鴨醤＊を塗り、アルミホイルをかける。

12 11を100〜160℃の窯に入れ、約60分焼く。

◉切り分けて、器に盛る

13 12の首を切り落とす。

14 「手羽」部分を切り離す。

15 「胸・モモ」部分、「背」部分に切り分ける。

16 「モモ・胸」部分を、それぞれ「モモ」と「胸」部分に切り分ける。

17 「胸」部分を切り分ける。

18 「背」部分を切り分ける。

19 「頭」を盛る。

20 「手羽」部分を切り分けて盛る。

21 「モモ」部分を切り分けて盛る。

1

合鴨は水かき、
手羽を切り落とす。

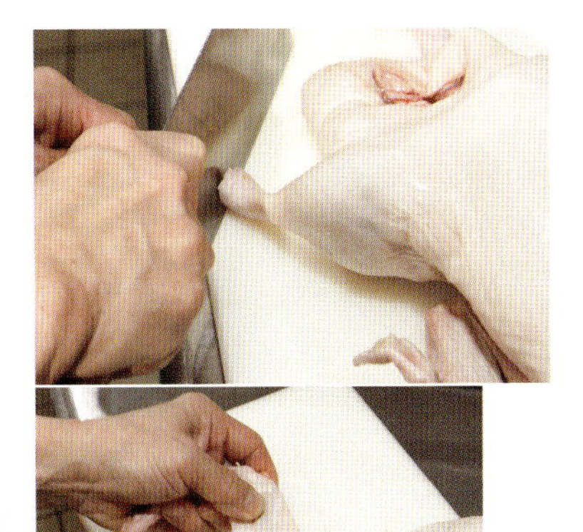

合鴨は中抜きしたものを用意し、水かき、手羽を切り落とす。

2

喉を切り、皮の下に空気を
入れて膨らます。

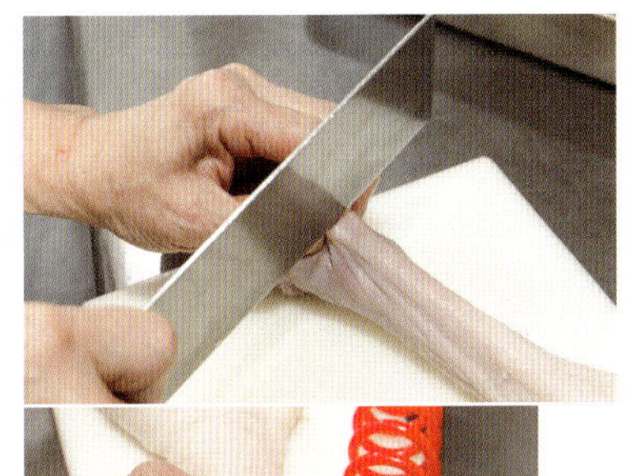

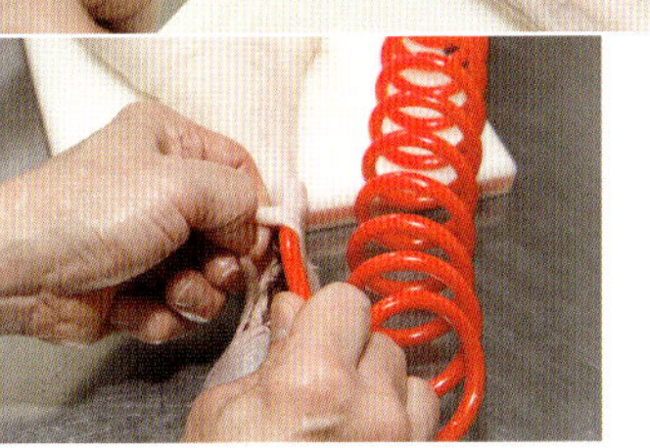

合鴨の腹を上にして置き、喉の付け根に切り込みを入れる（上）。食道と皮との間にエアコンプレッサーの管を差し込む（下）。

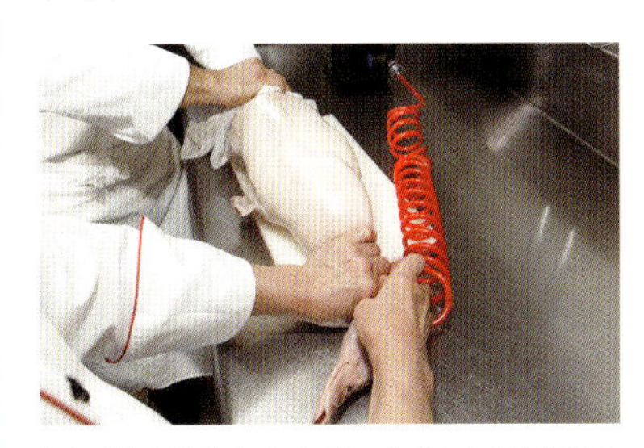

1人が尻部分をふさぎ、もう1人が腹側の皮と肉の間に空気を流し込み、空気圧で皮を肉から離す。

3

2の腹の中心に包丁で
切り込みを入れて開く。

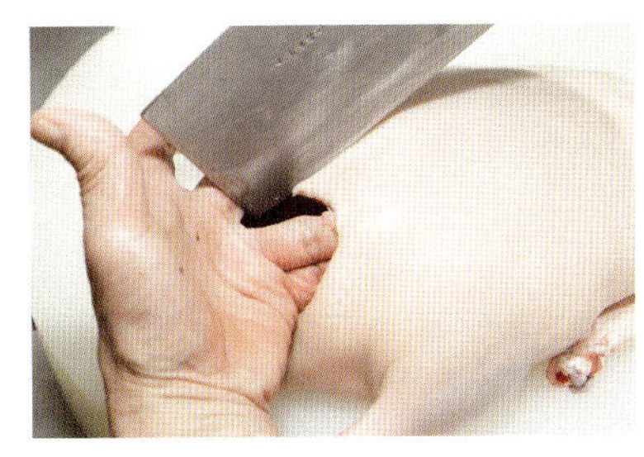

まず腹側を上にして置く。尻側の穴に指を入れて皮がピンと張るように広げ、真ん中に切り込みを入れる。

＊このとき、最初に正しく腹の真ん中で切ることがポイント。切る位置がずれると、焼いた時に形がくずれる原因になる。

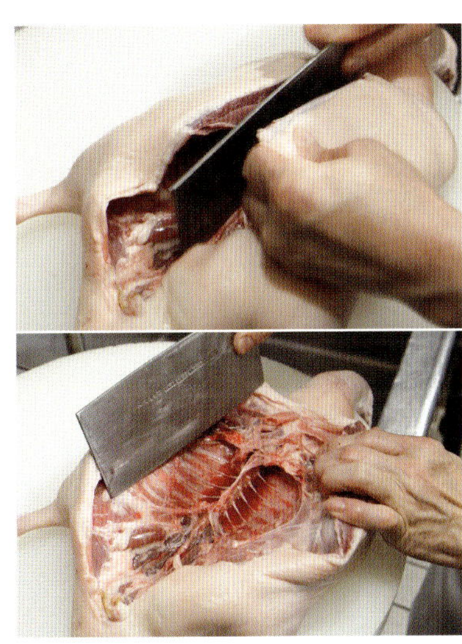

切り込みから、腹側の中心に包丁で正確に切り込みを入れ、首の付け根まで切り開く。

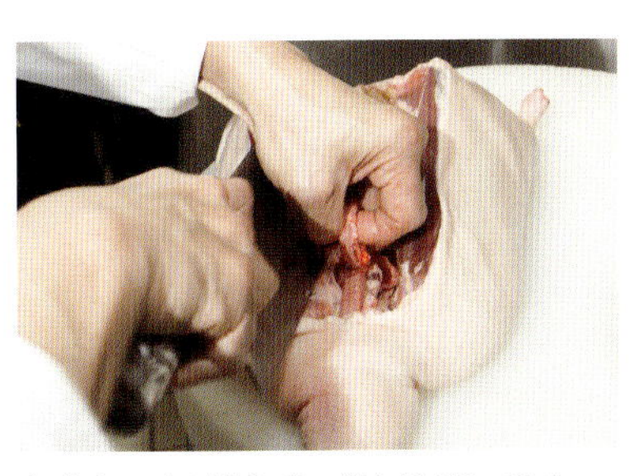

余分なスジや脂を手で引きはがしてとる。

4

両肩の関節を切ってはずし、
平ら（琵琶形）にする。

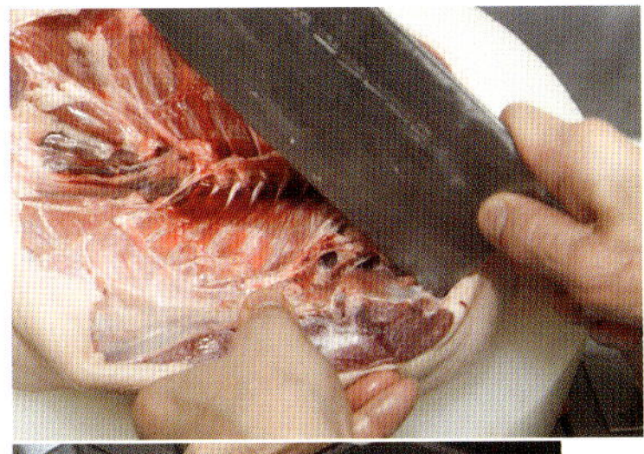

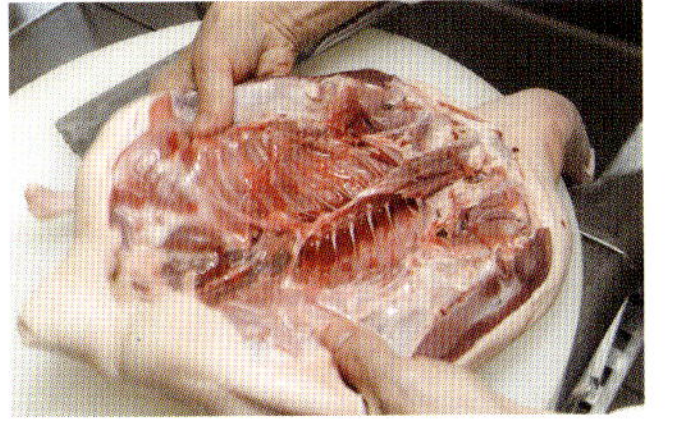

包丁の刃元で、両肩の付け根の関節を切り離し、手で開いて平らにする。

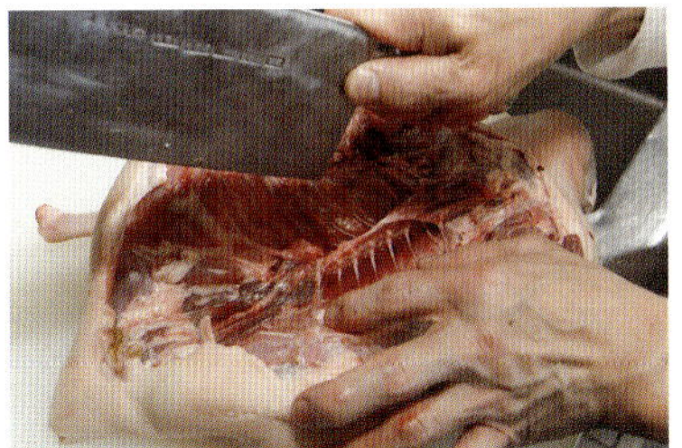

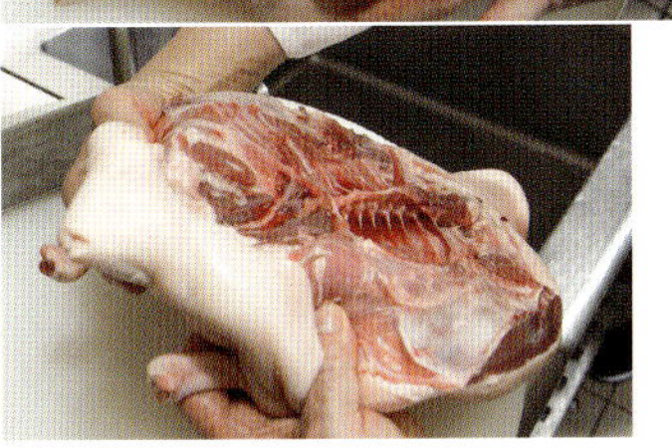

肋骨も刃元で軽く切り、モモ付け根の関節もはずして手で開く。

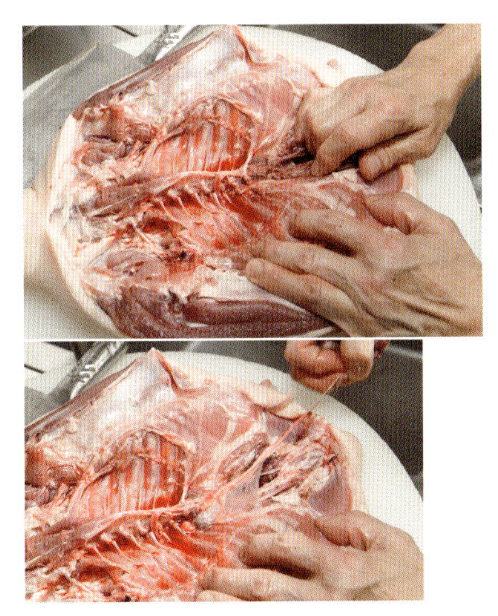

スジや余分な脂を手でこそげるようにしながら、はがし取る。

5

4を水洗いして
水気をきる。

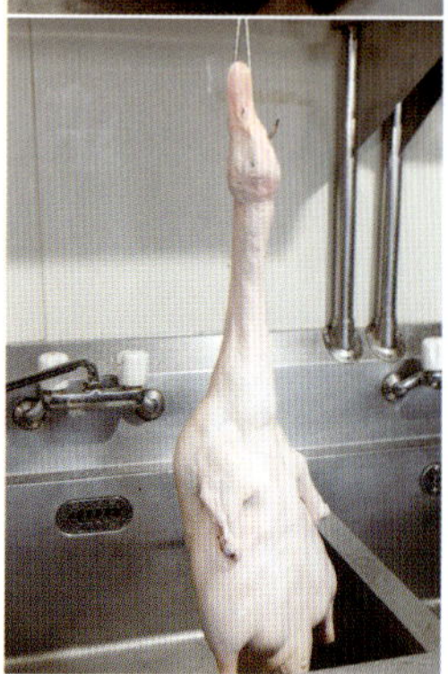

流水で水洗いしたら、くちばしの付け根にフック（焼鴨環：P.16）を刺して吊るす。水気がきれたら、フックをはずす。

6

5の足付け根あたりから
専用の金串を刺し、
頭頂まで貫通させる。

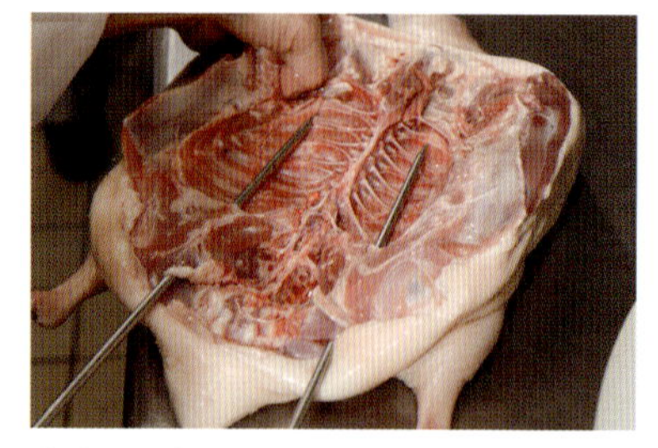

串（琵琶鴨叉：P.16）をモモの付け根あたりから刺し、縫うようにして串を出す。

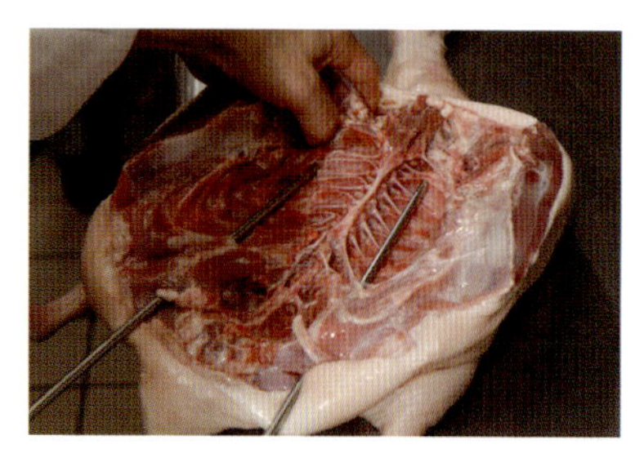

次に出した串を肩のあたりで再び刺し、首の付け根の方へ串を通す。

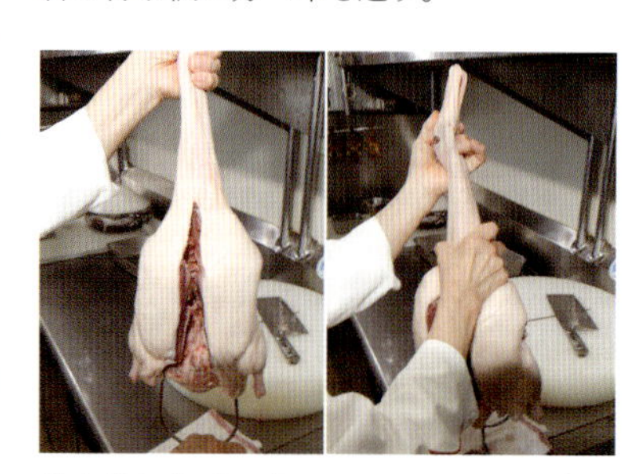

首を持ち上げて立て、二又になった串先をグッと寄せて食道に入れ、そのまま頭の方へ串を通す（左）。口ばしを上に向け、まな板にトントンと串を台に打ちつけながら、頭の方まで串を通す（右）。

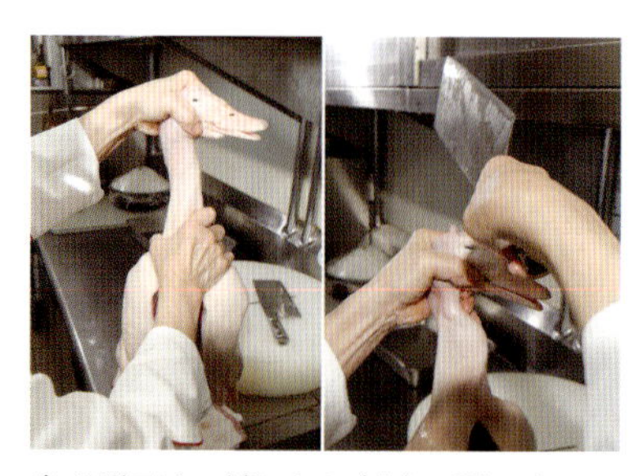

串が脳天まで達したら（左）、頭の上から包丁の柄で叩いて（右）、串を固定する。

7

6で刺した金串に対し、
さらに直角に金串を刺して
固定する。

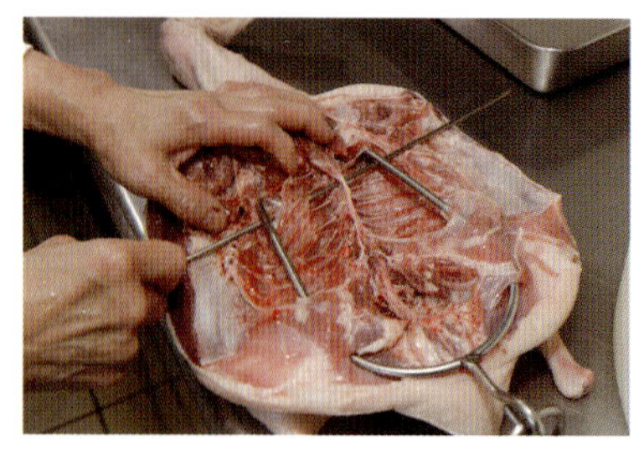

6で刺した串の両肩付け根に、金串（叉焼針：P.16）を直角に入れ、身が平ら（琵琶形）になるよう固定する。

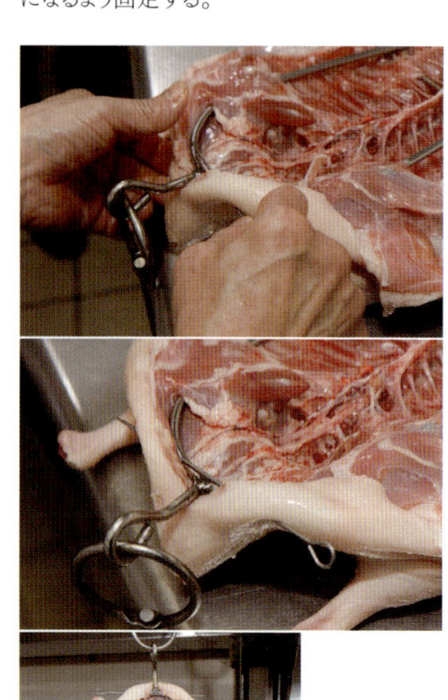

尻部分にも針（鶩尾針：P.16）を横から刺し、吊るした時にフック（焼鴨環：P.16）が抜けないよう固定する。

8

熱湯を沸かし、7の皮面にだけ熱湯をかける。

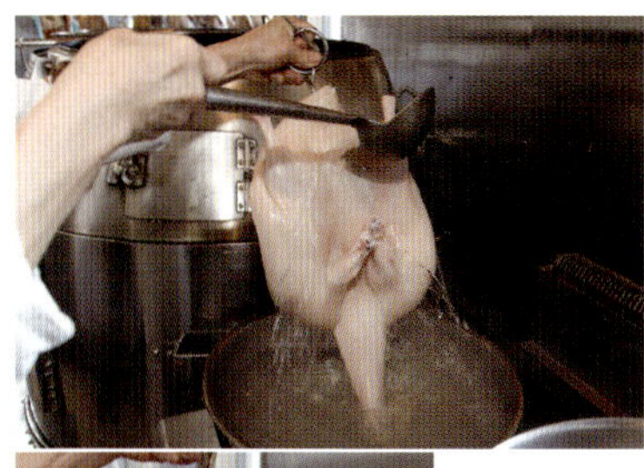

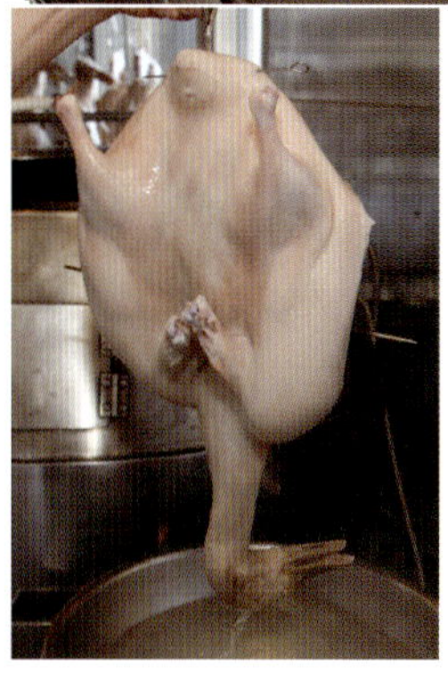

熱湯を沸かし、7を吊るして持ち、皮面だけに玉杓子で熱湯をまわしかける。皮全体に鳥肌が立ち、皮がピンと張ればよい。

9

8を吊るして水気をきり、風干しする。

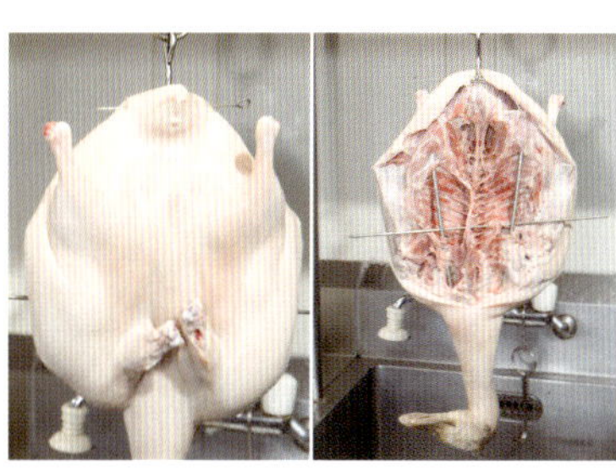

風通しのよい場所に8を吊るし、1日程度、風干しをして皮を乾かす。

10

9の皮側に焼鴨水＊をかけ、肉面には焼鴨塩＊をふり、吊るして風干しをする。

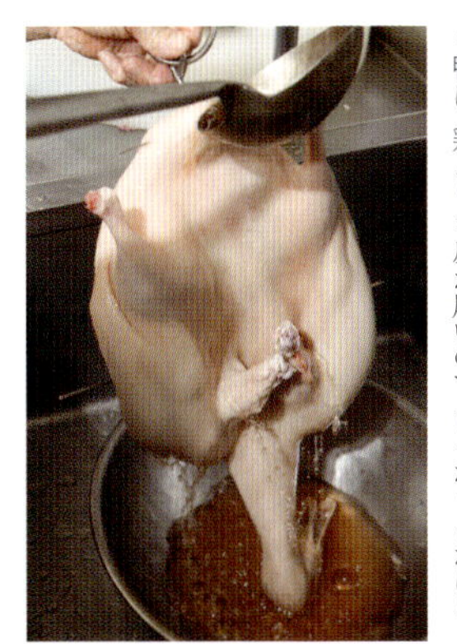

皮面に焼鴨水＊をかける。

＊鴨は、鶏よりも皮が厚いので、しっかりとかける。

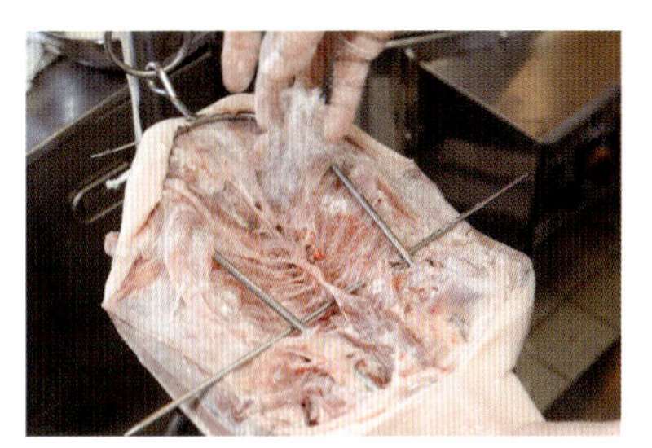

肉面には焼鴨塩＊をまんべんなくふる。

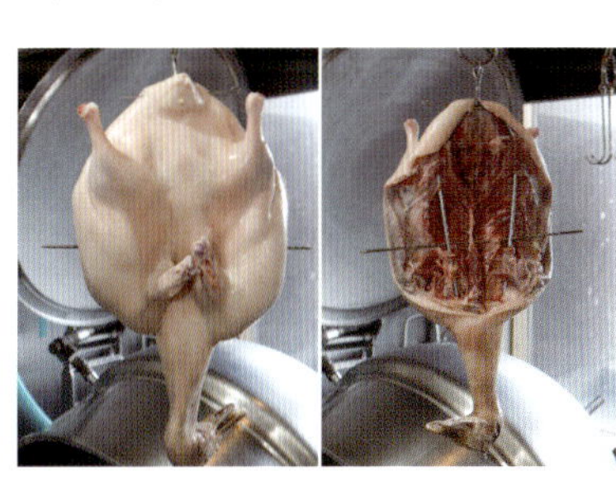

風通しのよい場所でさらに1日吊るし、風干しにして皮を乾かす。

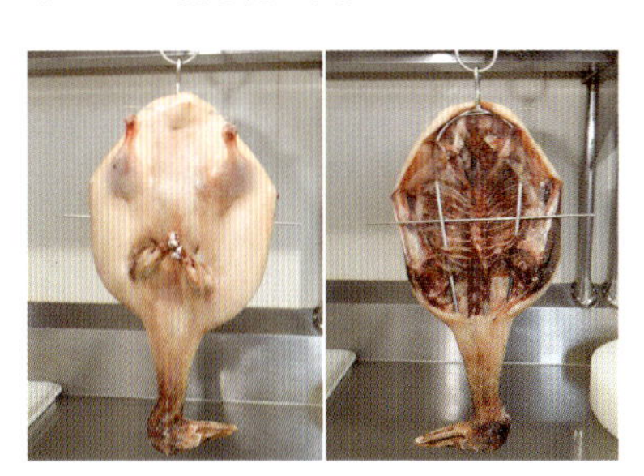

一日風干しした後の鴨。

11

焼く直前に肉面にだけ片鴨醤＊を塗り、アルミホイルをかける。

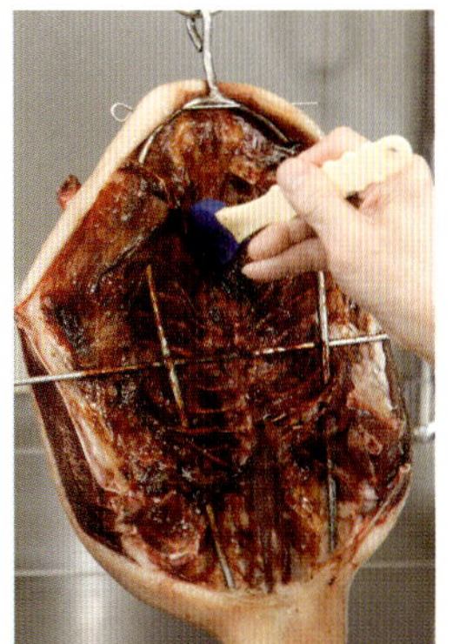

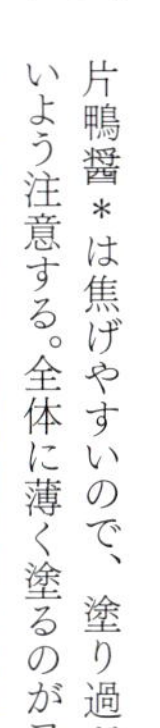

片鴨醤＊は焦げやすいので、塗り過ぎないよう注意する。全体に薄く塗るのがコツ。

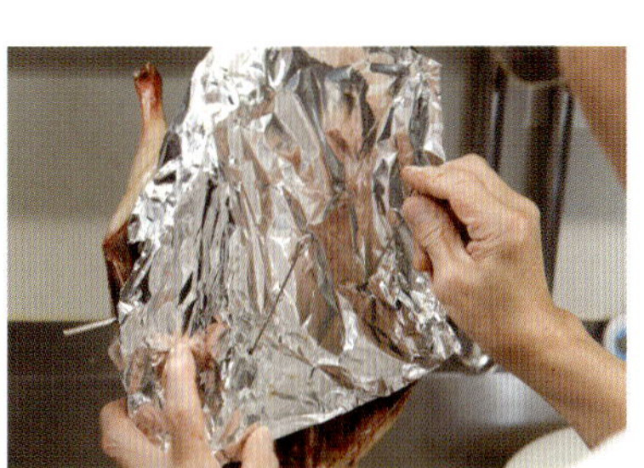

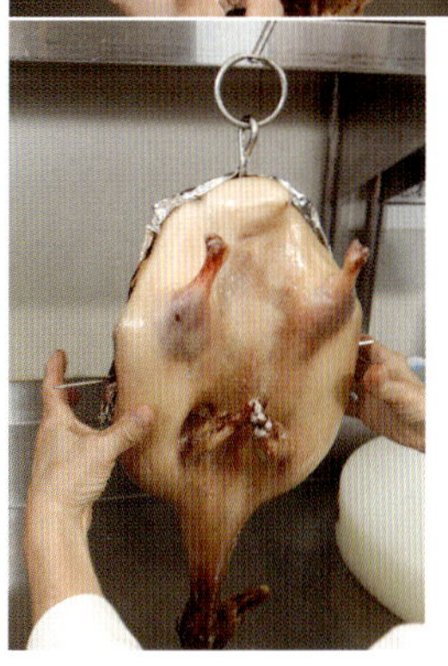

片鴨醤を塗った肉面は、焦げやすいので、肉面にだけアルミホイルをかけ、落ちないよう金串で止めておく。

12

11を100〜160℃の窯に入れ、約60分焼く。

11のアルミホイル側を熱源に向けて約100℃に温めた窯に入れ、徐々に温度を上げ、150〜160℃程度まで上げる。

＊表面が色づいてきたら温度を下げ、中まで火が入るように火力を調整しながら焼き上げる。

30分程度焼いて、焼き色がついてきたらアルミホイルをはずして10分程度焼く。

＊一見、焼きあがっているように見えるが、厚みがあるため、火が通りにくい胸付近はまだ中まで火が入っていない。

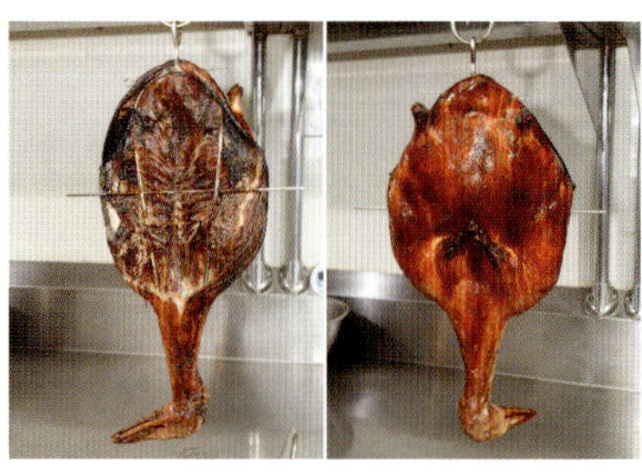

最後に温度を下げ、厚みのある胸部分にまで火を通す。ここまで約60分ほど。

◉切り分けて、器に盛る

13

12の首を切り落とす。

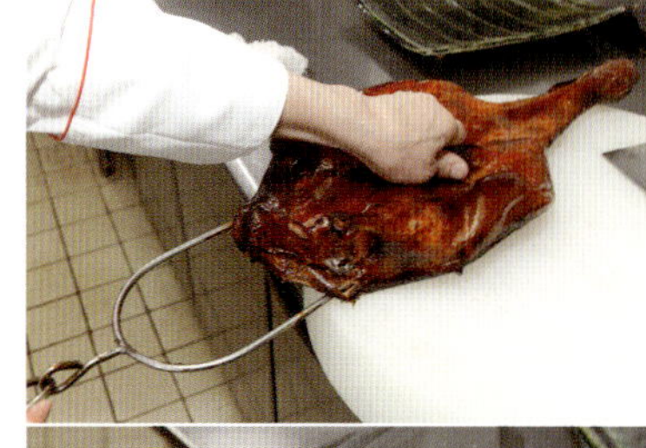

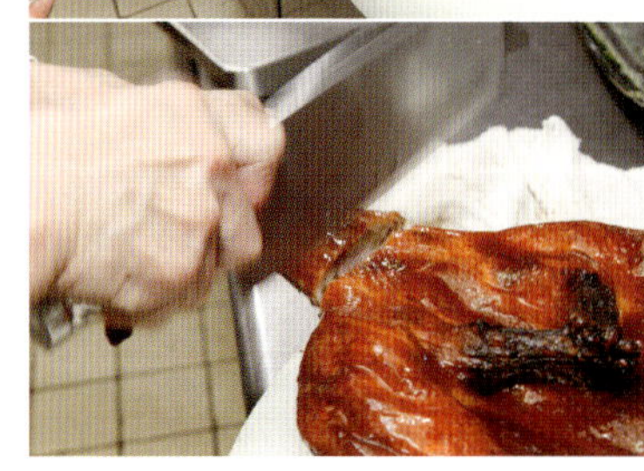

焼き上がった12の串を抜き、首を切り落とす。首も後で盛りつけるので、とっておく（➡手順19）。

14

「手羽」部分を切り離す。

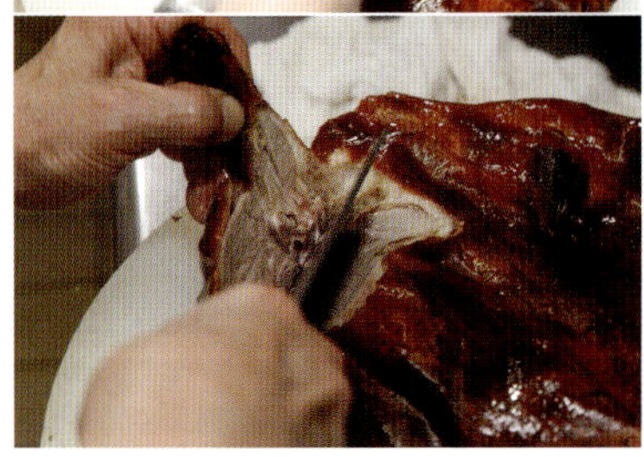

手羽を持ち上げ、斜め下に包丁を入れ、そのまま骨ごと切り離す。

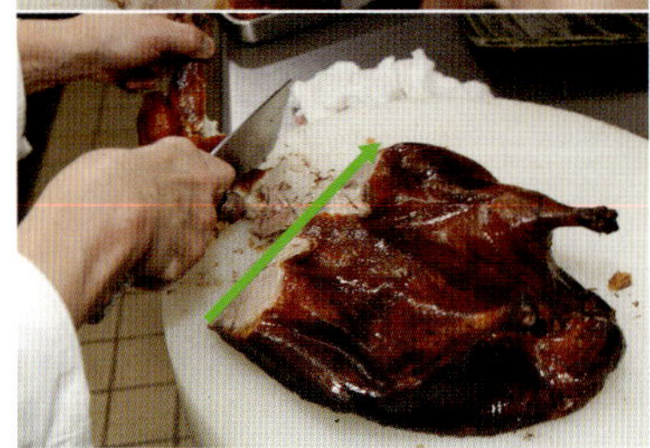

もう一方の手羽も、同様にして包丁を入れて切り離す。切り離した後、切り口がまっすぐになるように切り整える。

15

「胸・モモ」部分、「背」部分に切り分ける。

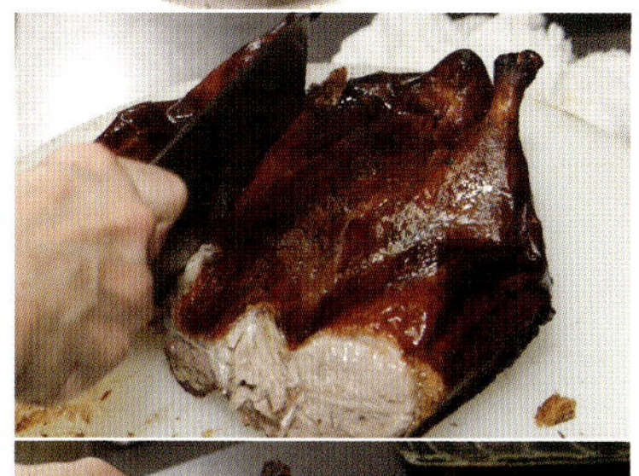

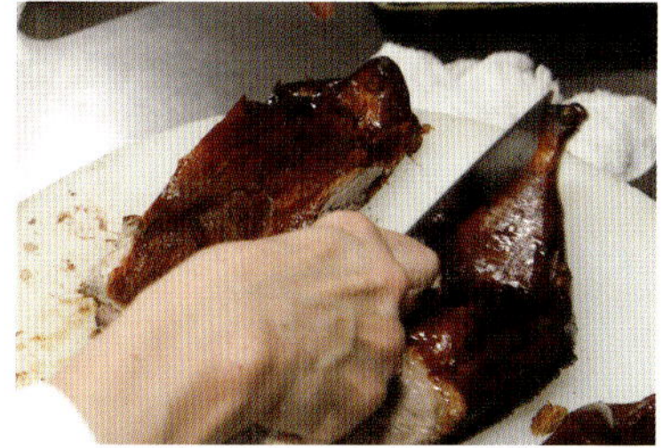

両方の「モモ・胸」部分を切り落とす

「背」部分（左）、両「胸・モモ」部分（中・右）の3つに切り分ける。

16

「モモ・胸」部分を、それぞれ「モモ」と「胸」部分に切り分ける。

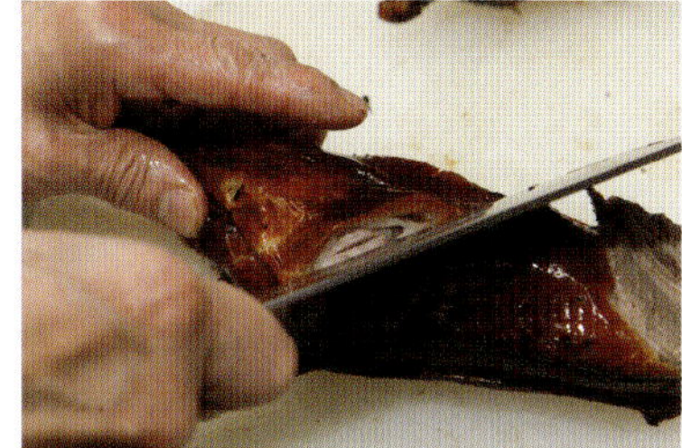

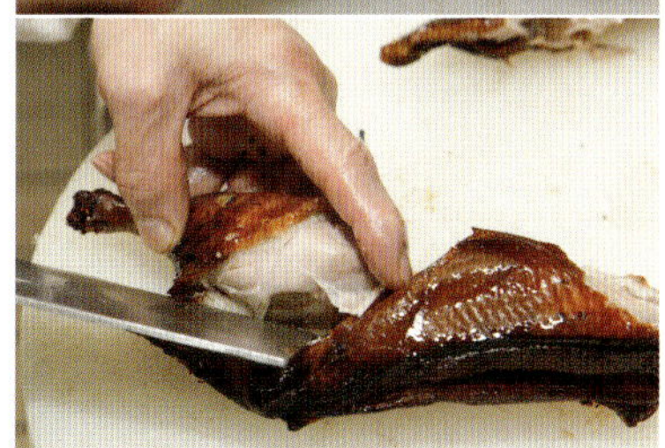

「モモ」と「胸」部分に分ける。モモの付け根に包丁の刃でぐるりと切り込みを入れて骨をはずして、「モモ」と「胸」部分とに切り分ける。

＊「モモ」部分（➡手順21）、「胸」部分（➡手順17）。

17

「胸」部分を切り分ける。

「胸」部分は、それぞれ横から包丁を入れ、骨のついている身部分を骨ごと切り落とす。端の焦げた部分や凸凹した部分を切り落として形を整える。

食べやすい幅に切る。

それぞれの「胸」部分（皮側）を切って、器に盛る。

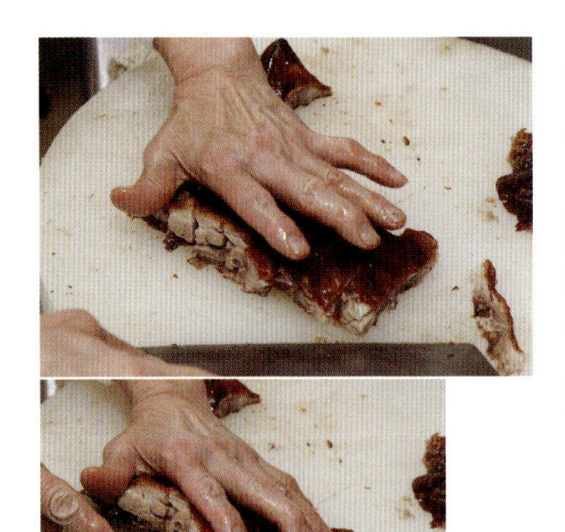

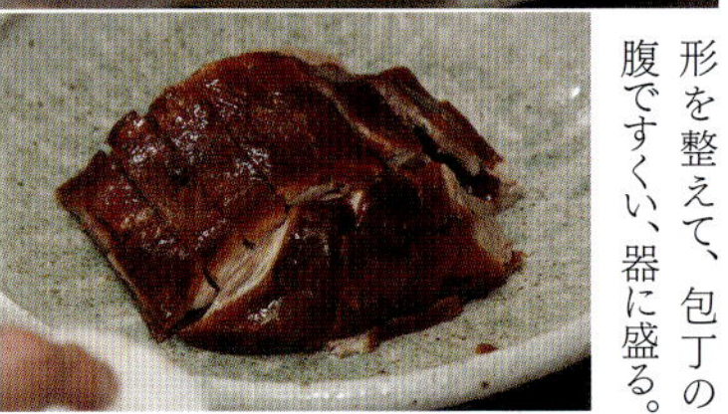

形を整えて、包丁の腹ですくい、器に盛る。

18

「背」部分を切り分ける。

「背」部分を立てて持ち、凸凹した骨部分をそぐようにして切り落とし、平らに整える。

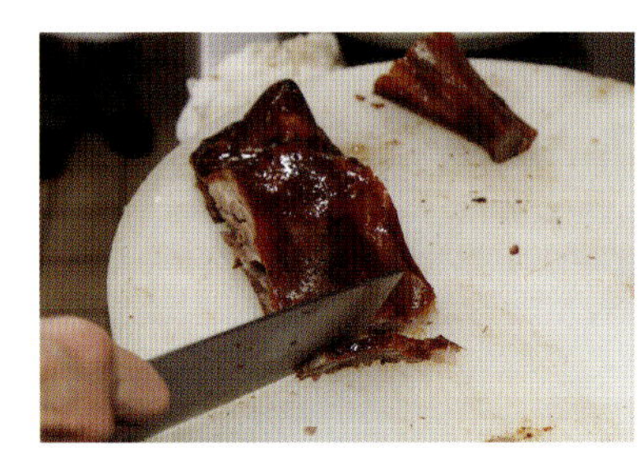

端身も切り落として、形を整える。

「背」部分の皮を上にして置き、骨ごと食べやすい幅に切り分ける。

「胸」部分の端身も形を切り整えて切り分け、先に盛りつけた胸部分の下部に盛る。

19

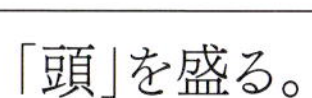

「頭」を盛る。

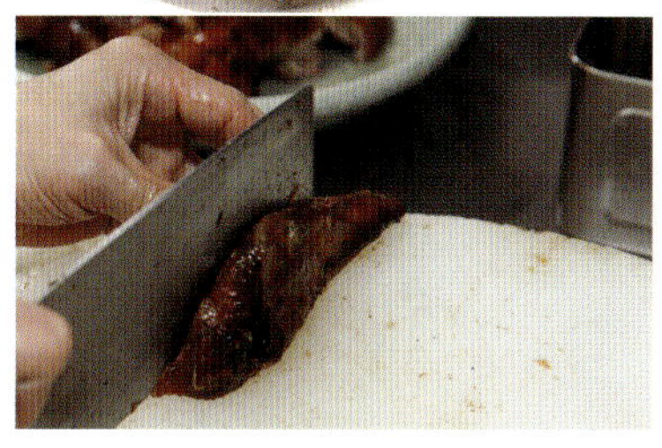

頭と首部分（➡手順13）を、喉元で切り離し、頭頂から縦半分に切り、切り口を下にして器に盛る。

20

「手羽」部分を切り分けて盛る。

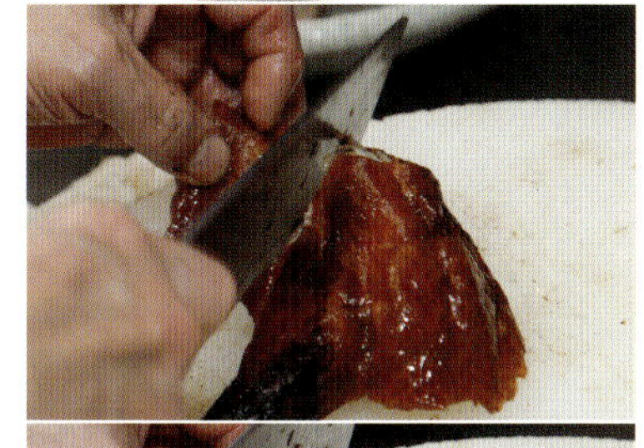

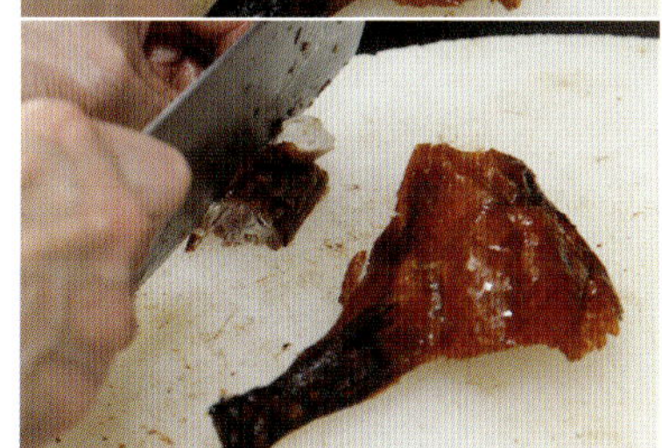

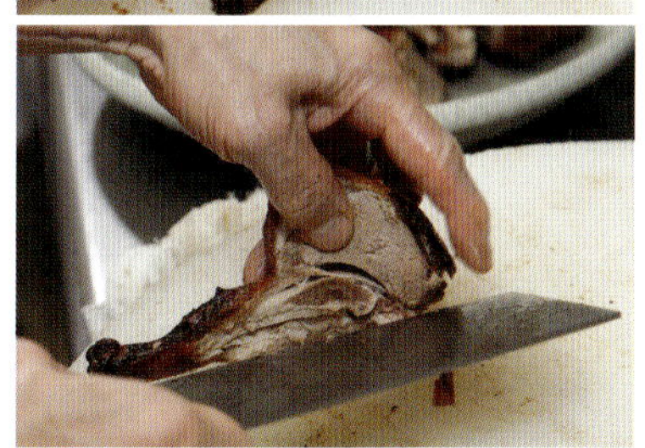

「手羽」部分（手順14で切り離したもの）は、それぞれ焦げたり形が悪い端部分を切り落とす。盛る時に下になる身側を平らに切り整える。

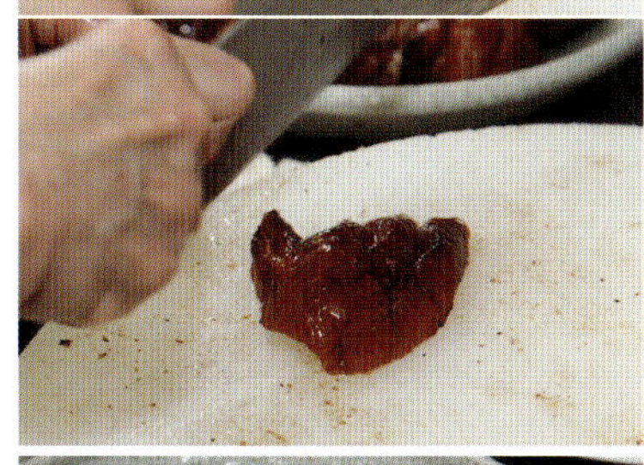

骨を切り離し、残りの皮部分を器に盛る。

21

「モモ」部分を切り分けて盛る。

モモの骨の下に包丁を入れ、そぐように切り離す。

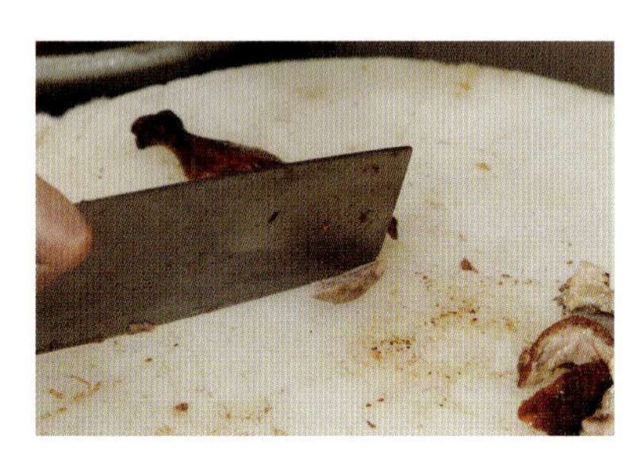

端身も切り、形を整える。

切り整えた「モモ」部分を器に盛り、別器で「片鴨醤」を添える。

石岐乳鴿（セッ ケイ イュウ ガップ）

仔鳩の丸焼き

Crispy roasted pigeon

石岐乳鴿（セッケイイュウガップ）

仔鳩の丸焼き

料理名の〝石岐〟は中国革命の父・孫文の故郷である広東省・中山市の地名で、鳩料理がよく知られる。中でも有名なのが乳鳩（小鳩）の丸焼き。鳩は身が柔らかで脂肪が少なく、さっぱりとした味わいが魅力。生後30日以内の子鳩を香辛料を効かせた特製のたれに漬け、水飴をかけて風干しにする。これに熱した油を幾度もまわしかけ、パリッと香ばしく仕上げる。日本では半羽で提供することも多いが、一羽丸ごとをかぶりつくのが通。

［材料］作りやすい分量
子鳩（生後30日以内のもの）…3羽
貴妃汁＊（P.176）…適量
焼鴨水＊（P.82）…適量

1 子鳩の首元に切り込みを入れて指をさし込み、首の周りの脂や膜を取り除く。
2 熱湯を沸かして1を入れ、皮が張り、鳥肌が立ったら冷水につけ、残った羽毛をとる。
3 熱湯を沸かして2を入れる。
4 火を止め、3を湯に入れたままラップをかけ、約40分おく。
5 4を取り出し、水気をきって粗熱をとる。
6 貴妃汁＊に5を入れ、約60分漬ける。
7 6を取り出してサッと水洗いし、水気をきる。
8 7の表面が乾いたら、焼鴨水＊をかけて吊るし、3時間以上風干しする。
9 ジャーレンに8をのせて高温の油をかけ、皮をパリッと香ばしく揚げる。
10 9を丸ごと、または背から縦半分に切り、器に盛る。

1

子鳩の首元に切り込みを入れて指をさし込み、首の周りの脂や膜を取り除く。

生後30日以内の国産子鳩を使用。1羽は約300g。

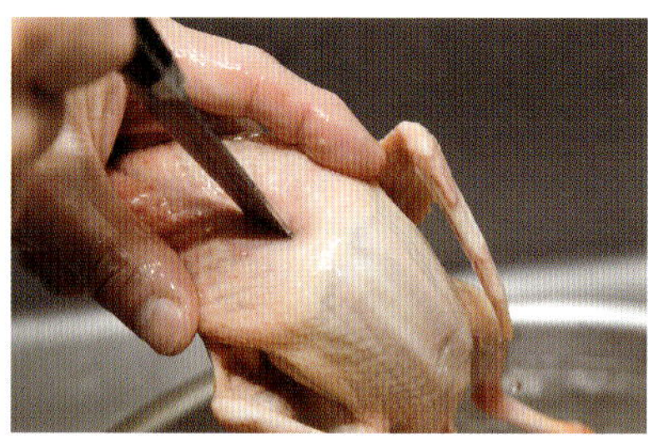

子鳩は水洗いをして水気をふき、首元から縦に切り込みを入れる。

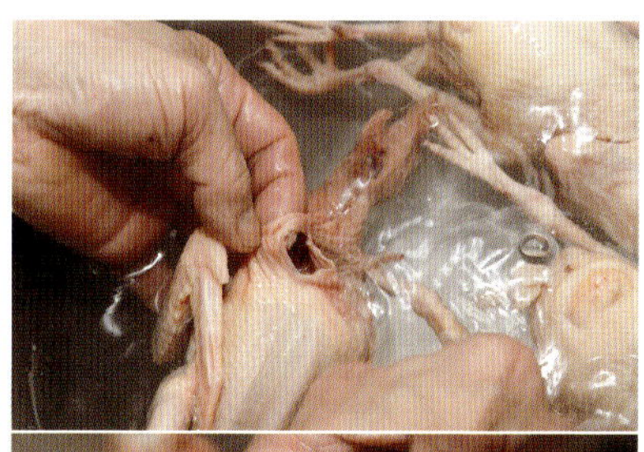

水に漬けながら、切り込みから指を入れ、余分な脂や膜を取り除く。

尻からも同様に、指を入れて脂や膜を取り除く。これらが残っていると、食感がよくないうえ、味が入りにくくなるので、丁寧にそうじする。

2

熱湯を沸かして1を入れ、皮が張り、鳥肌が立ったら冷水につけ、残った羽根をとる。

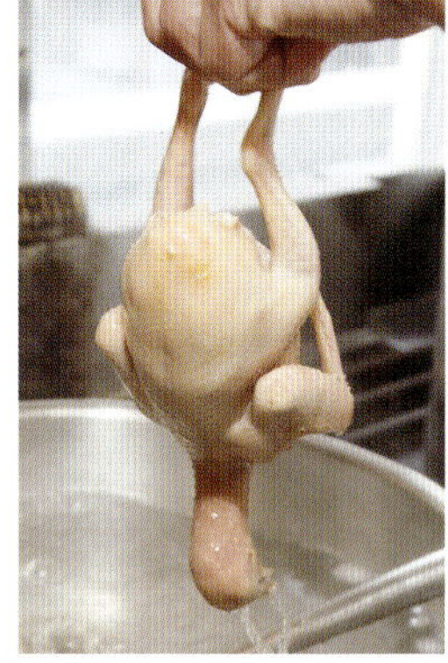

足を持って頭から沸かした湯に沈める。肌がピンと張り、鳥肌が立ったら引き上げて冷水にとる。

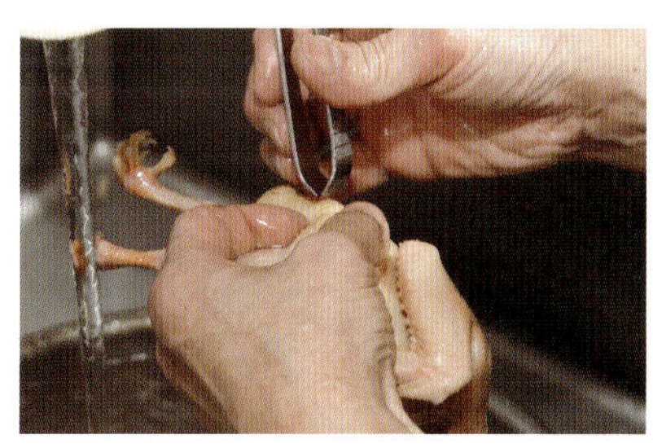

指先で表面を探り、残った羽根があれば毛抜きで丁寧に取り除く。

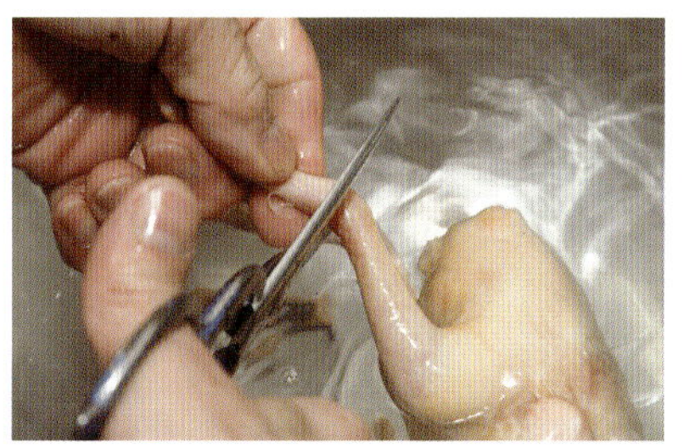

最後に足先を切り落とし、ざるにあげて水気をきる。

3

熱湯を沸かして2を入れる。

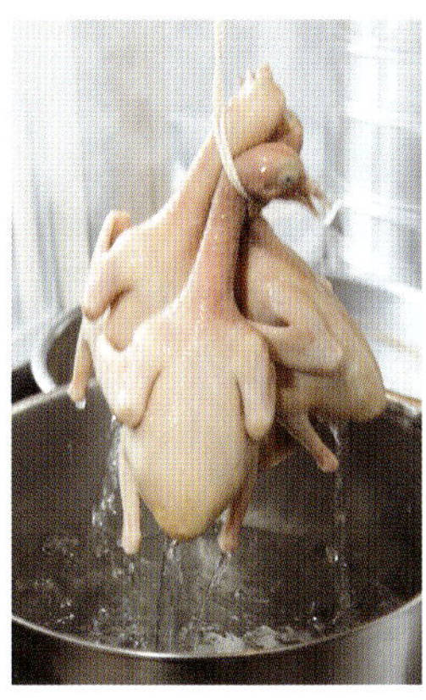

子鳩は首でまとめて、ひもで結び、ぶら下げられるようにする。

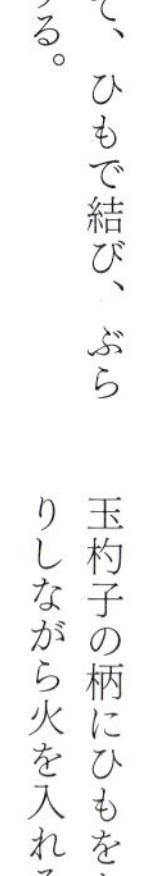

玉杓子の柄にひもをかけ、柄を上下に動かし、熱湯に入れたり出したりしながら火を入れる。

途中で子鳩が浮き上がってこないよう、ざるなどをのせて重石にするとよい。

4

火を止め、3を湯に入れたまま ラップをかけ、約40分おく。

ラップを二重にかけてぴったり密閉し、そのまま約40分おく。この工程で、ほぼ火を入れておく。

5

4を取り出し、水気をきって 粗熱をとる。

4を取り出し、ひもで束ねたまま吊るして粗熱をとるとともに、水気をきる。

6

貴妃汁＊に5を入れ、 約60分漬ける。

貴妃汁＊を入れた容器に5の子鳩の頭を下にして入れる。

しっかり全体に漬かるよう、皿やざるなどをのせ、重しをして約1時間漬ける。

7

6を取り出してサッと水洗いし、 水気をきる。

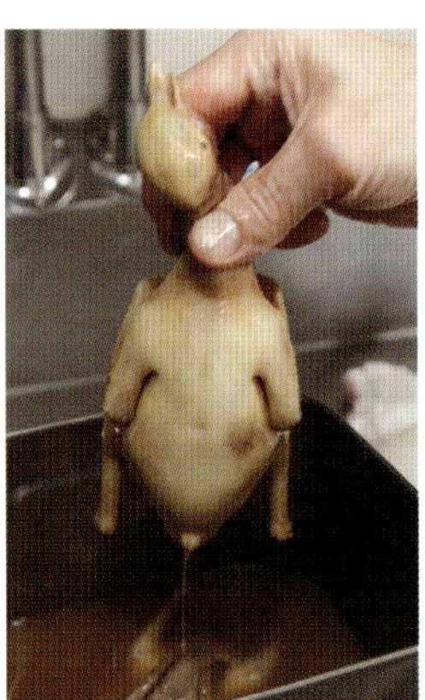

6の子鳩を貴妃汁から取り出し、さっと水洗いしてから、水気をしっかりきる。

8

7の表面が乾いたら、 焼鴨水＊をかけて吊るし、 3時間以上風干しする。

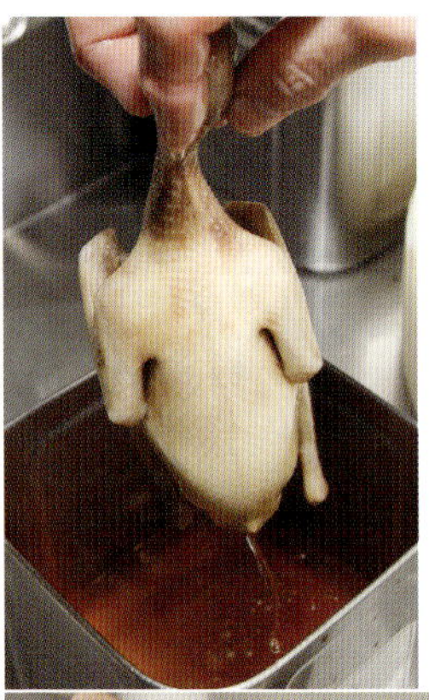

表面が乾いたら、焼鴨水＊を全体にかけ、金串（叉焼針：P.16）を喉元に通してフック（叉焼環：P.16）にかける。

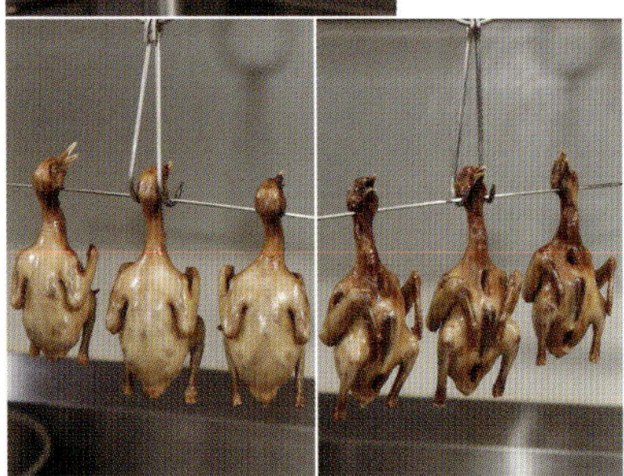

風通しのよい場所に3時間以上吊るし、風干しする（風干し前：左、風干し後：右）。

9

ジャーレンに8をのせて
高温の油をかけ、皮をパリッと
香ばしく揚げる。

子鳩は鶏や鴨に比べて小さく、皮や肉質が脆いので、ジャーレンの上にのせて油をまわしかける。油の温度は低温から始め、徐々に高温に上げていく。小ぶりなので揚げ時間は短めに。

香ばしく揚がった子鳩。全体にこんがり、皮はパリッと仕上げるのが理想。

10

9を丸ごと、または背から
縦半分に切り、器に盛る。

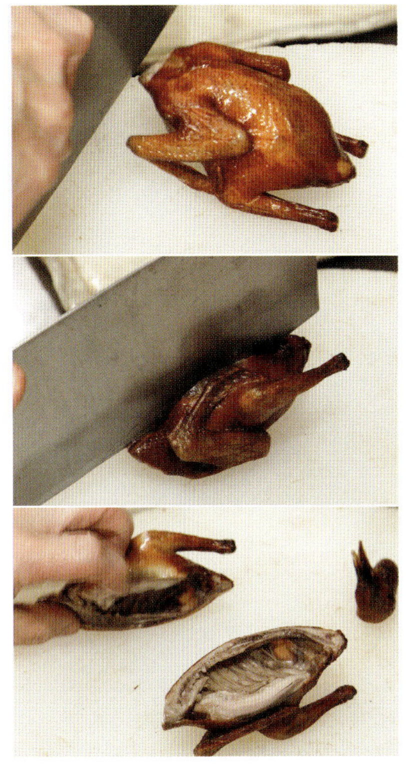

丸のままで供する場合は、そのまま。半羽で供する場合は、首を切り落とし、背から縦に半分に切り、器に盛る。

蜜汁鶏肝（マッチャプカイコン）

鶏白レバーの生姜焼き

Barbeque chicken white liver

蜜汁鶏肝

マッ チャプ カイ コン

鶏白レバーの生姜焼き

希少な鶏白レバーを豚の「蜜汁叉焼（P.33）」と同様の手順で焼き上げたもの。白レバーは鶏の脂肪肝で、一般的な鶏レバーに比べて脂が多いため白っぽく、臭みも少ないのが特徴。下処理として、水がきれいになるまで流水に浸して血抜きを行い、生姜汁を加えた叉焼汁（漬けだれ）に漬ける。固くならないよう、やや低めの温度で焼き上げる。フォアグラを彷彿とさせる、なめらかな舌ざわりが特徴で、前菜や酒肴としても好評。

［材料］ 作りやすい分量
鶏白レバー…1kg
叉焼汁＊（P.174）…250g
生姜の絞り汁…30g
玫瑰露酒…約10g
叉焼水飴＊（P.174）…適量

1 鶏白レバーは水に漬けて血抜きをする。
2 ボウルに叉焼汁＊と生姜汁、玫瑰露酒を合わせ、1の鶏白レバーを5時間程度漬ける。
3 2の鶏レバーを取り出して金串を刺す。
4 3を100〜160℃前後の窯に入れて15〜20分焼き、叉焼水飴＊にくぐらせる。
5 4を130〜140℃の窯に入れて3〜4分焼き、叉焼水飴＊に再度くぐらせる。
6 5を食べやすく切り、器に盛る。

1

鶏白レバーは水に漬けて血抜きをする。

鶏白レバーは、いわゆる鶏の脂肪肝で、レバー臭さが少ない。生産量が少ない希少なもの。

ボウルに水を張り、鶏レバーを洗う。水がきれいになるまで水をかえて洗い、ざるにあげて水気をよくふく。

2

ボウルに叉焼汁＊と生姜汁、玫瑰露酒を合わせ、1の鶏白レバーを5時間程度漬ける。

ボウルに叉焼汁＊と生姜汁、玫瑰露酒を合わせてよく混ぜ、鶏レバーを入れ、冷蔵庫で約5時間漬ける。

3

2の鶏レバーを取り出して金串を刺す。

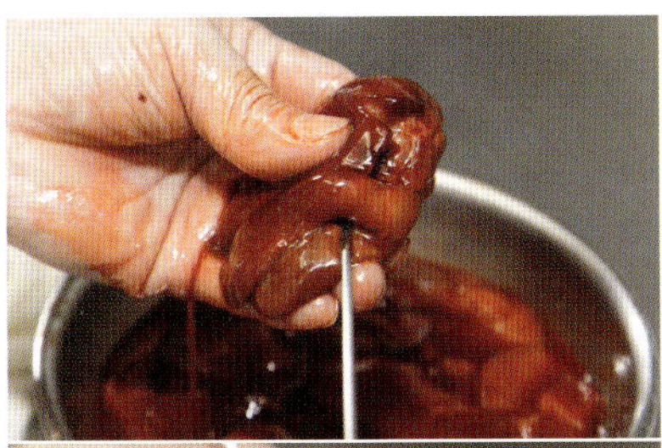

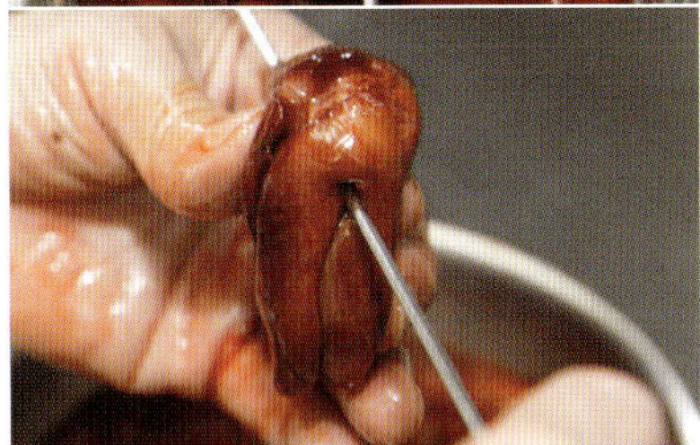

漬けた鶏レバーを串（金銭鶏針：P.16）に刺す。レバーを指先で探ってスジのある部分に針を刺す。

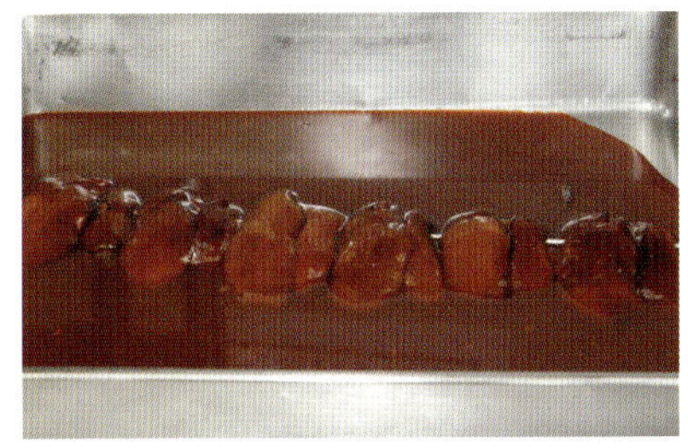

すぐに焼かない場合は、バットに叉焼汁＊を入れて漬けておく。

4

3を100〜160℃前後の窯に入れて15〜20分焼き、叉焼水飴＊にくぐらせる。

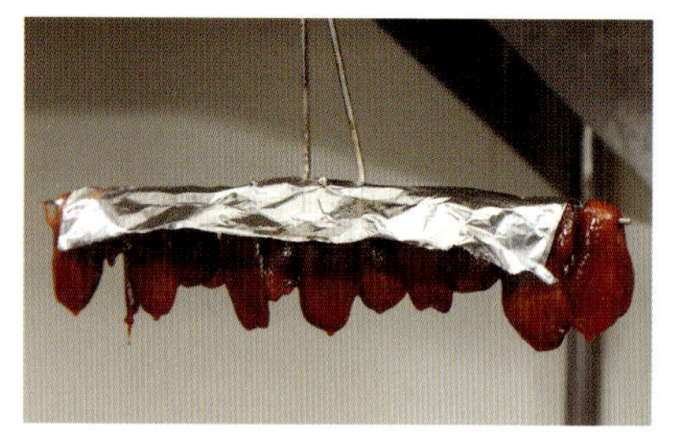

焦げやすい上部にアルミホイルかける。

最初は100℃前後の窯に入れ、徐々に温度を上げ、最終的に160℃で15分〜20分焼く。

焼き上がったら、取り出して叉焼水飴にくぐらせて10〜15分吊るし、汁気をきる。

5

4を130〜140℃の窯に入れて3〜4分焼き、叉焼水飴＊に再度くぐらせる。

100〜130℃の低めの温度に調整した窯に4を入れ、3〜4分焼く。

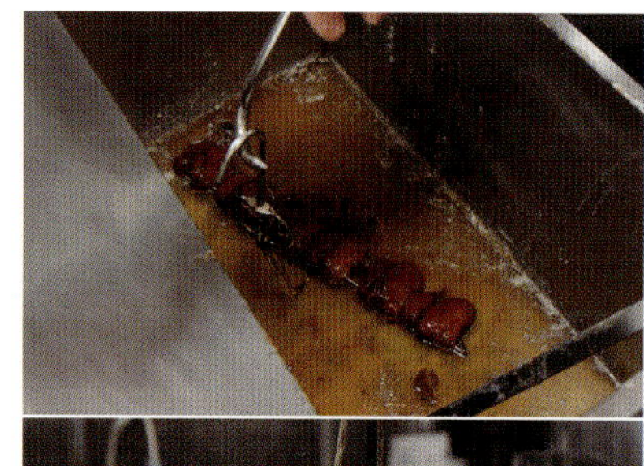

焼き上がったら、仕上げに叉焼水飴＊にくぐらせて汁気をきる。

6

5を食べやすく切り、器に盛る。

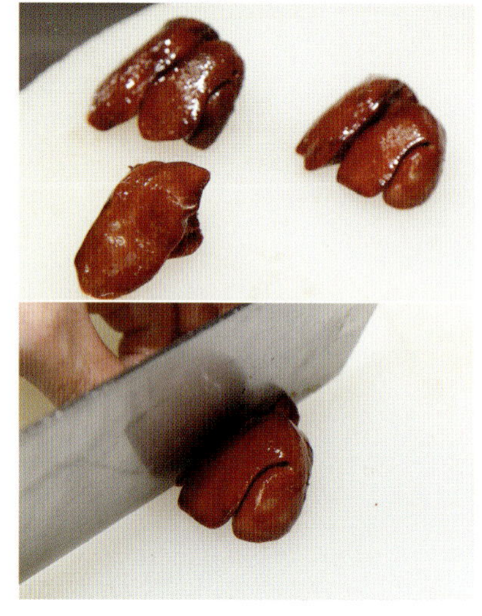

ひとつを食べやすく2〜3等分に切る

断面：クリーミィでなめらか。火の通り加減が絶妙な仕上がりに。

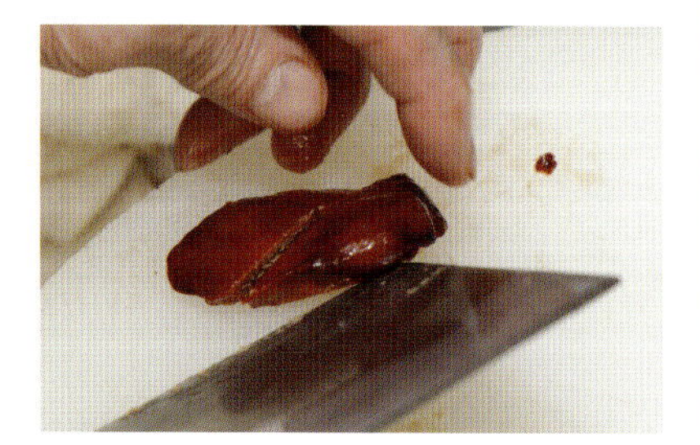

切り分けた鶏レバーは、包丁の腹にのせて器に盛る。

Barbeque chicken liver

豉味金銭鶏（シーメイカムチンカイ）

鶏レバーの挟み焼き

それぞれ食感も味も異なる鶏レバー、豚の背脂、豚モモ肉を紐に通した古銭に見立て、丸く整えて串で刺し、チャーシューのたれで焼いた広東の伝統的な焼物。おめでたい趣向から宴会料理などで供されていたが、甘く濃厚な味や脂の多さから出番が徐々に減少。しかし近年、伝統菜をあらためて見直す流れが起こり、再び注目されることに。ここでは料理を再現するとともに甘さはやや控えて、現代にマッチした味わいに仕上げている。

［材料］作りやすい分量

鶏レバー…300g
豚背脂…100g
玫瑰露酒…少々
豚モモ肉…100g
上白糖…500g
人参…1本
A
　叉焼汁＊…100g
　生姜汁…20g
叉焼水飴＊(P.166)…適量
大豆の甘煮…適宜

1. 豚背脂は3～4cm角に切り、直径3cmの円柱形に切り整える。
2. 1の背脂に玫瑰露酒をなじませ、砂糖をまぶして丸1日漬ける。
3. 鶏レバーを掃除し、流水に1時間漬けて水気をきり、そぎ切りにする。
4. 豚モモ肉は繊維にそって、直径3cmの円柱状に切り整える。
5. 4の豚モモ肉をラップに包み、冷凍してからスライスする。
6. 2の豚背脂をさっと水洗いして砂糖を洗い流し、水気をふく。
7. Aを合わせ、3の鶏レバー、5の豚肉、6の豚背脂をそれぞれ5～6時間漬ける。
8. 人参は皮をむいてスライスする。
9. 7で漬けた豚モモ肉⇨鶏レバー⇨豚背脂の順に金串に刺す。
10. 9をフックに吊るしてアルミホイルをかけ、100～160℃の窯で15～20分焼く。
11. 10が焼き上がったら、熱いうちに叉焼水飴＊にくぐらせて10～15分吊るす。
12. 約160℃の窯に11を入れ、4～6分焼き、再び叉焼水飴＊にくぐらせて吊るす。
13. 鶏レバー・豚背脂・豚モモ肉を1組にしてはずし、器に盛り付ける。

1

豚背脂は3〜4cm角に切り、直径3cmの円柱形に切り整える。

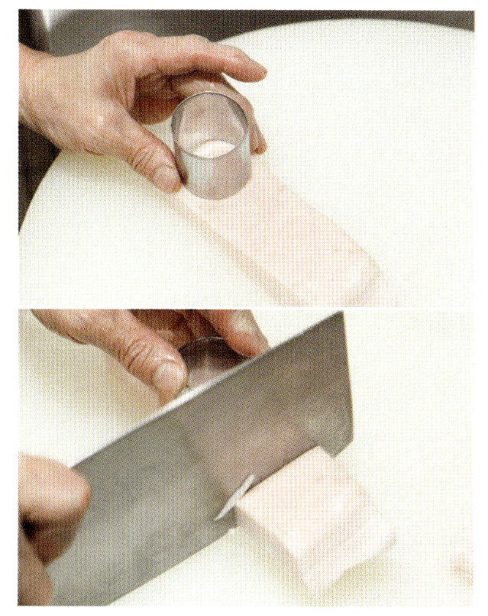

背脂を適当な幅に切り、直径3cmのセルクルを目安に置いて4cm角に切る。

背脂をまわしながら、角を切り落として直径3cmの円柱形に切り整える。

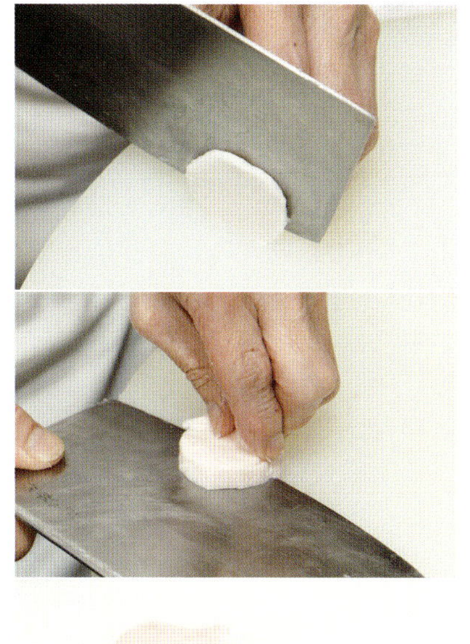

約3mm厚さにスライスする。背脂の厚みが薄くなってきたら、包丁を寝かせて切るとよい。

2

1の背脂に玫瑰露酒をなじませ、砂糖をまぶして丸1日漬ける。

1の豚背脂をボウルに入れ、玫瑰露酒を加えて全体になじませ、臭みをとる。

バットに上白糖をたっぷり入れ、豚背脂を丸1日（24時間）漬ける。豚背脂を砂糖に漬けておくと、焼いたときに透き通る。

3

鶏レバーを掃除し、流水に1時間漬けて水気をきり、そぎ切りにする。

鶏レバーは水に1時間程度漬けて臭みを抜く。ざるにあげて水気をきり、水分をふく。

レバーをそぎ切りにする。レバーは、大きさに応じて1つを3〜4切れに切り分ける。

4

豚モモ肉は繊維にそって、直径3cmの円柱状に切り整える。

豚モモ肉ブロックを繊維に沿って約3cm角の棒状に切り整える。

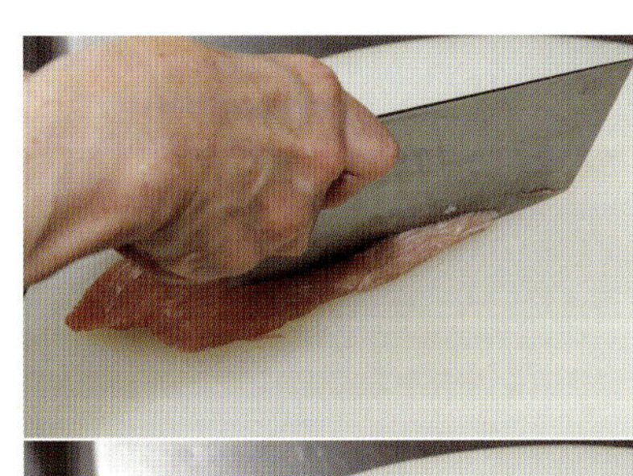

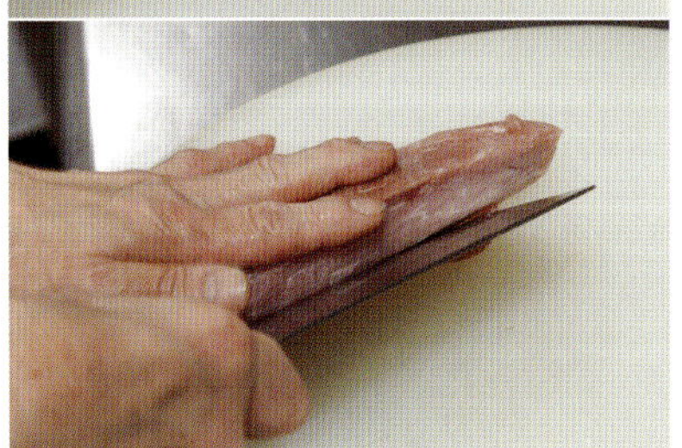

棒状の肉を転がしながら、端身を切り落とし、円柱状になるよう切り整える。

5

4の豚モモ肉をラップに包み、冷凍してからスライスする。

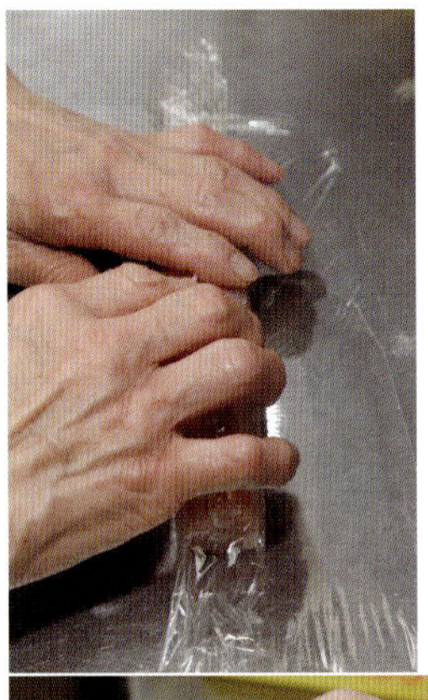

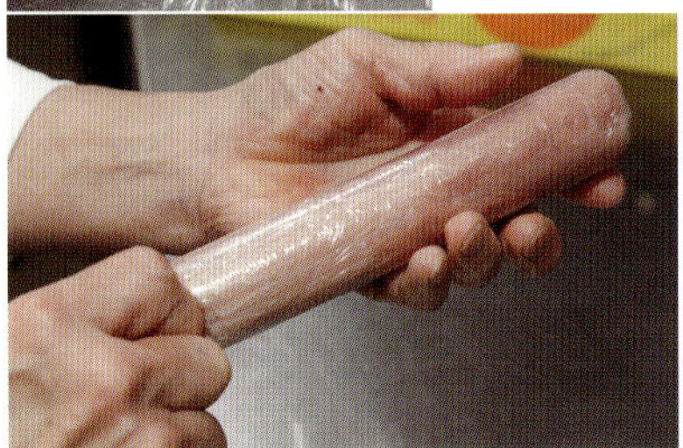

棒状に切り整えた豚モモ肉をラップに包み、ラップの上から円柱状になるよう形を整えてから冷凍する。

冷凍した豚肉を小口から3mm厚さにスライスする。冷凍してから切ると、薄くきれいにスライスすることができる。

6

2の豚背脂をさっと水洗いして砂糖を洗い流し、水気をふく。

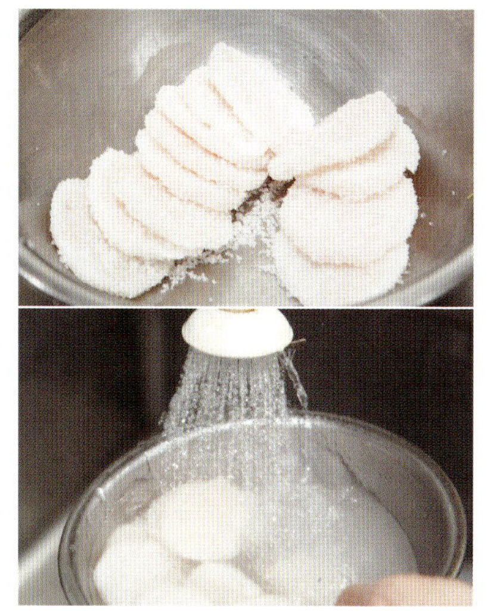

砂糖に漬けておいた背脂を取り出し、流水でさっと洗う。

キッチンペーパーを敷いたざるにあげ、水気をふく。

7

Aを合わせ、3の鶏レバー、5の豚モモ肉、6の豚背脂をそれぞれ5〜6時間漬ける。

鶏レバー、5の豚モモ肉、6の豚背脂は、それぞれAの漬け汁に5〜6時間漬ける。

8

人参は皮をむいてスライスする。

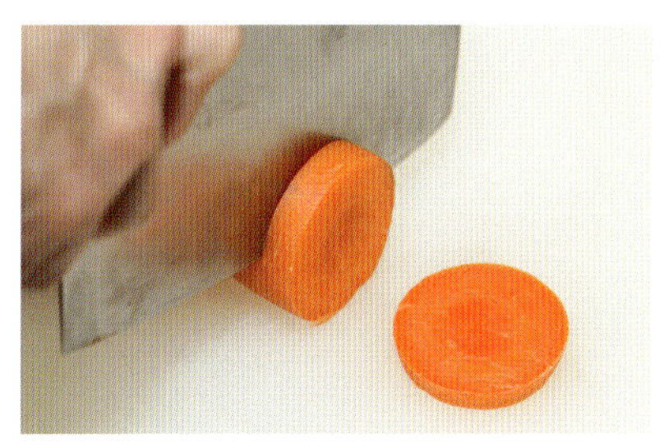

人参は皮をむいて、3mm厚さにスライスする。

9

7で漬けた豚モモ肉⇨鶏レバー⇨豚背脂の順に刺す。

まず、金串（叉焼針：P.16）に8の人参のスライスを1枚を刺す。

8で漬けた豚背脂⇩鶏レバー⇩豚モモ肉は余分な汁気をきって順番に刺す。

同様に6の豚背脂⇨鶏レバー⇨豚モモ肉を1組として、順番に刺し、最後に人参を刺して止める。人参を刺し始めと終わりに刺すことで、焦げるのを防ぐ。

10

9をフックに吊るしてアルミホイルをかけ、100～160℃の窯で15～20分焼く。

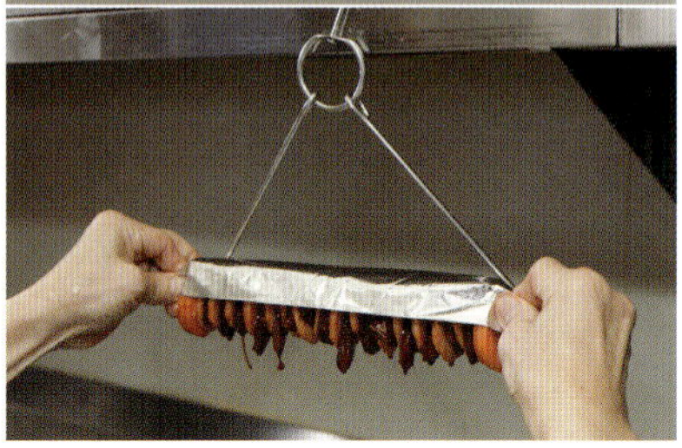

9をフック（焼鴨環：P.16）にかけ、焦げやすい上部にアルミホイルをかぶせる。

100℃に温めた窯に入れ、徐々に温度を上げて160℃以上にならないよう調整しながら15～20分焼く。

温度が上がりすぎないよう火力を調整しながら焼く。焼き上がりの見極めは、レバーがポイント。焦げ目がついて、ほどよく火が入っていればよい。

11

10が焼き上がったら、熱いうちに叉焼水飴＊にくぐらせて10～15分吊るす。

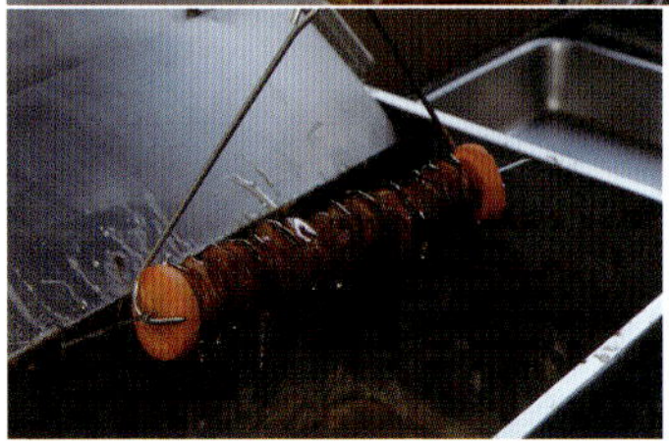

10が焼き上がったら、アルミホイルをはずし、熱いうちに叉焼水飴＊にくぐらせて10～15分吊るして汁気をきる。

12

約160℃の窯に11を入れ、4～6分焼き、再び叉焼水飴にくぐらせて吊るす。

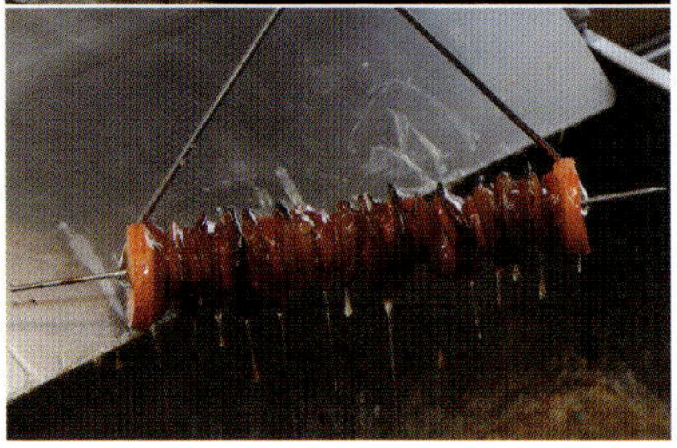

最後に高めの温度で4～6分焼き、叉焼水飴＊にくぐらせて吊るし、余分な水飴をきる。

13

鶏レバー・豚背脂・豚モモ肉を1組にしてはずし、器に盛り付ける。

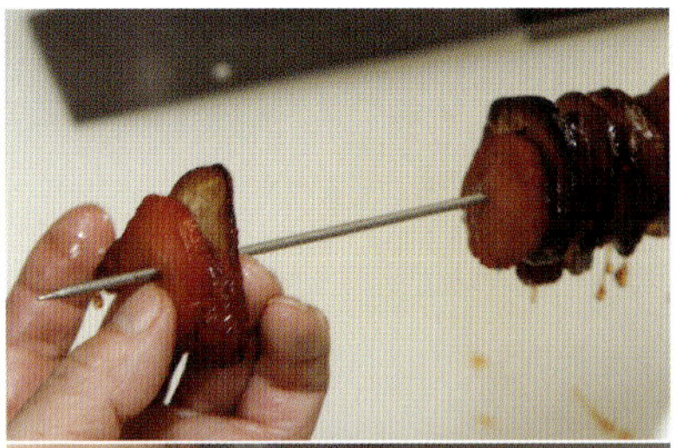

人参をはずし、鶏レバー・豚背脂・豚モモ身を1組にしてはずし、器に盛り付け、甜豆（大豆の甘煮）＊を添える。

＊「大豆の甘煮」は、戻した大豆を蒸して柔らかくしてから、水、砂糖、シナモン（皮）などを合わせてたれをつくり、蒸した大豆を10分程度煮たもの。

「窯」「焼き台」について

本書では焼物の美味しさを追求するための性能、使い勝手を考慮し、特注のガス式の溶岩窯と焼き台を使用している。それぞれ遠赤外線・蓄熱効果が高く、ガスの火力を調整することで温度のコントロールを行う。他にも実用的な工夫を随所に施し、作業性を高めている。

【窯焼き用】

ガス式の溶岩窯。ガス火で加熱した溶岩の輻射熱で窯（炉）の中を全体的に対流させて焼く。

窯のフタはスライドして開閉。さらに中を確認するための小さな開閉口がある。

窯の作業を行う際、体が接しやすい部分には、火傷防止のためパンチング状の板でカバーして安全性も考慮。

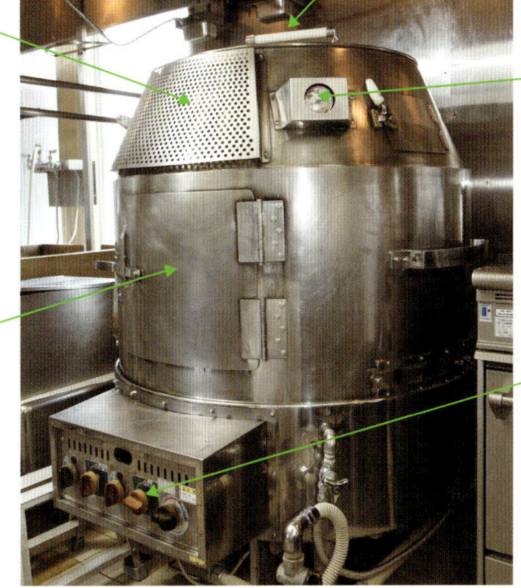

窯の上部は掃除する際に取り外し可能。側面に取手をつけ、作業がしやすいよう配慮。温度計も設置し、窯内温度を管理することができる。

ガス火の上に、遠赤外線効果の高い富士山の溶岩を置いて窯内を加熱する。

温度調整は火力強と火力弱のツマミで微妙な調整も可能。最高温度は約350℃。

窯の高さ約140cm、口径約65cm。

【直火焼き用】

ガス式の溶岩を使った焼き台（乳猪炉：子豚の丸焼き用）。炭より蓄熱効果が高く、安定した火力で焼くことができる。

富士山の溶岩を用いた焼き台。下に配置したガス火で溶岩を加熱。遠赤外線効果が高く、温度も安定。熱の入り方にのびがある。

焼き台手前のU字形金具を設置。乳猪串の柄をのせて串を扱うと、素早く回転させることが可能。

滷醬冷菜

豉油鶏 龍皇赤鶏の香味漬け
Chinese soy sauce chicken

貴妃鶏 龍皇赤鶏香港式蒸し鶏 ねぎ生姜添え
Steamed chicken with ginger leek sauce

沸山分蹄 豚スネの冷菜
Cold pork shank

五香牛腰 牛スネの冷菜、辛味ソース
Spicy beef shin

白雲猪手 豚足の酢漬け
Sweet and sour pickled pig foot

Chinese soy sauce chicken

豉油鶏（シーヨウカイ）

龍皇赤鶏の香味漬け

香港では〝油鶏〟という名でも知られる定番人気メニュー。香港では焼物料理全般を担当する職人を親しみと尊敬の意を込めて〝油鶏佬〟と称するという。〝豉油〟は広東語で醤油のことで、ここでは醤油をベースに薬膳効果もあるスパイスを加えた油鶏水（漬けだれ）に鶏を漬け込む。漬けだれは沸かさない程度に温めてから漬けるのがポイントで、味がなじみやすくなる。「豉油鶏」をご飯や麺にのせた「油鶏飯」や「油鶏麺」も人気がある。

［材料］
丸鶏（中抜き）…1羽（約2kg）
油鶏水＊…適量
叉焼水飴＊（P.174）…適量

＊油鶏水（➡P.178）
［材料］作りやすい分量
水…9kg
醤油…1.8kg
A
沙姜片、草果、ローリエ、陳皮、丁字、八角、桂皮、甘草、花椒…合わせて25g
B
生姜…150g
香菜…50g
グラニュー糖…2kg
塩…300g

1 寸胴に水、Aの材料、醤油を合わせ入れて火にかけ、沸いてきたら火を弱めて2時間程度じっくり炊く。
2 Bの材料を加えたら火を止める。
3 ラップをかけてそのまま4時間～半日おいて香りをうつし、漉して使う。

1 熱湯に鶏を入れ、皮が張ったら冷水に漬け、残った毛をピンセットで抜く。
2 熱湯（80～90℃）に1の鶏を入れて皮を張らせ、そのまま15～20分漬ける。
3 油鶏水＊を沸かさない程度に温めて火を止め、2の鶏を入れて約30分漬ける。
4 3の鶏を取り出し、バットに置いて汁気をきる。
5 4が熱いうちに叉焼水飴＊を全体にコーティングするように薄く塗り、そのまま冷ます。

◉切り分けて、器に盛る
6 5の鶏を背に沿って切り、半羽①と②に切り分ける。
7 半羽①を「手羽」部分「背」部分と「胸・モモ」部分に切り分ける。
8 半羽①の「胸」部分を切り分ける。
9 半羽②も手順7～8の要領で「手羽」部分と「背」部分と「胸・モモ」部分に切り分け、器に盛る。
10 半羽①、②の「モモ」部分を切り分けて器に盛る。
11 半羽①、②の「背」部分を切り分けて器に盛る。
12 半羽①、②の残りの「モモ部分」を切り分けて器に盛る。
13 半羽①、②の「手羽」部分を切り分けて器に盛る。
14 「頭」部分を油鶏水＊から取り出して、器に盛る。

1

熱湯に鶏を入れ、皮が張ったら冷水に漬け、残った毛をピンセットで抜く。

鶏は中抜きした丸鶏を用意する。熱湯に鶏を入れ、玉杓子で全体に熱湯をまわしかける。毛穴がしまり、鳥肌がたつくらいまで皮を張らせる。

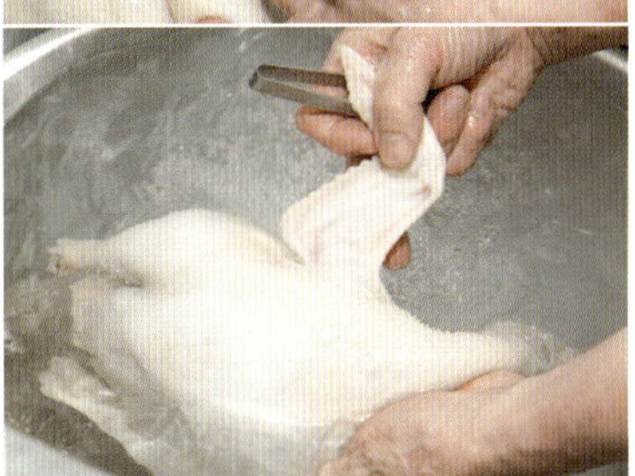

皮が張った鶏は冷水に漬け、残っている羽根の根元などがあれば、毛抜き（ピンセット）で抜く。見えにくい手羽部分の関節付近などもよく確認する。

2

熱湯（80～90℃）に1の鶏を入れて皮を張らせ、そのまま15～20分漬ける。

熱湯はグラグラ煮えるような温度ではなく80～90℃に調整する。1の鶏の首を持ち、入れたり引き上げたりしながら、表面の皮を張らせる。鳥肌が立つ程度になればよい。

皮が張ったら、火を止め、そのまま15～20分漬ける。

＊途中、2～3回、鶏を取り出したり、入れたりを繰り返し、余分な水分を出す。ここでは、火を通すことが目的ではないのでラップはかけない。

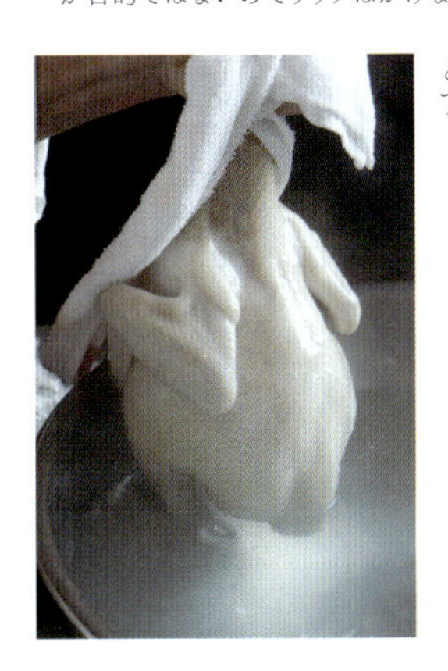

取り出して水気をふく。頭部分は切り落とす。

3

油鶏水＊を沸かさない程度に温めて火を止め、2の鶏を入れて約30分漬ける。

油鶏水＊を火にかけ、熱々になる前（約90℃）に鶏を頭部分と一緒に入れ、火を止める。

バットなどで落としぶたをし、鶏が油鶏水にしっかり浸るようにして約30分漬ける。

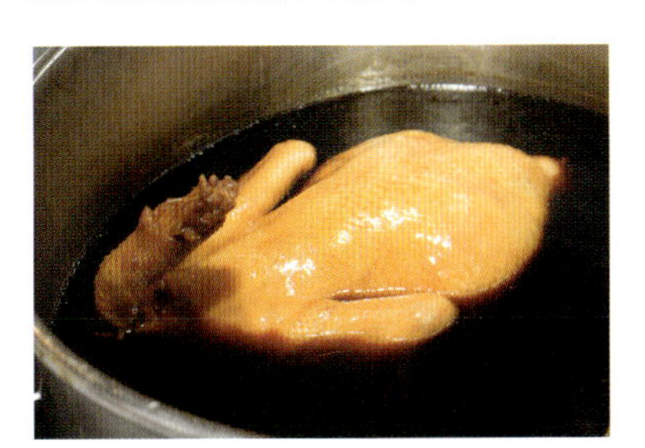

30分程度漬けた状態。

4

3の鶏を取り出し、バットに置いて汁気をきる。

頭を持ち、汁から少し引き上げたら、手羽の付け根あたりに串（叉焼針：P.16）を刺して持ち上げて取り出す。

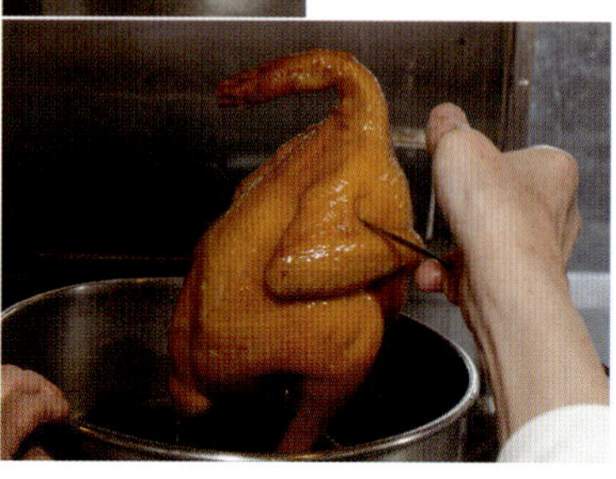

バットに置いて余分な汁気をきる。

5

4が熱いうちに叉焼水飴＊を全体にコーティングするように薄く塗り、そのまま冷ます。

4の鶏が熱いうちに叉焼水飴＊をまわしかけ、スプーンなどで表面全体にに薄く塗り、そのまま冷ます。

◉切り分けて、器に盛る

6

5の鶏を背に沿って切り、半羽①と②に切り分ける。

尻部分を上にして置き、ボンジリ部分から包丁を入れ、背に沿って縦半分に切って、半羽①と半羽②に分ける。

7

半羽①を「手羽」部分「背」部分と「胸・モモ」部分に切り分ける。

半羽①の手羽を持ち上げて、付け根で切り落とす（➡手順12）。ボンジリ部分も切り落とす。

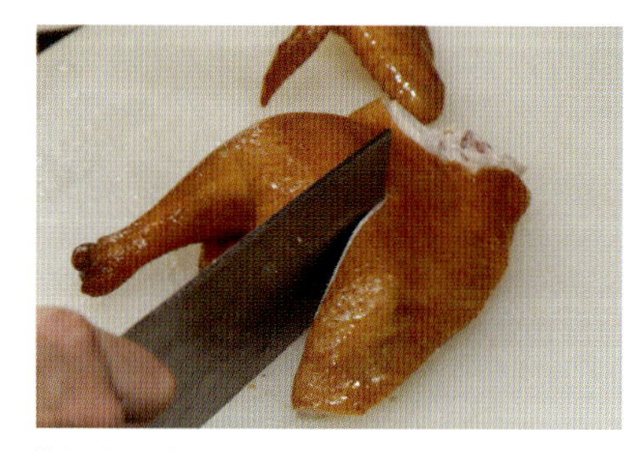

「背」部分（➡手順11）、「モモ・胸」部分に切り分ける。

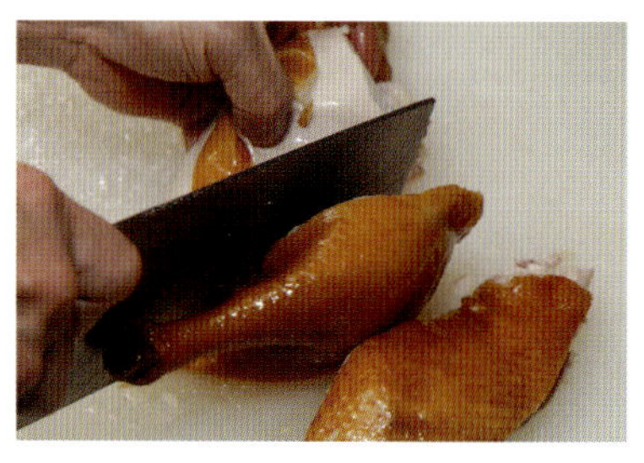

さらに「胸・モモ」部分を、「胸」部分と「モモ」部分に切り分ける。

＊モモ部分を切り離すときは、関節に沿ってぐるりと包丁を添わせる。

8

半羽①の「胸」部分を切り分ける。

8で切り分けた「胸」部分の骨やスジの端を包丁で押さえながら、はがしとる。

続いて、ササミを包丁で押さえながらはずす。

ササミを食べやすい幅に切り分ける。

「胸」部分に残っている骨やスジを切り離し、身の厚みを揃える。

切り整えた「胸」部分は、皮を上にして食べやすい幅に切り分ける。

切り分けた半羽①の胸肉とササミを器に盛る。

9

半羽②も手順7～8の要領で「手羽」部分と「背」部分、「胸・モモ」部分に切り分け、器に盛る。

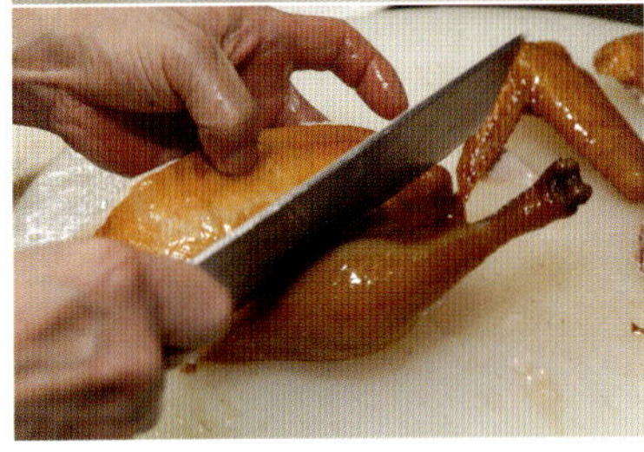

同様に「手羽」部分「背」部分と「胸・モモ」部分に切り分ける。

器に半身②のササミ、胸肉部分を盛る。

＊「手羽」「モモ」「背」部分は後で切り分けるので、とっておく（➡手順10～13）

10

半羽①、②の「モモ」部分をそれぞれ切り分けて器に盛る。

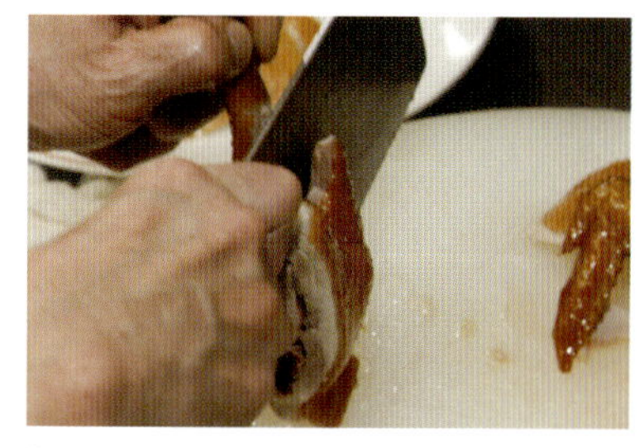

「モモ」部分を立てて持ち、骨をそぐように垂直に包丁をおろして切り分ける。

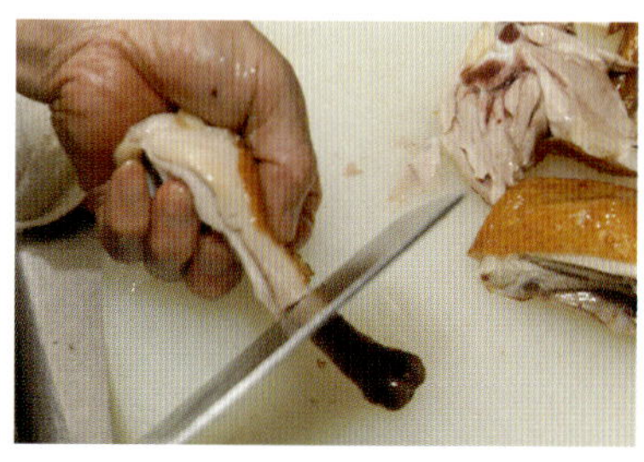

骨付き部分の足首あたりにぐるりと包丁で切り込みを入れ、モモ肉を骨からはずす。

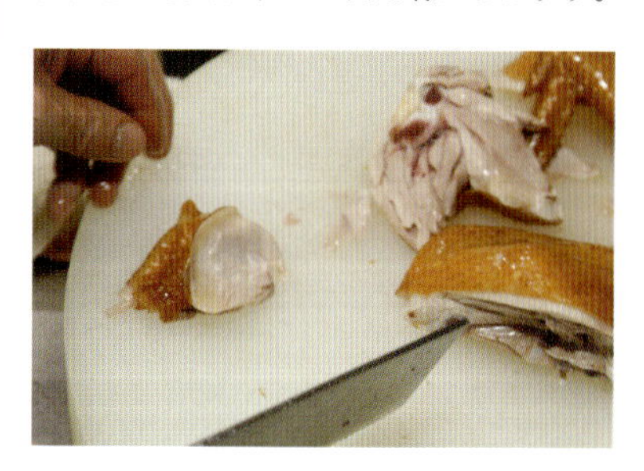

骨から切り離した「モモ」部分を食べやすい幅に切り分ける。

器に切り分けた半羽①と②のモモ肉（骨をはずしたもの）をそれぞれ盛る。残りのモモ肉部分は後で盛る（➡手順12）。

11

半羽①、②の「背」部分を切り分けて器に盛る。

「背」部分の身側の骨の凹凸を切り落として平にする。

端身を切り落として形を切り整え、食べやすい幅に切り分ける。

切り分けた半羽①、②の「背」部分をそれぞれ器に盛る。

12

半羽①、②の残りの「モモ」部分を切り分けて器に盛る。

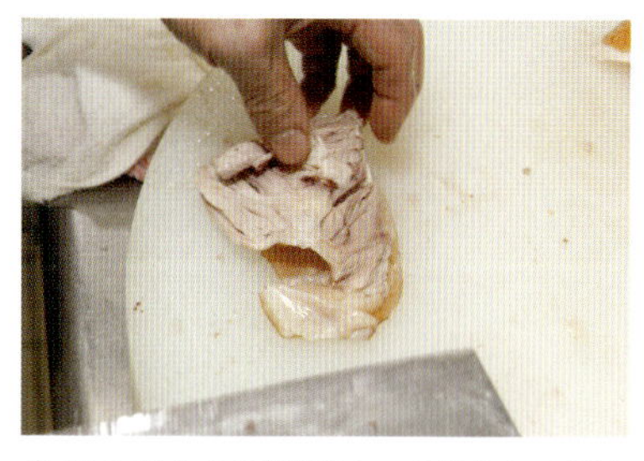

身側の凹凸を切り落とし、平らにして形を切り整える。

食べやすい幅に切り分けて、器に盛る。

13

半羽①、②の「手羽」部分を切り分けて器に盛る。

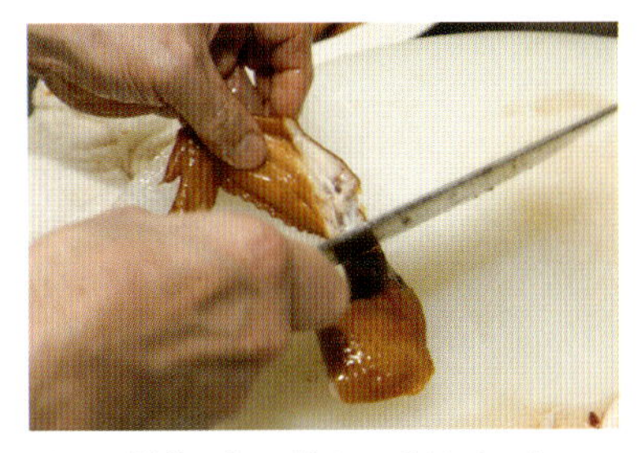

手羽を関節で切り離す。手羽元は食べやすい幅に骨ごと切り分けて器に盛る。

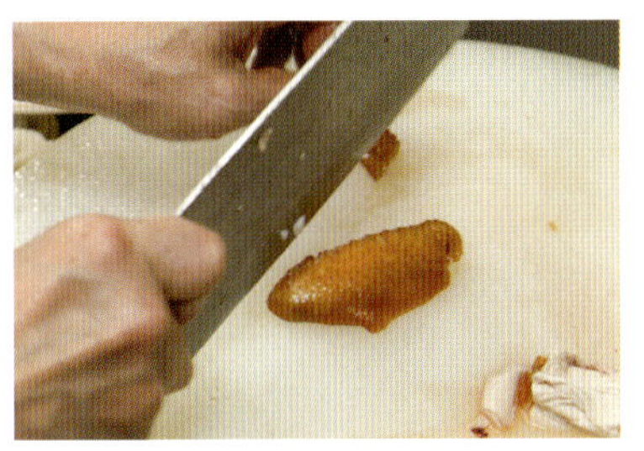

手羽中も食べやすい幅に骨ごと切り分けて、器に盛る。

手羽先も切り分けて、器に盛る。

14

「頭」部分を油鶏水＊から取り出して、器に盛る。

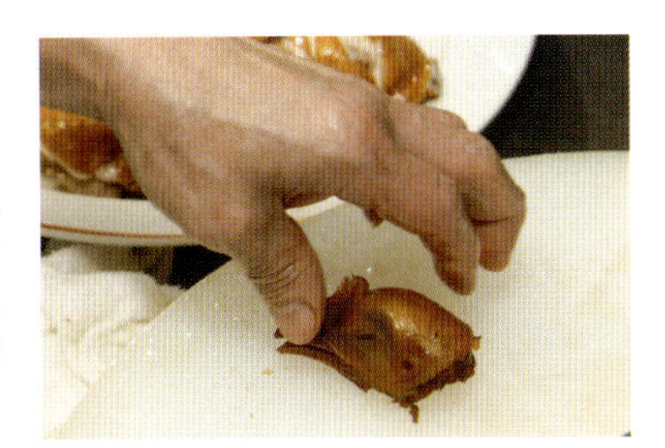

「頭」部分も取り出して汁気をきる。端を切り整えて器に盛る。

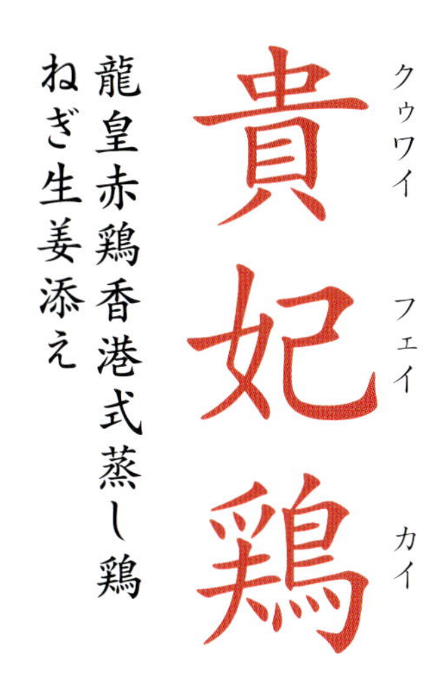

貴妃鶏（クゥワイ フェイ カイ）

龍皇赤鶏香港式蒸し鶏
ねぎ生姜添え

Steamed chicken with ginger leek sauce

貴妃鶏(クゥワイフェイカイ)

龍皇赤鶏香港式蒸し鶏 ねぎ生姜添え

〝貴妃〟という言葉は、一般的に中国絶世の美女と謳われる楊貴妃を指す。一般的に「貴妃鶏」というと「貴妃鶏翅」(鶏手羽先の醤油煮込み)が有名だが、ここで紹介している「貴妃鶏」は香港式の蒸し鶏で、白くつややかに茹で上げた〝白鶏〟を楊貴妃の白い肌に例えている。干し貝柱や干しエビなどの乾物を贅沢に使った旨味が溶け込んだ特製の貴妃汁に〝白鶏〟を漬け込んで風味よく、しっとりとした食感に仕上げる。

[材料] できあがり1羽分
丸鶏(中抜き)…1羽
貴妃汁＊…適量
ねぎ生姜ソース＊…適量

＊ねぎ生姜ソース(➡P.180)
[材料] 作りやすい分量
A
生姜(みじん切り)…100g
ねぎ(みじん切り)…20g
塩…6g
チキンパウダー…5g
ねぎ油…適量
細ねぎ(小口切り)…20g

1 ボウルにAの材料を合わせ入れる。
2 ねぎ油適量(生姜が浸る程度)を加えて混ぜ、最後に細ねぎを加えて混ぜる。

＊貴妃汁(➡P.168)
[材料] 作りやすい分量
水…7200g
A
干貝(干し貝柱)…300g
蝦米(干しエビ)…300g
火腿(中国ハム)…225g
大地魚(ヒラメの干物)…225g
生姜…250g
B
沙姜片(乾燥生姜)…12g
ローリエ…15枚
陳皮…10g
丁香…3g
八角…4個
桂皮…10g
甘草…12g
花椒…5g
C
塩…300g
チキンパウダー…500g

1 Aの蝦米(干しエビ)は熱湯で3回程度茹でこぼしてざるにあげる。火腿(中国ハム)は熱湯で2回程度茹でこぼしてざるにあげ、余分な塩分や脂を落とす。
2 Aの大地魚、干貝(干し貝柱)、蝦米(干しエビ)、火腿(中国ハム)は、それぞれこんがり色づくまで中高温で揚げて、その都度揚げ網にあげる。
3 寸胴に水を入れ、②の材料、叩いた生姜を入れて火にかける。沸いてきたら火を弱め、3〜4時間かけてじっくりと煮る。
4 Bのスパイス類を加え、ラップをかけて約2時間半おいてから漉す。
5 4に、塩、チキンパウダーを加えて味を確かめる。

◉白鶏をつくる
1 鶏をたっぷりの熱湯に入れ、皮を張らせてから冷水に漬け、残った羽根を抜く。
2 再び1の鶏を熱湯に入れ、沸いてきたらすぐに火を止め、ラップをかけて30〜40分おく。

◉白鶏を貴妃汁に漬ける
3 2の白鶏を貴妃汁＊に漬けて2〜3時間常温におく。
4 3の鶏を取り出して、汁気をきる。

◉切り分けて、器に盛る
5 4の頭を切り落とす。
6 5背に沿って縦半分に切り、半羽①、②に分ける。
7 半羽①を「手羽」と「背」部分、「胸・モモ」部分に切り分ける。
8 半羽①、②の「胸」部分をそれぞれ切り分ける。
9 半羽②も手順7〜8の要領で「手羽」部分「背」部分と「胸・モモ」部分に切り分け、器に盛る。
10 半羽①、②「モモ」部分をそれぞれ切り分ける。
11 半羽①、②の「背」部分をそれぞれ切り分けて器に盛る。
12 半羽①、②の残りの「モモ」部分を切り分けて器に盛る。
13 半羽①、②の「手羽」部分を切り分けて器に盛る。
14 頭を切り整えて器に盛る。
14 飾りつけをして、ねぎ生姜ソースを添える。

◉白鶏をつくる

1
鶏をたっぷりの熱湯に入れ、皮を張らせてから冷水に漬け、残った羽根を抜く。

鶏は中抜きをした国産の丸鶏を用意する。

たっぷりの熱湯を沸かし、鶏を足から熱湯に入れ、玉杓子で全体に熱湯をまわしかける。皮がピンと張り、毛穴がしまって鳥肌がたってきたら取り出す。

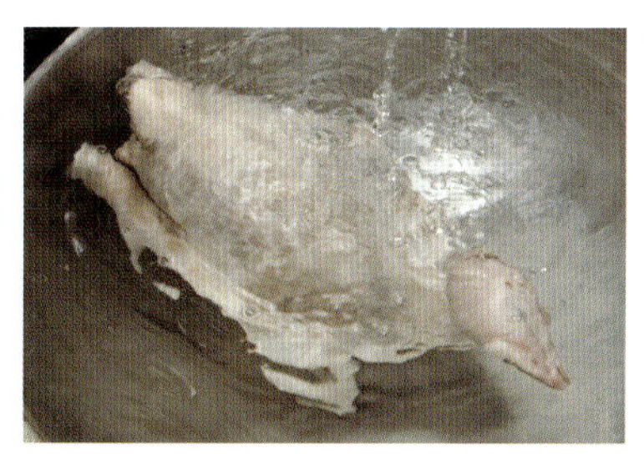

すぐに冷水にとって冷まし、水気をふく。

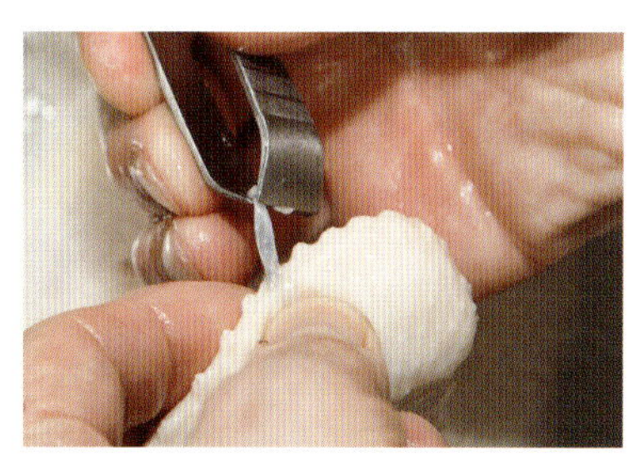

羽根の根元が残っていたら、毛抜き（ピンセット）などで丁寧に抜いておく。

2
再び1の鶏を熱湯に入れ、沸いてきたらすぐに火を止め、ラップをかけて30〜40分おく。

もう一度、1の鶏を熱湯に沈め、沸いてきたら素早く火を止める。

ラップをぴったりかけて密閉し、そのまま30〜40分おく。

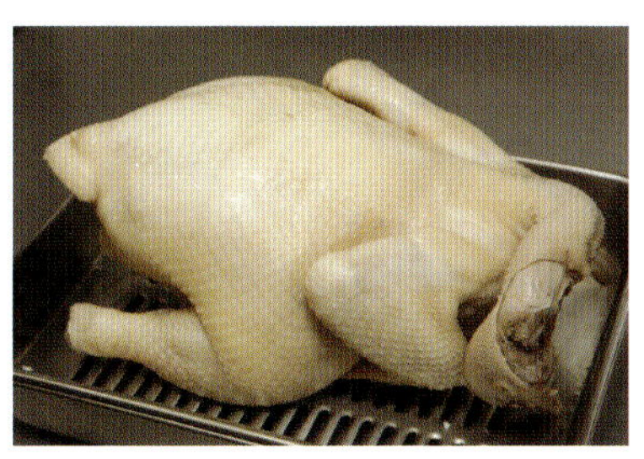

鶏を取り出して冷ます。「白鶏」の完成。

◉白鶏を貴妃汁に漬ける

3

2の白鶏を貴妃汁＊に漬けて
2〜3時間常温におく。

冷ました白鶏を貴妃汁＊に入れ、ふたをして常温で2〜3時間漬け込む。鶏がちょうど漬かる程度の貴妃汁を用意する。

4

3の鶏を取り出して、
汁気をきる。

漬け込んだ鶏を取り出し、バットにのせて汁気をきる。

◉切り分けて、器に盛る

5

4の頭を切り落とす。

首の付け根に包丁を当て、勢いよく垂直に包丁をおろして頭を切り落とす（➡手順14）。

6

背に沿って縦半分に切り、
半羽①、②に分ける。

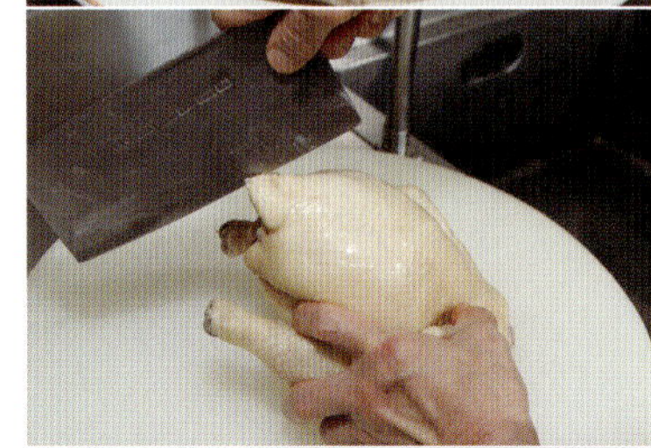
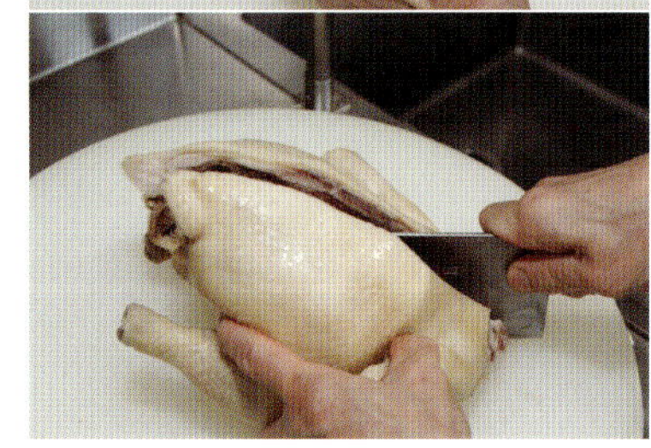

尻部分を上にして置き、ボンジリ部分から包丁を入れ、背に沿って縦半分に切って、半羽①と②に分ける。

7

半羽①を「手羽」と
「背」部分、「胸・モモ」部分に
切り分ける。

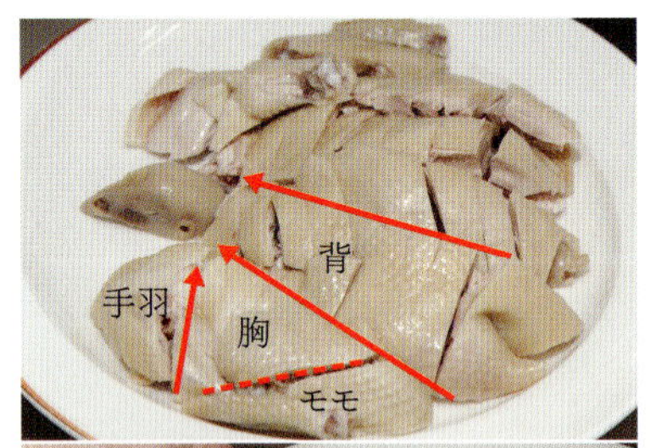

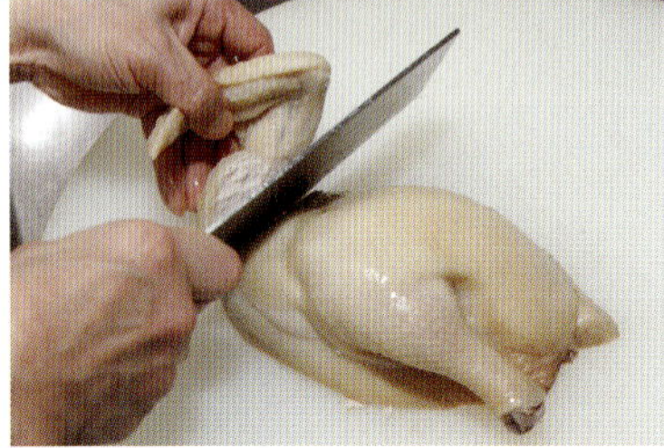

半羽①の手羽を持ち上げて付け根で切り落とす（➡手順12）。ボンジリ部分も切り落とす。

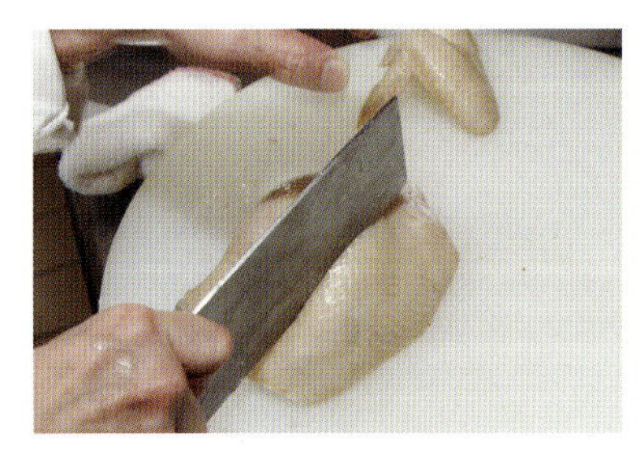

次に「背」部分と「胸・モモ」部分に切り分ける。

さらに「胸・モモ」部分を、「胸」部分と「モモ」部分に切り分ける。

＊モモ部分を切り離すときは、関節に沿ってぐるりと包丁を添わせるとよい。

8

半羽①、②の「胸」部分を それぞれ切り分ける。

「胸」部分の端から骨やスジの端を包丁で押さえながら、はがしとる。

ササミの端を包丁で押さえて切り離し、食べやすい幅に切る。切り分けたササミと「胸」部分を器に盛る。

9

半羽②も手順7〜8の要領で「手羽」部分「背」部分と「胸・モモ」部分」に切り分け、器に盛る。

手羽を切り離す。

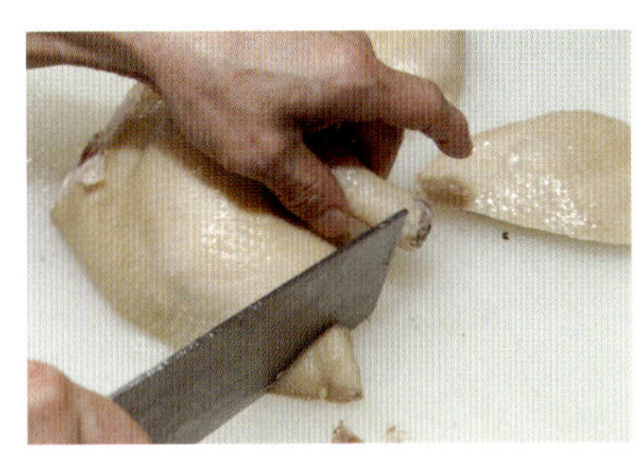

ボンジリ部分を切り落とす。

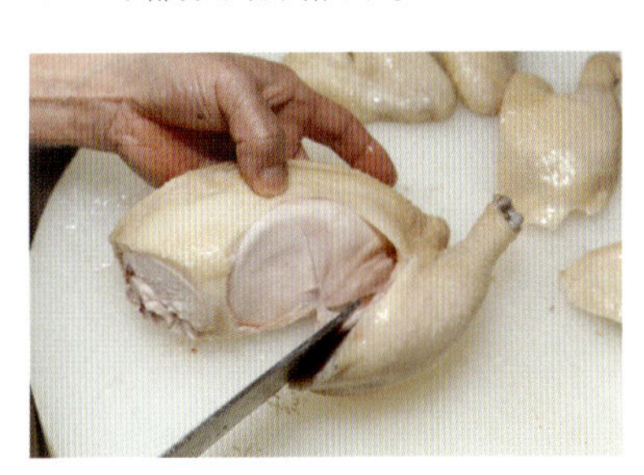

「モモ」部分を切り離す。

「胸」部分からササミを切りとる。胸肉も食べやすく切り分け、ササミと共に器に盛る。

＊「手羽」「モモ」「背」部分は後で切り分けるので、とっておく(➡手順10〜11)

10

7の半羽①、②の「モモ」部分を切り分ける。

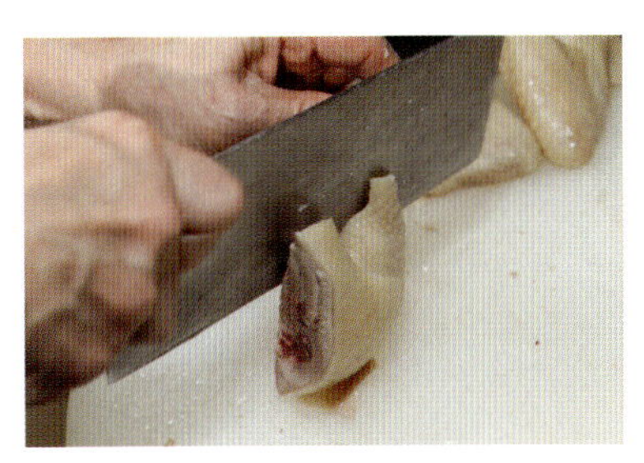

「モモ」部分を立てて持ち、骨をそぐように垂直に包丁をおろして切り分ける。

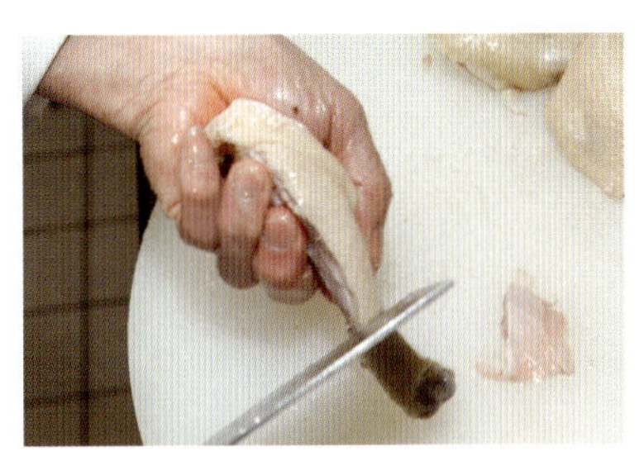

骨付き部分の足首あたりにぐるりと包丁で切り込みを入れる。

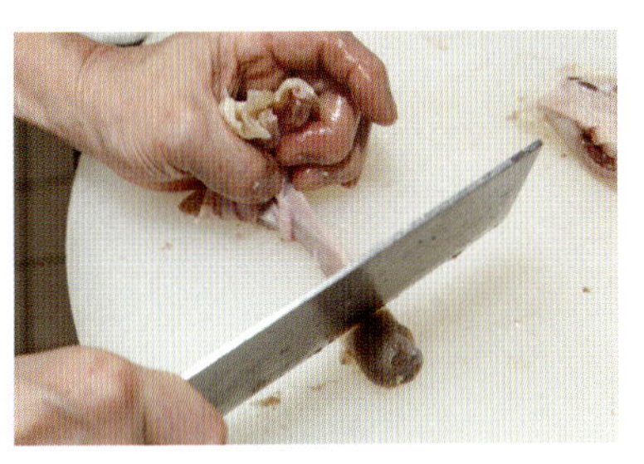

手で引き上げるようにして、モモ肉を骨からはずしておく。

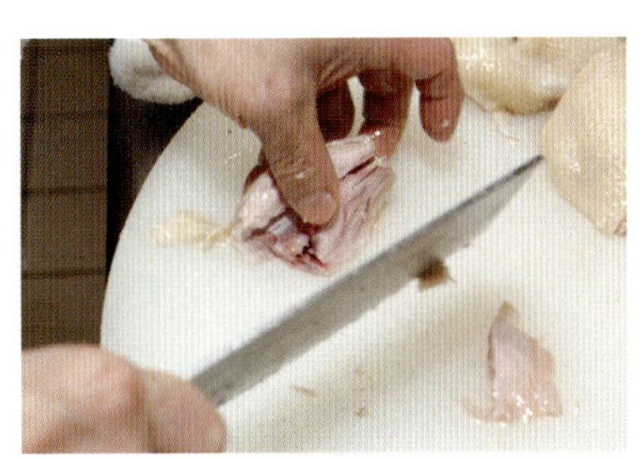

はずした肉を切り分けて器に盛る。
残りの「モモ」部分は後で盛るので、おいておく(➡手順12)。

11

半羽①、②の「背」部分をそれぞれ切り分けて器に盛る。

「背」部分の身側の骨を包丁でこそげ、そぎ切りにする。

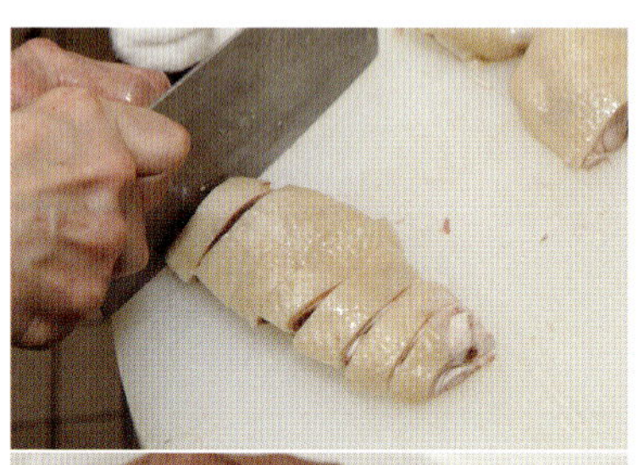

端身などを切り落として形を切り整えたら、食べやすい幅に切り分けて器に盛る。

12

半羽①、②の残りの「モモ」部分を切り分けて器に盛る。

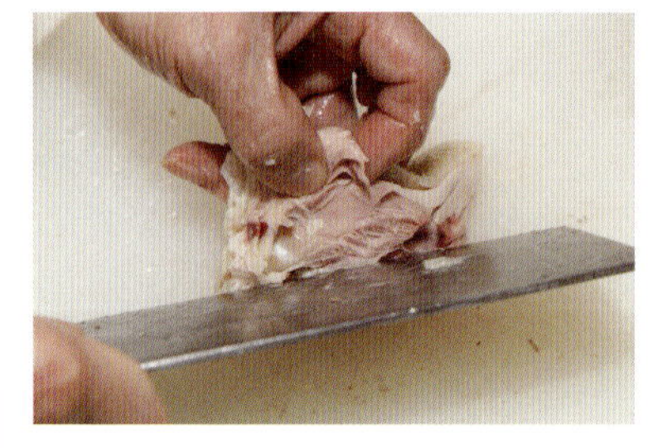

身側のスジや血合いなどを平らになるよう切り整える。

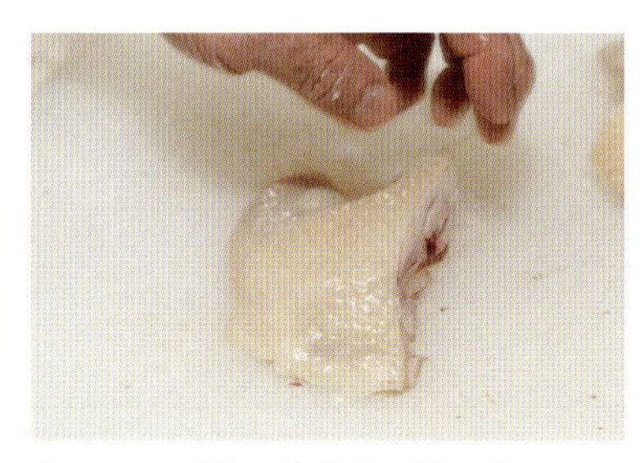

食べやすい幅に切り分けて器に盛る。

13

半羽①と②の「手羽」部分を切り分けて器に盛る。

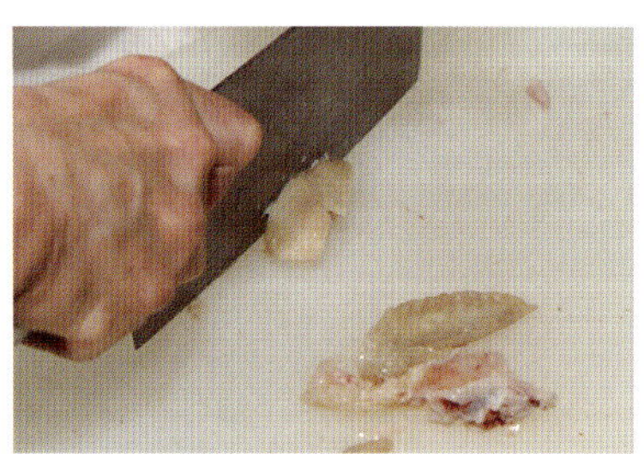

手羽を関節で切り離す。手羽元は食べやすい幅に骨ごと切り分ける。手羽中も食べやすい幅に骨ごと切り分ける。手羽先は先端部分を切り落として盛る。それぞれ器に盛る。

14

頭を切り整えて器に盛る。

頭部分は、切り口の断面を切り整え、置いたときに安定するよう、あごの下を少し切って器に盛る。

15

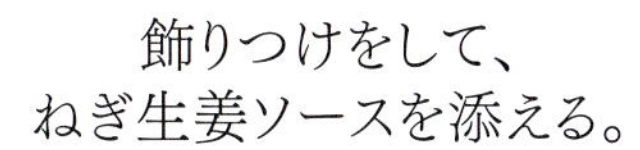

飾りつけをして、ねぎ生姜ソースを添える。

器の縁に白髪ねぎ、赤・緑ピーマンのせん切りなどを彩りよく置き、ねぎ生姜ソースを別器で添えて供する。

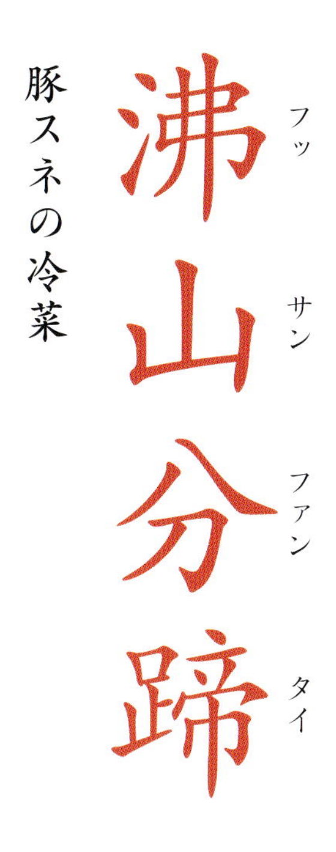

沸山分蹄（フッサンファンタイ）

豚スネの冷菜

Cold pork shank

沸山分蹄

豚スネの冷菜

アイスバイン用の皮・骨付き豚スネ肉を使った冷菜。豚スネ肉は柔らかくなるまで弱火で煮てから、スパイス入りの塩水に漬け込んで薄切りにする。スネ肉は脂肪分が少なく、皮にはコラーゲンが豊富で独特のプルンとした食感が楽しめる。工程はシンプルだが、スネ肉を煮るときの火加減がポイント。鍋底に竹で編んだ網を敷いて、ごく弱火を保ち、ゆっくりと加熱する。火力が強いと肉が崩れてボロボロになってしまうので注意が必要だ。

［材料］作りやすい分量
豚皮・骨付きスネ肉（アイスバイン用）…1本
塩水＊…適量
紅酢汁＊…適量
香菜（飾り用）…適宜

＊塩水
［材料］作りやすい分量
ローリエ…3枚
八角…1個
塩…20g
水…1.8ℓ

水と塩を合わせて火にかけ、塩水が溶けたら冷まし、八角とローリエを加える。

＊紅酢汁（➡P.173）
［材料］作りやすい分量
エシャロット（みじん切り）…37g
にんにく（みじん切り）…37g
醤油…300g
A
赤唐辛子（小口切り）…7g
ウスターソース…75g
酢…300g
紅酢…150g
砂糖…37g
カイエンペッパー…少々
ごま油…6g
ラー油…6g

1 鍋に醤油、エシャロット、にんにくを加えて中火にかける。
2 Aの材料を順に加え、砂糖が溶けたらカイエンペッパー、ごま油、ラー油を加える。
3 よく混ぜてから保存容器に移し、冷ましてから使う。

1　豚皮・骨付きスネ肉は、熱湯にくぐらせて、バーナーで残った毛などを焼いて掃除する。
2　1を沸騰した湯に入れ、柔らかくなるまで1時間〜1時間半、弱火で茹でる。
3　2の豚スネ肉の粗熱をとり、骨をはずす。
4　3の豚スネ肉を切り整える。
5　4の豚スネ肉を塩水＊に漬け、冷蔵庫で丸2日漬ける。
6　5の豚スネ肉をスライスして器に盛り、紅酢汁＊を別添えにする。

1

豚皮・骨付きスネ肉は、熱湯にくぐらせ、バーナーで残った毛などを焼いて掃除する。

豚スネ肉は、豚皮・骨付きのアイスバイン用を用意する。

豚スネ肉を熱湯でサッと下茹でする。熱湯に通すことで、表面の毛を立たせて掃除しやすくする。

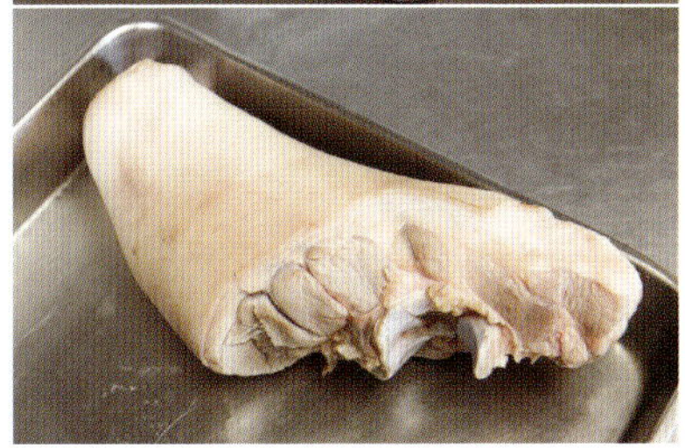

下茹でした豚スネ肉は水気をふいて、ガスバーナーで表面を炙り、皮に残った毛やゴミを焼ききる。

2

1を沸騰した湯に入れ、1時間〜1時間半、弱火で茹でる。

火の当たりを和らげるため、底に竹網をしいて、豚スネ肉を入れる。

沸いてきたら、弱火にし、柔らかくなるまで1時間〜1時間半茹でる。途中出てくるアクはとる。火加減が強いと、肉がボロボロになってしまうので注意。

途中、水分が減ってきたら、適宜熱湯を足しながら茹でる。金串を刺してみて、やわらかくなっていたらOK。

3

2の豚スネ肉の粗熱をとり、骨をはずす。

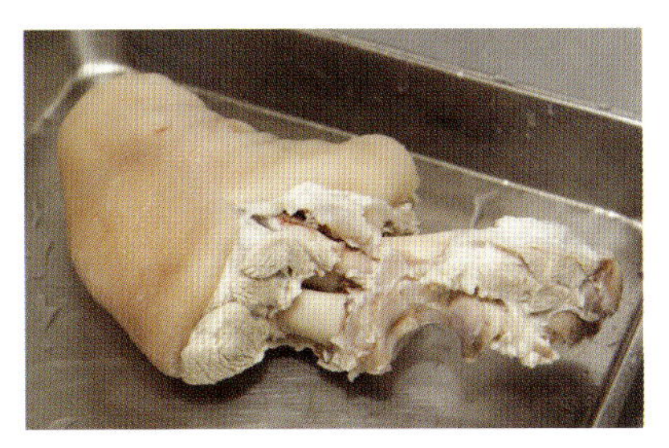

茹で上がった豚スネ肉は、そのまま冷まして粗熱をとる。

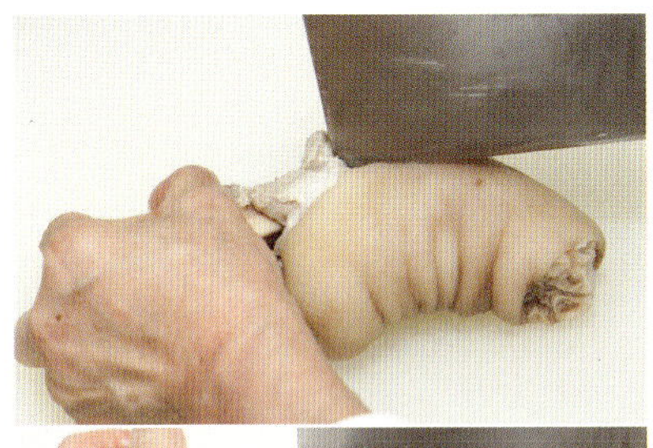

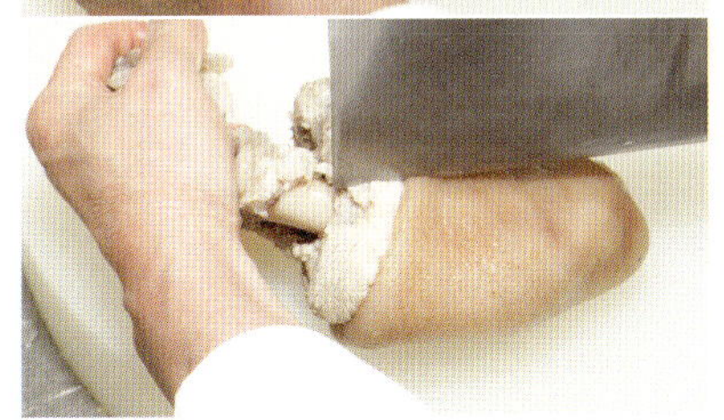

粗熱がとれたら、モモの付け根から骨に沿って両側に切り込みを入れる。

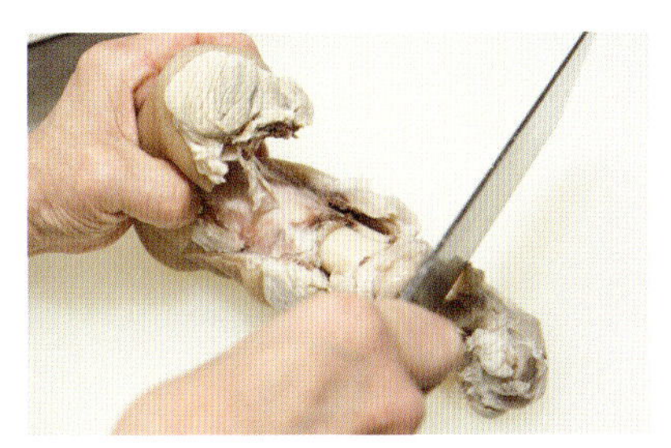

モモ付け根部分を刃で押さえながら、肉半分を骨から引きはがす。

反対側も同様に骨から肉部分を引きはがす。途中、包丁を寝かせで骨と身の間に入れ、骨を避けるようにして切り離す。

4

3の豚スネ肉を切り整える。

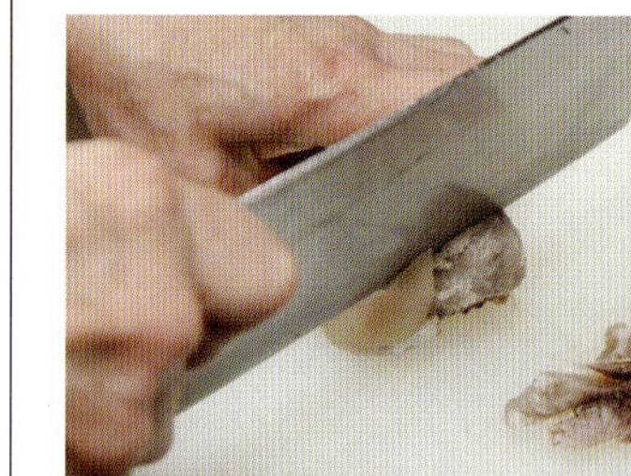
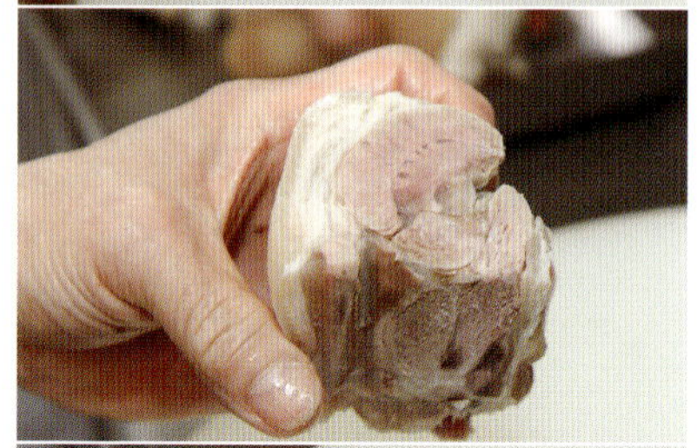

骨から引きはがした肉部分の両端をそれぞれ切り落として形を整える。

切り整えた豚スネ肉。

5

4の豚スネ肉を塩水＊に漬け、冷蔵庫で丸2日漬ける。

スパイスを加えた塩水＊は、醤油ベースの滷水とはまた違った味わい。塩味なのでさっぱりとしており、素材の色を生かすことができる。

容器に塩水＊を入れ、4の豚スネ肉を入れる。ふたをして冷蔵庫で丸2日間漬け込む。

6

5の豚スネ肉をスライスして器に盛り、紅酢汁＊を別添えにする。

皮を上にして置き、ごく薄くスライスする。

スライスした豚スネ肉の形を整えて包丁の腹に重ねてのせ、器にすべり込ませるようにして盛り付ける。紅酢汁＊を添えて供する。

五香牛腱（ウーヒョンガウチン）

牛スネの冷菜、辛味ソース

Spicy beef shin

五香牛腱

（ウー ヒョン ガウ チン）

牛スネの冷菜、辛味ソース

牛スネ肉を香辛料と一緒にじっくり煮て、ピリ辛の漬けだれに漬け込んだ冷菜。スネ肉は牛の外モモ肉の尻に近い部分の芯にあたる「千本筋」と呼ばれる希少な部位を用いる。千本筋はその名の通り、スジの多いスネ肉の中でも、さらにスジが集中した部位でコラーゲンが豊富。煮込むと柔らかく、独特の食感が味わえる。スジ部分をそうじする際、少しでもスジを傷つけると、そこから筋肉が断裂し、肉が弾けてしまうので気をつける。

［材料］作りやすい分量
和牛スネ肉（千本筋）…2本（約1kg）
ローリエ…4枚
八角…4個
辛味ソース＊…適量

＊辛味ソース（➡P.182）
［材料］作りやすい分量
油…約150g
A
　ねぎ（スライス）…10cm分
　生姜（薄切り）…1個分
　エシャロット（薄切り）…1個分
水…2.4kg
醤油…450g
豆板醤…35g
グラニュー糖…225g
チキンパウダー…112g
ごま油…28g

1 油（分量外）でAを炒め、香りを引き出したら、水、醤油、豆板醤を加える。
2 沸いてきたら、グラニュー糖とチキンパウダーを加える。ひと煮立ちしたら、ざるで漉す。
3 ごま油を仕上げに加える（冷めてから使用する）。

1　牛スネ肉を丁寧に掃除する。
2　鍋に水を張り、1の牛スジ肉、ローリエ、八角を入れ、約1時間半茹でる。
3　2の牛スネ肉が柔らかくなったら火を止め、牛スネ肉をそのまま冷ます。
4　辛味ソース＊に3のスネ肉を浸し、2日程度漬け込む。
5　4を取り出し、スライスして器に盛る。

1

牛スネ肉を
丁寧に掃除する。

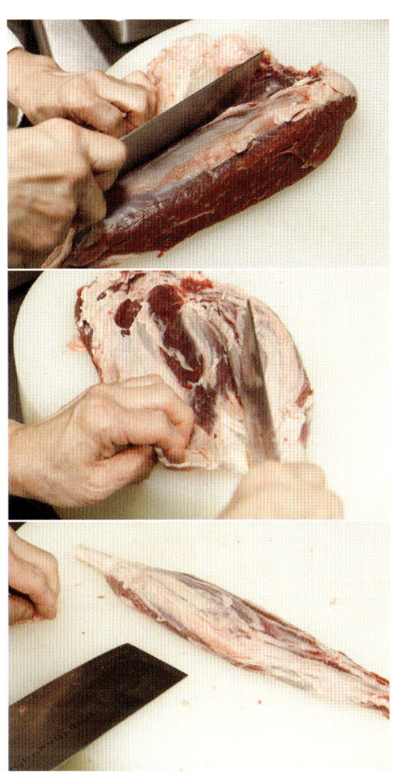

千本筋は、牛の外モモ肉の尻に近い特にスジが多い部位を切り開いた中にある芯部分。さらにスジが集中した部分で紡錘形をしている。

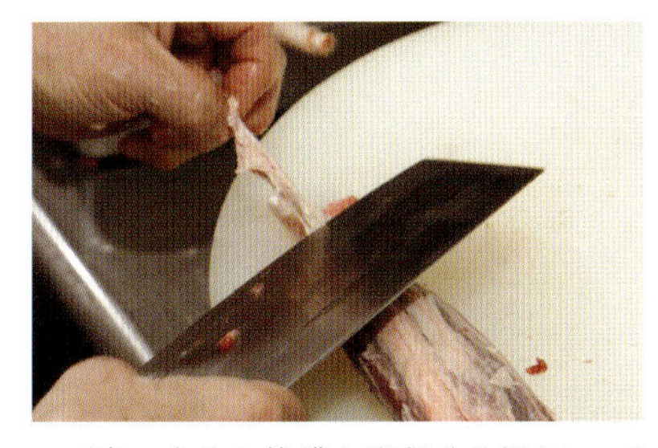

スジ肉の余分な筋膜や脂部分を切りとって掃除する。

＊このときスジ部分を切断しないように注意。少しでも切れ目があると、茹でたときに、その部分から裂けて肉がはじけてしまうので気をつける。

2

鍋に水を張り、1の牛スジ肉、
ローリエ、八角を入れ、
約1時間半茹でる。

鍋に竹網をしいて、たっぷりと水を張り、1の牛スジ肉、ローリエ、八角を入れて火にかける。

沸いてきたら弱火にして、静かに沸いた状態を保ちながら茹でる。

アルミホイルで落としぶたをして、弱火で約1時間半茹でる。竹串を刺してみてスッと入ったら、火を止める。

＊茹で時間は肉の大きさや状態によって異なるので確認しながら茹でる。水分が蒸発して肉が顔を出そうな場合は、適宜水を足しながら茹でる。

3

2の牛スネ肉が
柔らかくなったら火を止め、
牛スネ肉をそのまま冷ます。

茹であがりの目安は、串を刺してみてスッと入ればよい。そのまま漬けて冷ます。

4

辛味ソース＊に3のスネ肉を
浸し、2日程度漬け込む。

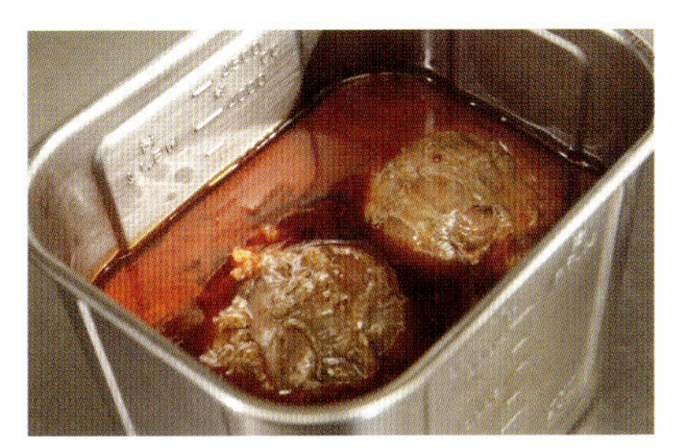

保存容器に辛味ソース＊を入れて2のスネ肉を漬け、冷蔵庫で2日程度漬け込む。

5

4を取り出し、スライスして
器に盛る。

端身は切り落とし、2～3mm厚さにスライスする。

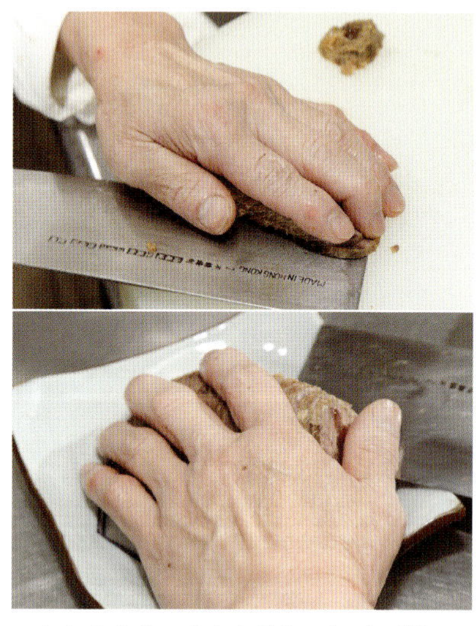

スライスした牛スネ肉を重ねて包丁の腹にのせ、器に盛りつける。

白雲猪手（パッワンチュウサウ）

豚足の酢漬け

Sweet and sour pickled pig foot

白雲猪手（パッワンチュウサウ）

豚足の酢漬け

広東の州都・広州の伝統料理のひとつ。丁寧に下茹でした豚足を甘酢に漬け込んで作る冷菜。〝猪手〟は豚足のこと。〝白雲〟は、昔、広州郊外の白雲山の泉の清らかな水に、茹でた豚足を偶然浸したところ、大変美味しくなったという説話に因む。豚足は茹でて水にさらすことで、なめらかでプルンとした豚足特有の食感に。また茹でる前には、豚足の毛やゴミをきれいに取り除いておくことが、口当たりよく仕上げるポイント。

［材料］作りやすい分量
豚足…2kg
甘酢＊…適量

＊甘酢（➡P.179）
［材料］作りやすい分量
A
　酢…6ℓ
　砂糖…16kg
　赤唐辛子（乾燥）…15本
　水…10.5ℓ
レモン汁…2ℓ
レモンスライス…4個分

1 Aを合わせて火にかけ、砂糖が溶けたら火からおろす。
2 粗熱がとれたら、レモン汁とレモンスライスを加える。

＊この甘酢は野菜の甘酢漬けにも使うことができる。

1 豚足は1本を1/8に切る。
2 熱湯を沸かして1の豚足を茹で、冷水にとって流水で洗う。
3 2の水気をふいてバットに並べ、残った毛やゴミをバーナーで焼ききる。
4 熱湯を沸かして3の豚足を入れ、1時間半程度茹でる。
5 4の豚足を流水で洗って、骨をはずし、再び流水できれいに洗って水気をふく。
6 5の豚足を甘酢＊適量に入れ、3〜4日漬け込む。

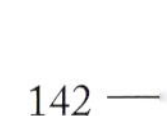

1

豚足は1本を
1/8に切る。

豚足を切る。1本を1/8カットにする（1個50～60g）。

2

熱湯を沸かして
1の豚足を茹で、冷水にとって
流水で洗う。

豚足の色が変わる程度に茹でたら、取り出して冷水にとり、流水で汚れを丁寧に洗い流す。

3

2の水気をふいてバットに並べ、
残った毛やゴミを
バーナーで焼ききる。

バットに並べ、残った毛やごみがあれば、ガスバーナーを当てて焼ききる。

豚足を裏返して、反対面からも同様にバーナーの火を当てて、毛やゴミを焼く。

この段階で丁寧に掃除をしておくことが仕上がりの口当たりの良し悪しにつながる。ただしバーナーを当て過ぎると、焦げて色が悪くなるので注意する。

4

熱湯を沸かして
3の豚足を入れ、
1時間半程度茹でる。

鍋底に竹網をしいて熱湯を沸かし、3の豚足を入れる。竹網を敷いておくと、火のあたりが和らぐ。

表面が静かに煮立つ程度の火力を保ちながら、弱火でじっくり煮る。途中、水分が蒸発して少なくなったら適宜水を足す。

1時間半、火にかけた状態の豚足。ゆで汁が白濁するくらいじっくりと煮込む。

5

4の豚足を流水で洗って、骨をはずし、再び流水できれいに洗って水気をふく。

茹でた豚足を流水で洗いながす。

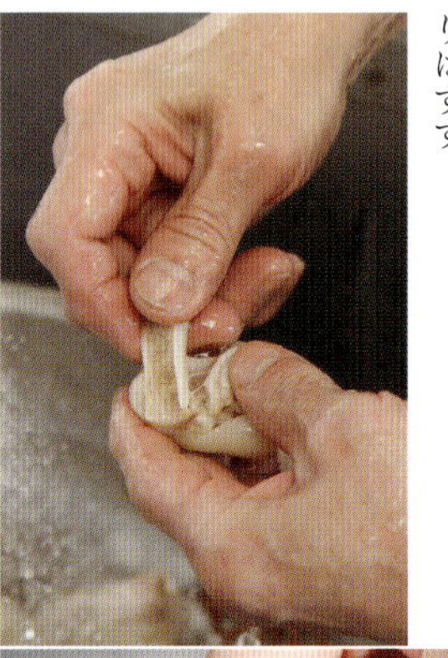

流水に漬けながら、豚足の太い骨を取りはずす。

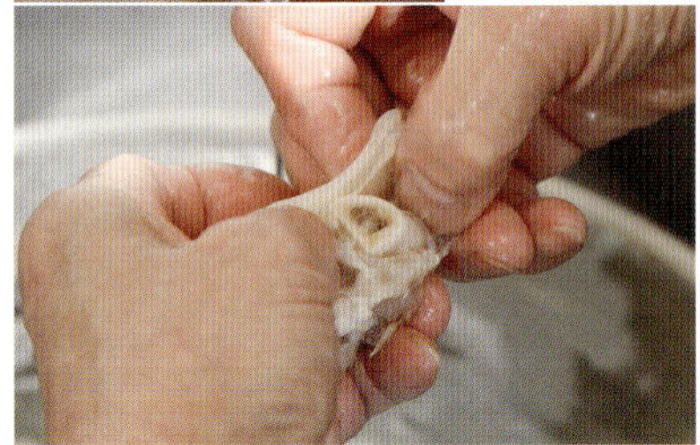

骨をはずしたら、再び流水で洗ってきれいにする。

丁寧に下処理を施した豚足。水気をきり、表面の水分をふいておく。

6

5の豚足を甘酢＊適量に入れ、3〜4日漬け込む。

5の豚足を甘酢＊に3〜4日漬け込む。適宜、取り出して器に盛る。

伝統名菜

臘肉　干し豚バラ肉
Chinese bacon

正宗塩焗鶏　龍皇赤鶏の岩塩包み焼き
Steamed chicken wrapped rock salt

富貴鶏　鶏の古式包み焼き
Beggar's chicken

腊肉（ラップヨッ）

干し豚バラ肉

Chinese bacon

腊肉

（ラップヨッ）

干し豚バラ肉

「腊」という字は旧暦12月のことを指し、その寒く乾燥した時期に肉を干して保存食としたことが由来とされる。皮付き豚バラ肉をたれに漬けた後、長期保存に耐えられるよう、カチカチになるまで風干しして水分をとばす。広東では冬になると家の軒先や路上など、あちこちで肉を干す風景が風物詩となっている。「腊肉」は蒸し直しただけでも酒肴になるほか、炒め物、炊き込みご飯、スープなど、多彩な料理に活用されている。

［材料］作りやすい分量

皮付き豚バラ肉
（ブロック）…1枚（約5kg）
柱候醤＊…75g

A
長ねぎ…1本
生姜…1かけ
花椒…30粒

B
紹興酒…400g
汾酒（白酒）…150g
玫瑰露酒…30g

C
醤油…2kg
上白糖…800g

老抽＊…適量

1 皮付きの豚バラ肉は、1.5cm幅にスライスする。
2 1の豚バラ肉に柱候醤をまんべんなく塗り込む。
3 ボウルにBを合わせ、Aの長ねぎと生姜は包丁の腹で叩く。
4 2の豚バラ肉をボウルに入れ、3の酒類と香味野菜を加えてラップをかけ、約1時間漬ける。
5 別のボウルにCを合わせ、4に加えて混ぜる。
6 5に重石をしてラップをかけ、冷蔵庫で約4時間漬ける。
7 6の豚バラ肉を取り出して老抽を塗る。
8 7を金串に刺して、風通しのよい場所に吊るす。
9 8を風通しのよい場所で10～14日風干しにする。
10 蒸気のあがった蒸し器に9を入れて蒸し直す。
11 10の皮だけ薄くそぎ切りにして、器に盛る。

＊候柱醤
大豆、小麦粉を原料とする味噌に生姜、にんにく、砂糖、ごま油などを合わせた広東特有の合わせ味噌。肉料理によく使う。ここでは「龍天門」自家製の候柱醤を使用。

＊老抽
生抽（中国醤油）にカラメルを加えて色づけした醤油で。中国のたまり醤油。甘みが強く、主に料理の色づけに用いる。

1

皮付きの豚バラ肉は、1.5cm幅にスライスする。

皮付きの豚バラ肉1枚を使用。皮はコラーゲンが豊富で特有の食感があり、柔らかな赤身と脂肪が交互に層になっているため、肉を干してもパサつきにくく、独特の食感とうまみがある。

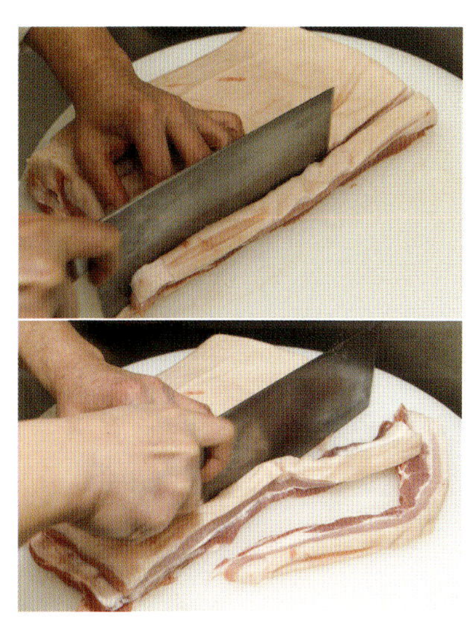

皮付きの豚バラ肉は、端身を切り落としてから、1.5cm幅に切り分ける。

2

1の豚バラ肉に柱候醤をまんべんなく塗り込む。

1の豚バラ肉を一本ずつ、手で候柱醤をしっかりと塗り込む。

3

ボウルにBを合わせ、Aの長ねぎと生姜は包丁の腹で叩く。

ボウルにB（紹興酒、汾酒、玫瑰露酒）を合わせ入れる。

Aの長ねぎは10cmくらいの長さに切り、包丁の腹で叩く。生姜もスライスして包丁の腹で叩いておく。

4

2の豚バラ肉をボウルに入れ、3の酒類と香味野菜を加えてラップをかけ、約1時間漬ける。

2の豚バラ肉をボウルに入れ、3の香味野菜と花椒をのせ、合わせた酒を加えて全体になじませる。

ラップをぴったりとかけ、そのまま約1時間おいて漬ける。

5

別のボウルにCを合わせ
4に加えて混ぜる。

別のボウルにC（醤油、砂糖）を合わせ、砂糖が溶けるまで泡立て器で混ぜる。

4に合わせたCを加え、全体になじませる。

6

5に重石をして
ラップをかけ、冷蔵庫で
約4時間漬ける。

肉が上がってこないよう、皿などで重しをして漬け汁にしっかりと浸かるようにする。ラップをかけ、冷蔵庫で約4時間漬ける。

7

6の豚バラ肉を取り出して
老抽を塗る。

漬け汁から6の豚バラ肉を取り出し、ざるにのせて汁気をきる。

一本ずつ老抽をまんべんなく塗り込む。

8

7を金串に刺して、
風通しのよい場所に吊るす。

7に金串（叉焼針：P.16）を刺しす。金串は脂身と赤身の両方を貫通するように刺す。

＊脂身の部分だけに刺すと、加熱した際に脂身が溶けて金串が抜けやすくなる。

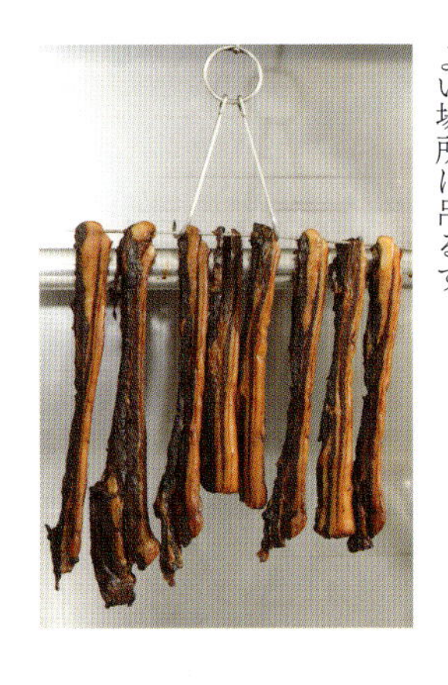

フック（叉焼針：P.16）にかけ、風通しのよい場所に吊るす。

9

8を風通しのよい場所で10〜14日風干しにする。

4〜5日風干ししたもの。まだ水分があり、ややしっとりとしている。

14日以上、風干しにしたもの。水分がほとんどないカチカチの状態にする。

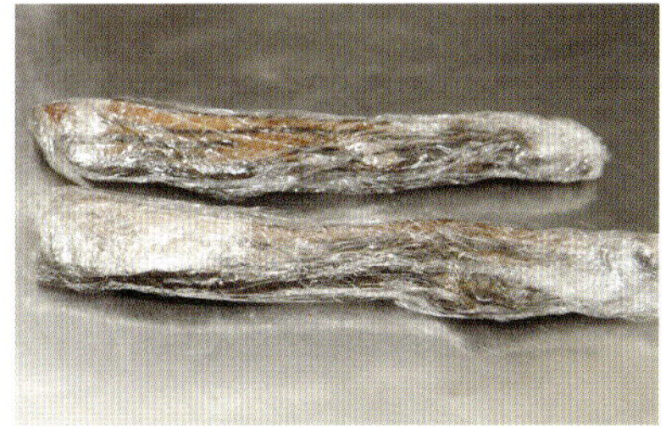

14日以上干して充分に乾燥したものは、ラップにぴったりと包んで冷凍保存する。この状態で半年程度保存可能。

10

蒸気のあがった蒸し器に9を入れて蒸し直す。

カチカチに乾燥した9にせん切りにした生姜をのせ、蒸気のあがった蒸し器に入れて10分程度蒸す。

蒸しあがった腊肉。蒸し汁が出てふっくら、しっとりとした状態に戻ればよい。

＊料理に使う場合、蒸し汁も使うのでとっておく。

11

10の皮だけ薄くそぎ切りにして、器に盛る。

皮の表面は蒸し直しをしても固く、口当たりがよくないので、ごく薄く切りとる。

豚バラ肉を斜めにスライスして器に盛る。

「腊肉」を使った料理

腊肉（干し豚バラ肉）があれば、ほどよい塩気と旨み、脂のコクを生かし、炊き込みご飯や炒め物、煮込みやスープなど多彩な料理に活用できるので重宝する。

西芹炒腊肉

（サイ カン チャオ ラッ ヨッ）

セロリと干し豚バラ肉の炒め物

爽やかなセロリに
腊肉のうまみがよく合う

［作り方］

1 腊肉（P.148）は10分程度蒸して戻してから、そぎ切りにする。蒸し汁はとっておく。
2 野菜類（セロリ、キクラゲ、赤パプリカ、菜の花）は、それぞれ食べやすく切り、サッと油通ししておく。
3 鍋に油を熱して1と2の材料を入れ、1の腊肉の蒸し汁、二湯（P.179）、オイスターソース各適量で調味して炒め合わせる。

腊味煲仔飯

干し豚バラ肉の香港風土鍋ご飯

香港名物〝煲仔飯〟の定番メニュー。

［作り方］

1 米を洗って水気をきり、土鍋に洗った米、米と同量の水を入れてふたをして強火にかける。沸いてきたら中火にして一度ご飯をザッとかき混ぜ、10分程度炊く。
2 1の上に腊肉（P.148）を蒸し汁ごと入れ、ほどよく炊き上げる。

腊味糯米飯

干し豚バラ肉のもち米ご飯

行事食としても親しまれているご飯物

［作り方］

1 もち米1.2kgは洗って水に2時間漬けて水気をきり、蒸気の上がった蒸し器で50分程度蒸す。
2 干しエビ・干し貝柱各水で戻す（それぞれ戻し汁はとっておく）。戻した干しエビ50gはみじん切りにする。干し貝柱は戻したもの50を使用。干し椎茸も水で戻したもの75gをみじん切りにする。
3 焼腸（P.45）・腊肉（P.148）各75gは、蒸気の上がった蒸し器で約10分蒸す。蒸し汁はとっておく。
4 合わせ調味料［砂糖25g、塩・醤油・老抽各15g、オイスターソース10g、胡椒少々、干しエビ・干し貝柱・干し椎茸（各戻し汁）各25g、ラード30g、油20g、ごま油15g］を合わせておく。
5 蒸し上がった1のもち米に、4の合わせ調味料、チャーシュー（粗みじん切り）75g、3の腊肉と焼腸を5mm角程度に切って混ぜ合わせる。
6 5をバットなどに入れて蒸し器で約30分蒸す。蒸し上がったら器に盛り、薄焼き玉子（細切り）100g、ねぎ（みじん切り）・香菜・ピーナッツ各適量をトッピングする。

正宗塩焗鶏（チェン チョイ イン コッ カイ）

龍皇赤鶏の岩塩包み焼き

Steamed chicken wrapped rock salt

正宗塩焗鶏

チェン チョイ イン コッ カイ

龍皇赤鶏の岩塩包み焼き

広東料理の一派である客家料理の伝統菜としても知られる一品。丸鶏を風干しにして、腹の中に香辛料や香味野菜を詰め、たっぷりの粗塩の中に入れて蒸し上げる。塩で包み込んで蒸すため、熱の入り方がやわらかく、塩蒸しにされた鶏肉は旨味がギュッと凝縮して深みが増す。一般的な蒸し鶏とは一線を画する贅沢な美味しさが堪能できる。塩を取り除く際に広がる香りも演出として効果的。爽やかな風味の香味野菜のたれを添えて供する。

［材料］1羽分
丸鶏(中抜き)…1羽(2kg)
岩塩(粗粒)…5kg

●詰め物
A
- 香菜(根付き)…40g
- エシャロット…100g
- 生姜(皮をむく)…100g
- チキンパウダー…20g
- 塩…20g
- 沙姜粉(乾燥生姜半分)…少々
- 玫瑰露酒…少々

八角…2個

香菜・揚げねぎ…各適宜
生姜だれ＊…適量
ねぎ生姜ソース(P.180参照)…適量

＊生姜だれ(➡P.181)
［材料］作りやすい分量
- 生姜(すりおろし)…40g
- チキンパウダー…2g
- オイスターソース…10g
- 白絞油…30g

1 ボウルに生姜のすりおろし、チキンパウダー、オイスターソースを入れ、熱々に熱した油をジュッとまわし入れてよく混ぜる。

●「鶏の岩塩包み焼き」をつくる
1 丸鶏を熱湯に入れ、鳥肌が立ち、皮が張るまで茹でる。
2 1を冷水につけ、取り残した羽根を毛抜きで抜いて掃除する。
3 「鶏の岩塩包み焼き」の詰め物をつくる。
4 2の鶏の尻部分から3の詰め物と八角を入れ、ガーゼを詰め入れて口を閉じる。
5 土鍋に粗塩をしき、4の鶏を入れて、粗塩を盛り入れる。
6 5にラップをかけて、蒸し器で約90分蒸す。

●卓上で「鶏の岩塩包み焼き」を披露する。
7 6を客前に運び、木槌で叩いて塩を割り、鶏を取り出す。
8 一旦、鶏を客前から下げ、鶏肉をきれいにする。

●切り分けて、器に盛る
9 8の頭を切り落とす。
10 背に沿って縦半分に切り、半羽①、②に分ける。
11 詰め物を取り出す
12 半羽①を「手羽」「背」と「胸・モモ」部分に切り分ける。
13 半羽①の「胸」部分を切り分ける。
14 半羽②を「手羽」、「背」と「胸・モモ」部分に切り分ける。
15 半羽②の「胸」部分を切り分ける。
16 半羽①、②の「モモ」部分をそれぞれ切り分ける。
17 半羽①、②の「胸」部分から、ササミを切り離す。
18 半羽①、②の「背」部分を切り分けて器に盛る。
19 半羽①、②の残りの「モモ」部分を切り分けて器に盛る。
20 半羽①、②の「手羽」部分を切り分けて器に盛る。
21 頭を切り分けて器に盛り、 揚げねぎと香菜を飾り、たれを添える。

◉「鶏の岩塩包み焼き」をつくる

1

丸鶏を熱湯に入れ、鳥肌が立ち、皮が張るまで茹でる。

丸鶏は中抜きしたものを用意する。頭を持ちながら熱湯に入れ、玉杓子で熱湯をまわしかける。皮がピンと張り、鳥肌が立つまで熱湯をまわしかける。

2

1を冷水につけ、取り残した羽根を毛抜きで抜いて掃除する。

素早く冷水にとり、粗熱をとる。

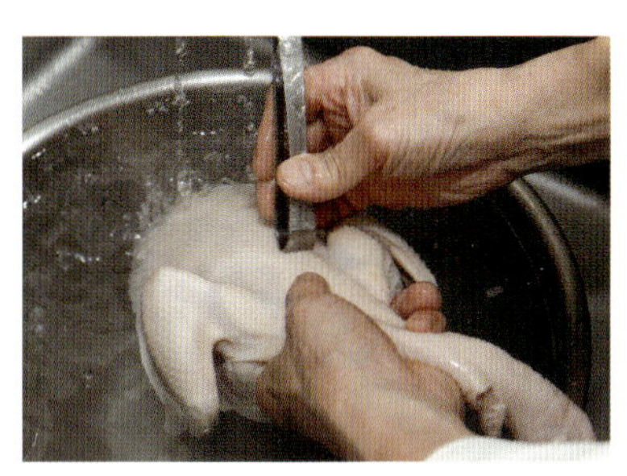

流水で流しながら、残った羽根があれば、毛抜き（ピンセット）で抜く。

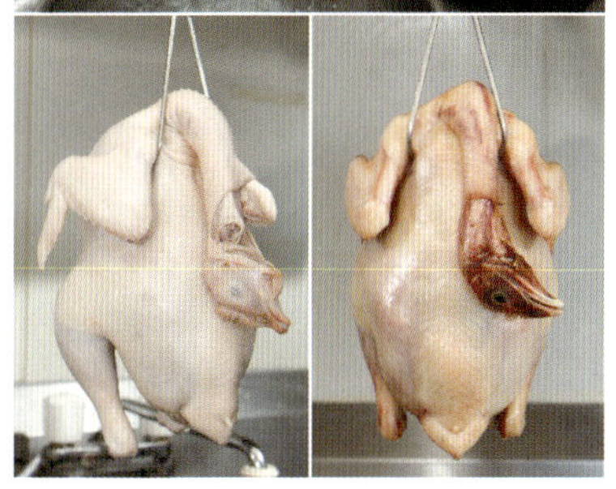

フック（焼鶏環：P：16）を刺して水から引き上げて水気をきり（左）、風通しのよい場所に約3時間吊るして皮を完全に乾かす（右）。

3

「鶏の岩塩包み焼き」の詰め物をつくる。

Aの材料をボウルに合わせ入れ、手でよくなじませる。

全体に味がなじんで、水気が出てくるまで混ぜる。

4

2の鶏の尻部分から3の詰め物と八角を入れ、ガーゼを詰め入れて口を閉じる。

尻部分から3の具を詰め入れたら、ガーゼを丸めて詰め口に入れて閉じる。

＊ここでは頭を残つけたまま蒸しているが、頭を切り落として蒸す場合は、蒸している間に切り口から塩分が入っていかないよう、切り口にガーゼを当てておくとよい。

5

土鍋に粗塩をしき、4の鶏を入れて、粗塩を盛り入れる。

土鍋の底に粗塩をしく。

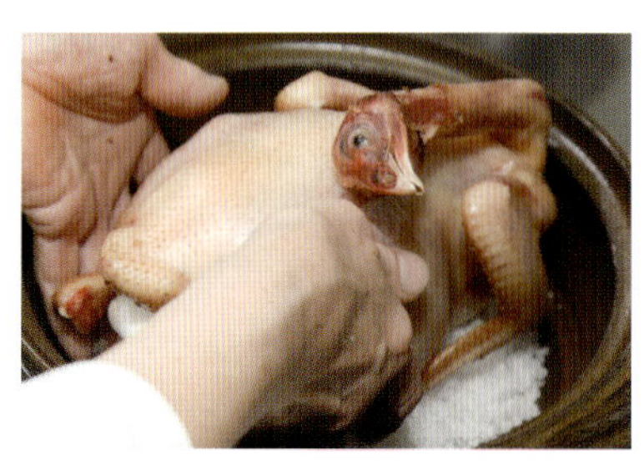

4の鶏は腹を下にして置く。この時、くちばしを上にむけておく。

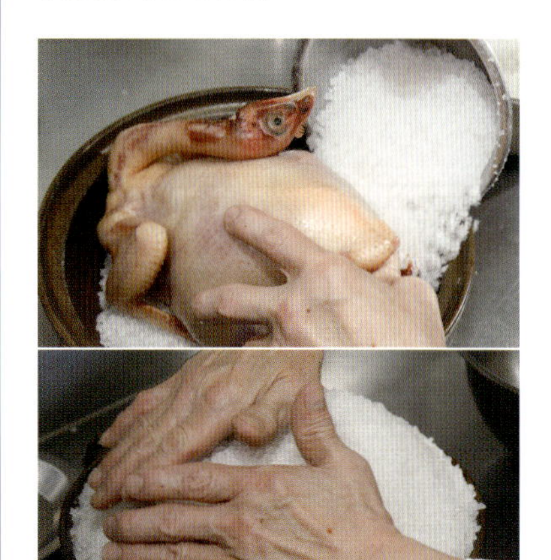

鶏が見えなくなるまで粗塩を入れ、山盛りにして手で形を整える。

この時くちばしの先が少しだけ見えるようにしておく。こうすることで、鶏の位置の見当がつけやすくなる。

6

5にラップをかけて、蒸し器で約90分蒸す。

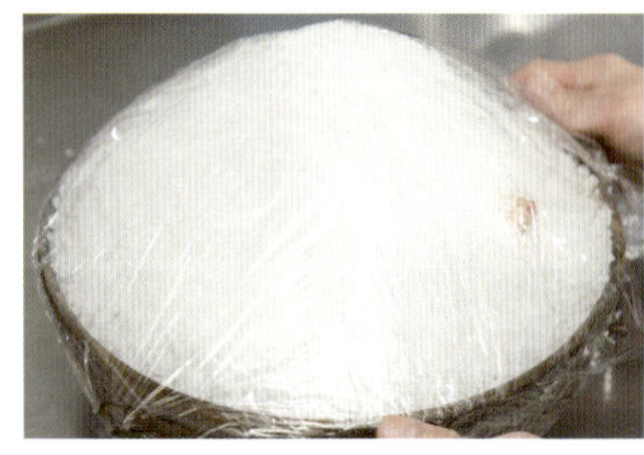

蒸す際に水蒸気が入らないように、ラップを三重にかけ、ぴったりと密着させておく。

蒸気の上がった蒸し器に入れ、約90分蒸す。

蒸し上がったら、ラップをしたままおいて粗熱をとる。

◉卓上で岩塩包み焼きを披露する

7

6を客前に運び、木づちで叩いて塩を割り、鶏を取り出す。

土鍋をトレイにのせて客前に運ぶ。

塩を木づちで割るときは慎重に。強く叩くと、塩の中に埋まっている鶏皮が破れてしまう場合があるので注意する。

塩にひびが入ったら、鶏を傷つけないよう、丁寧に塩を取り除きながら取り出す。

8

一旦、鶏を客前から下げ、鶏肉をきれいにする。

残りの粗塩を取りのぞく。大きめのボウルに塩焼きの土鍋を入れて作業すると、塩が飛び散るのを防ぐことができる。

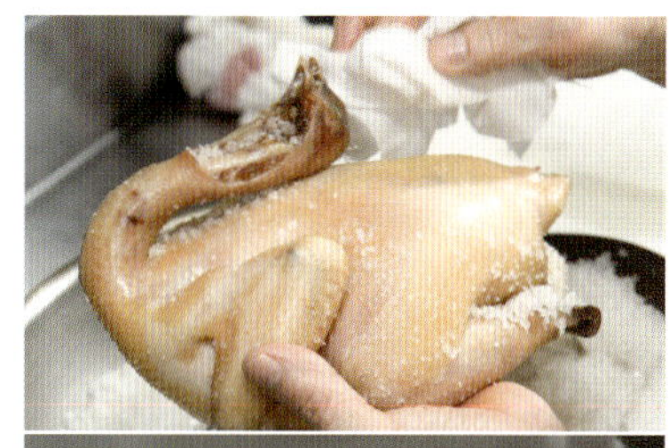

鶏についている塩を、ペーパータオルなどで優しくふきながら、きれいにする。

◉切り分けて、器に盛る

9

8の頭を切り落とす。

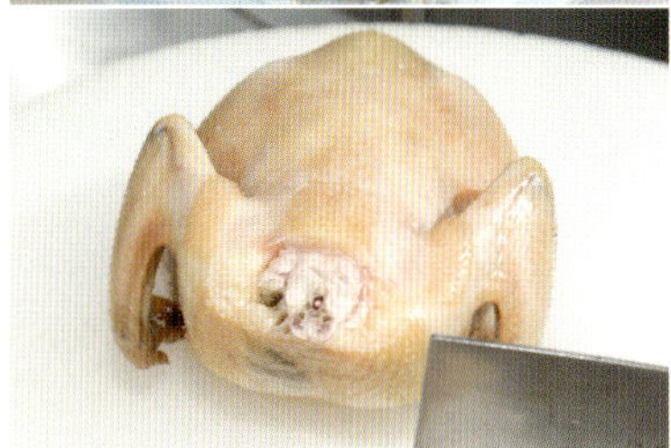

8の首を付け根から切り落とす。(➡手順21)

10

背に沿って縦半分に切り、半羽①、②に分ける。

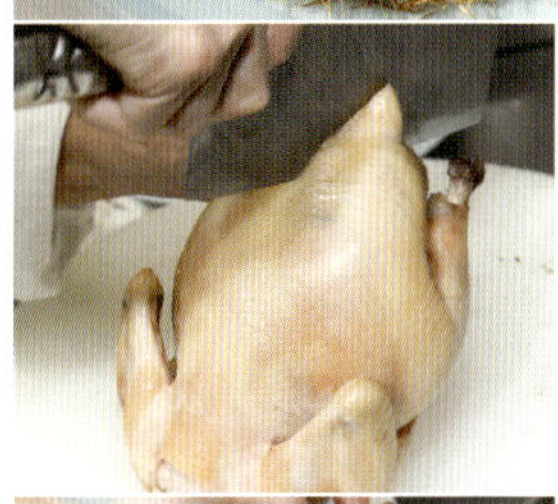

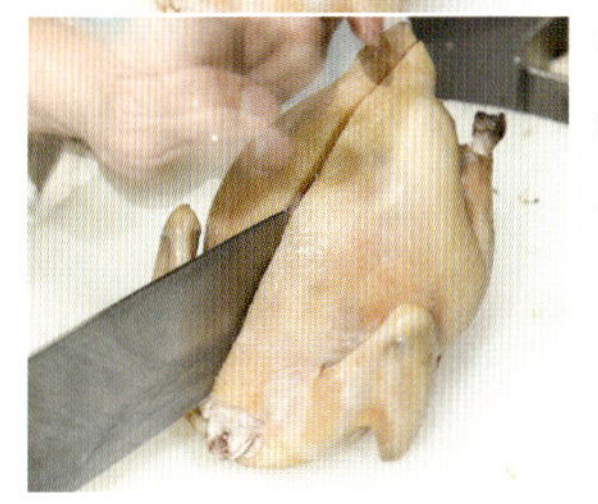

尻部分を上にして置き、尻に詰めていたガーゼを取り除く。ボンジリ部分から包丁を入れ、背に沿って縦半分に切って、半羽①、②に分ける。

11

詰め物を取り出す

半分に切り分けたら、腹の中の詰め物を取り出す。

12

半羽①を「手羽」「背」と「胸・モモ」部分に切り分ける。

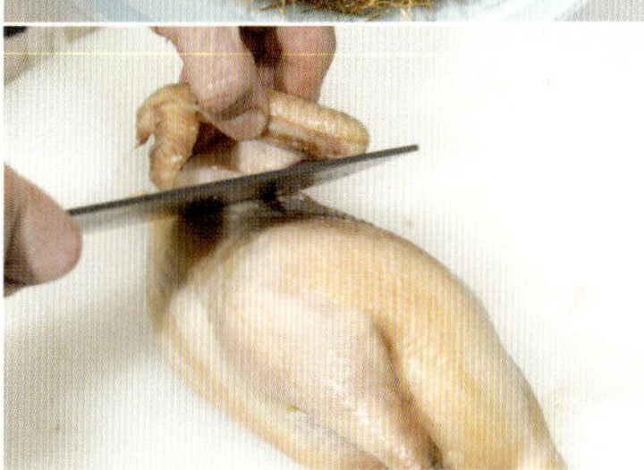

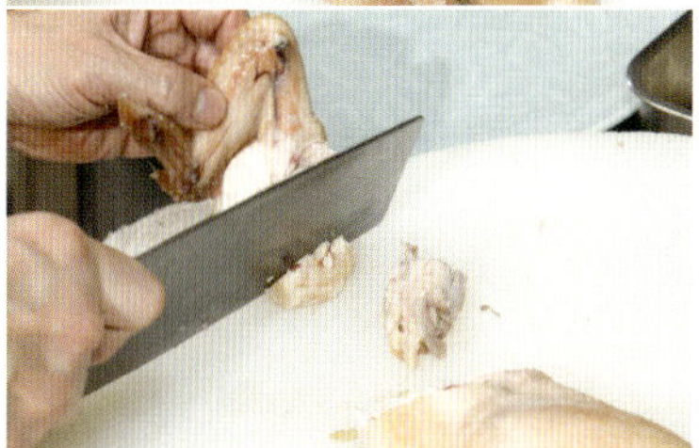

半羽①の手羽を持ち上げて、付け根で切り落とす(➡手順20)。

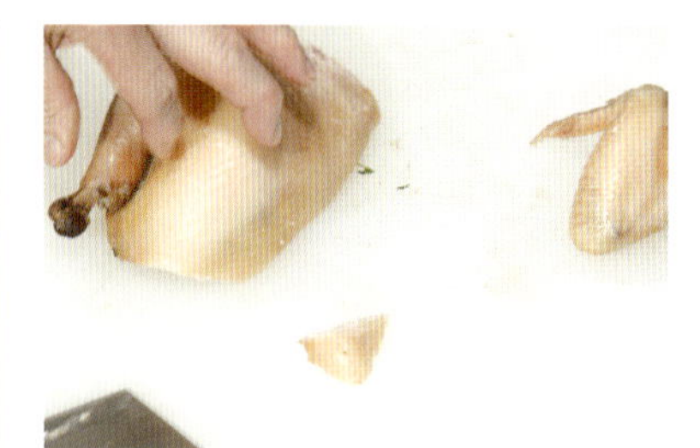

ボンジリ部分は切り落とす。

次に「胸・モモ」と「背」部分に切り分ける。

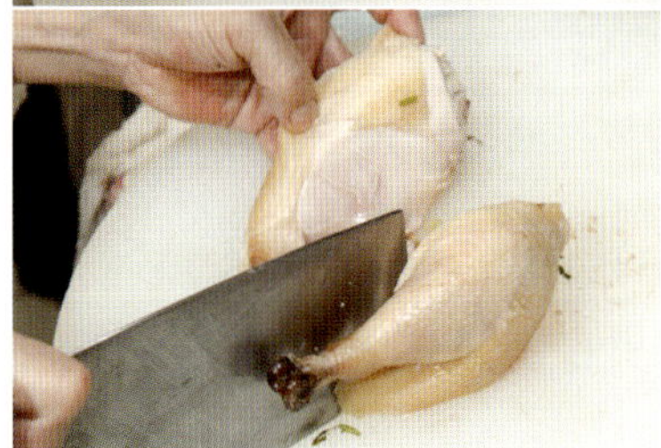

「胸・モモ」部分を、「胸」（➡手順13）と「モモ」部分（➡手順14）に切り分ける。

13

半羽①の「胸」部分を切り分ける。

「胸」部分の身側（ササミを含む部分）を切り落とし、厚みを揃える。皮目を上にして置き、端身も切り揃えて食べやすい幅に切り分ける。

＊ササミは後で切り分けて盛るのでおいておく（➡手順16）。

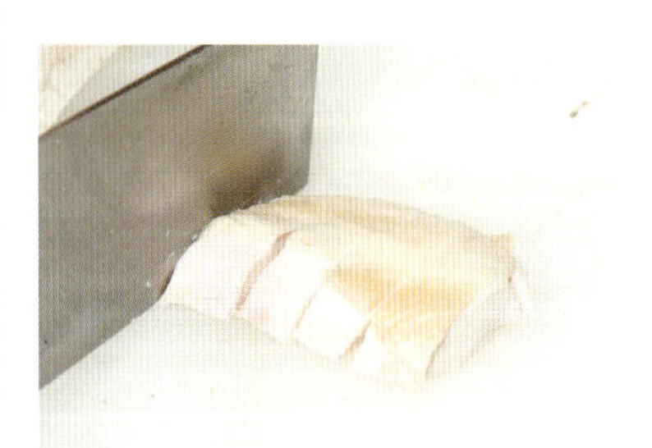

食べやすい幅に切り分ける。

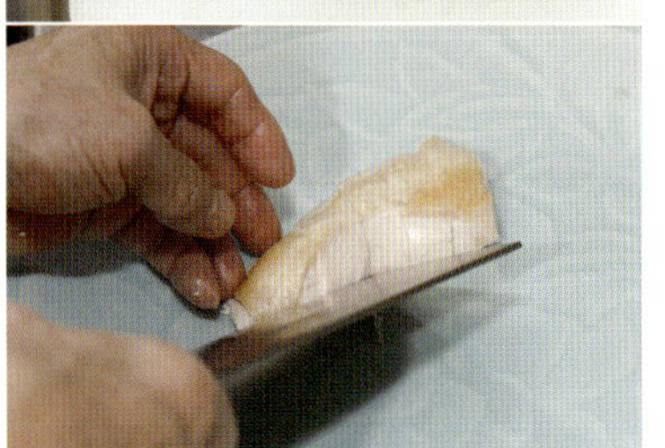

形を整えて包丁の腹にのせ、器に盛る。

14

半羽②を「手羽」、「背」と「胸・モモ」部分に切り分ける。

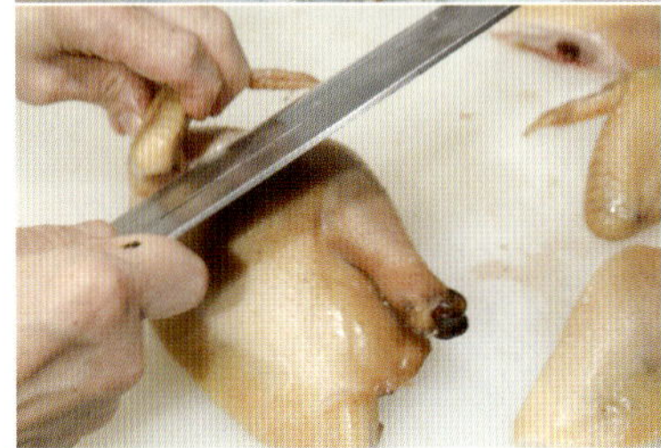

「手羽」を持ち上げ、付け根で切り離す。端身は切り整える。

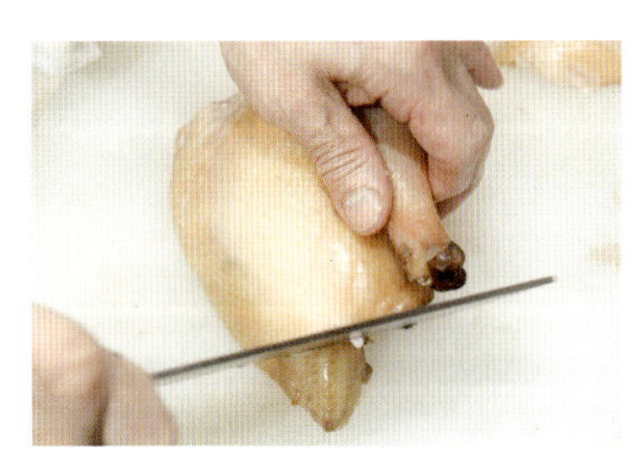

ボンジリ部分は切り落とす。

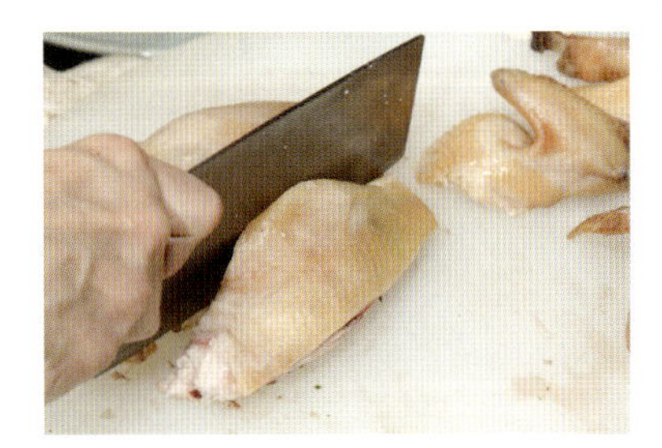

さらに「胸・モモ」と「背」部分に切り分ける。

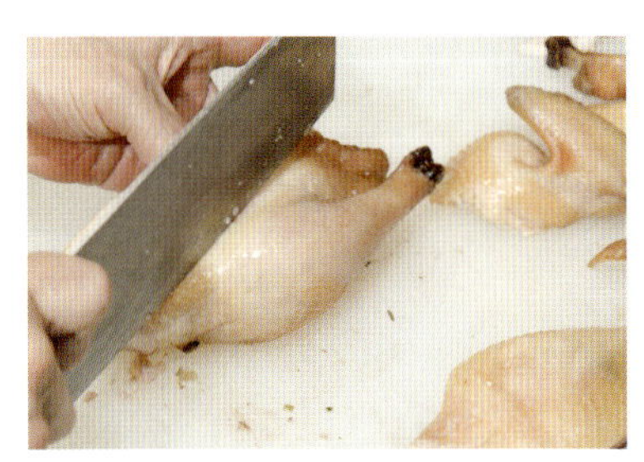

切り分けた「胸・モモ」部分を、「胸」（➡手順15）と「モモ」（➡手順16）部分に切り分ける。

15

半羽②の「胸」部分を切り分ける。

「胸」部分の身側（ササミを含む部分）を切り落とし、厚みを揃える。皮目を上にして置き、端身も切り揃えて食べやすい幅に切り分ける。

＊ササミは後で切り分けて盛るのでおいておく（➡手順17）。

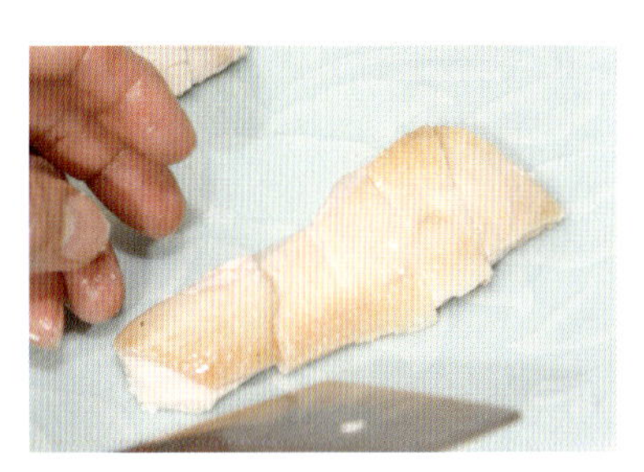

形を整えて包丁の腹にのせ、器に盛る。

16

半羽①、②の「モモ」部分をそれぞれ切り分ける。

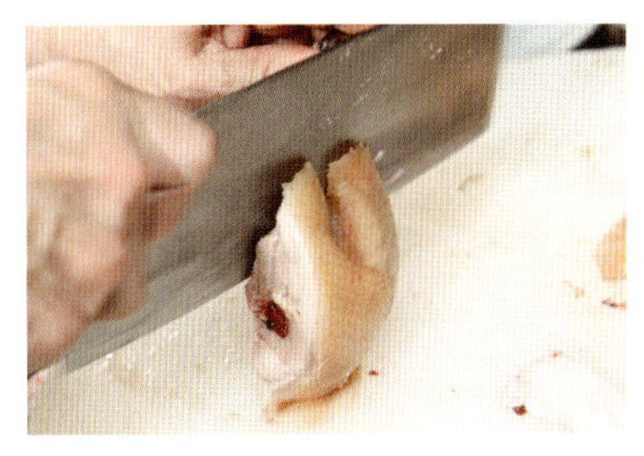

「モモ」部分を立てて持ち、骨をそぐように垂直に包丁をおろして切り分ける。

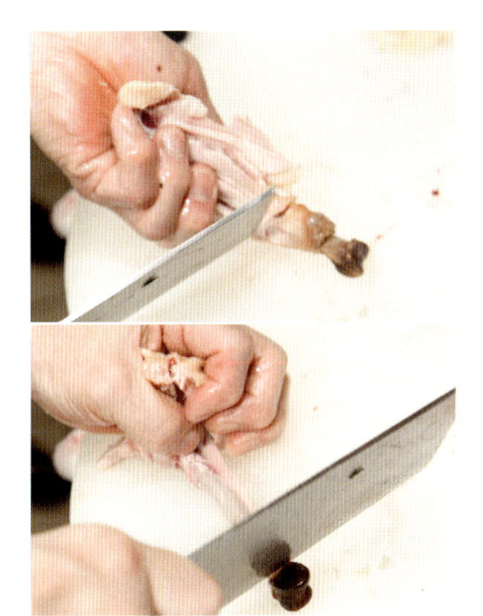

骨付き部分の足首あたりにぐるりと包丁で切り込みを入れ、モモ肉を骨からはずす。

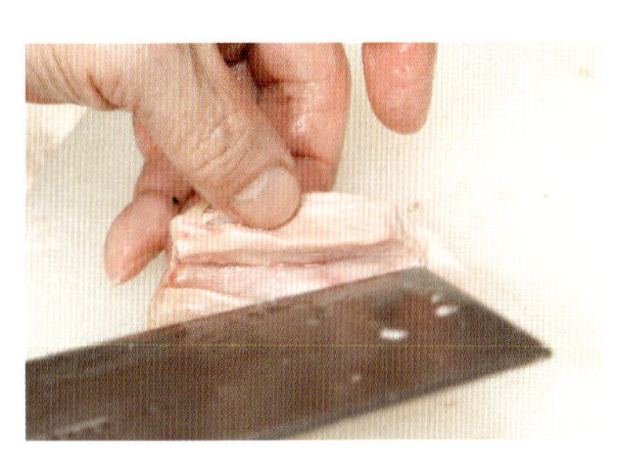

骨から切り離した「モモ」部分を食べやすい幅に切り分ける。

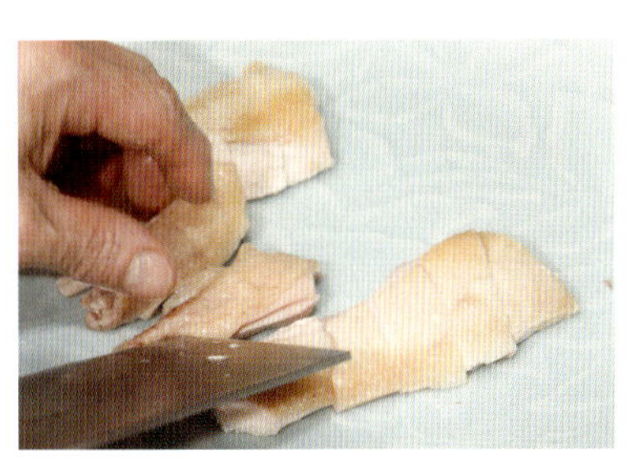

器に切り分けた半羽①と②のモモ肉（骨をはずしたもの）をそれぞれ盛る。残りのモモ肉部分は後で盛るので、おいておく（➡手順19）。

17

半羽①、②の「胸」部分から、ササミを切り離す。

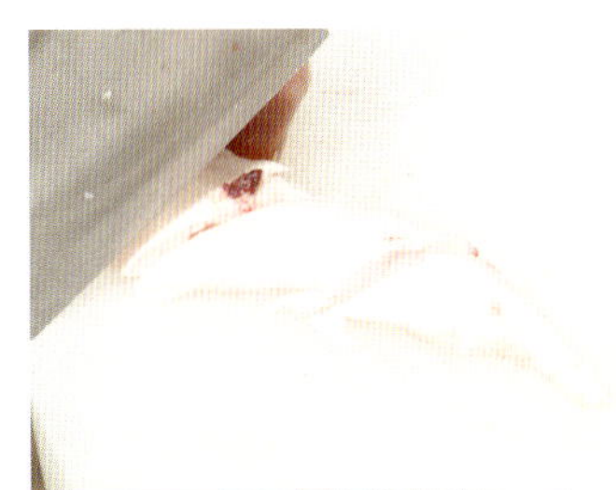

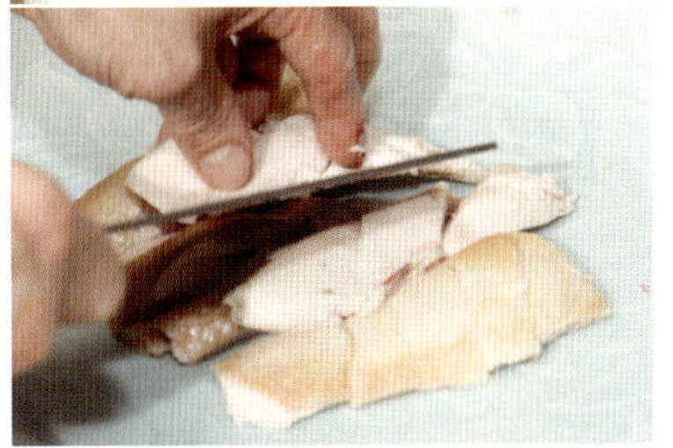

手順13、15で切り離した半羽①②の胸肉から、ササミを切り離し、食べやすい幅に切り分けて器に盛る。

18

半羽①、②の「背」部分を切り分けて器に盛る。

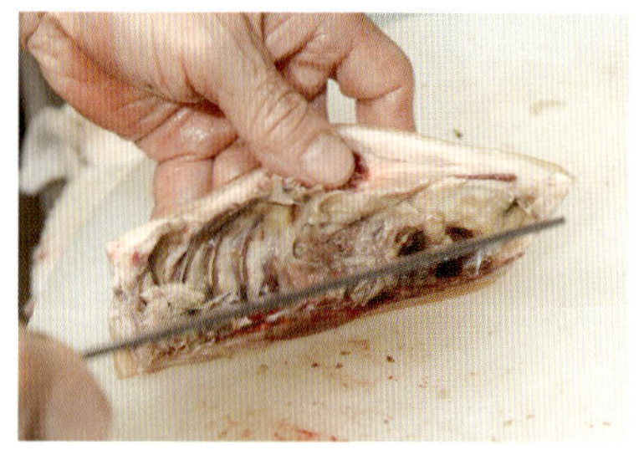

腹側に具が残っていたら、包丁の刃で軽くこそげ落とし、身側の骨の凹凸を切り落として平らにする。

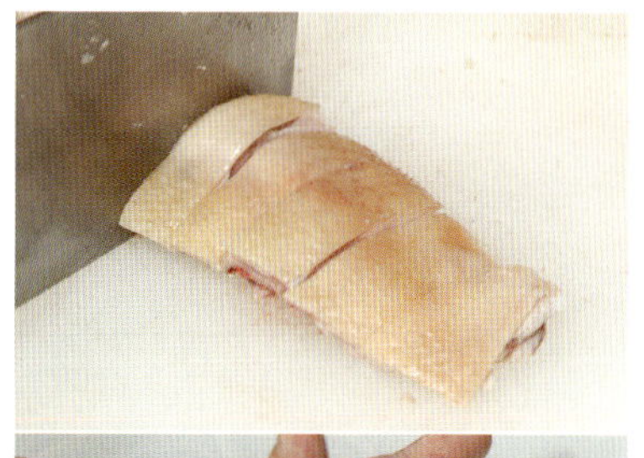

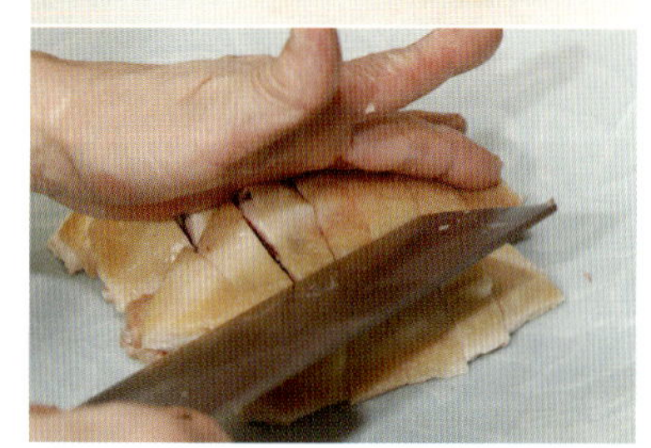

形を切り整えて、食べやすい幅に切り分け、器にそれぞれ盛る。

19

半羽①、②の残りの「モモ」部分を切り分けて器に盛る。

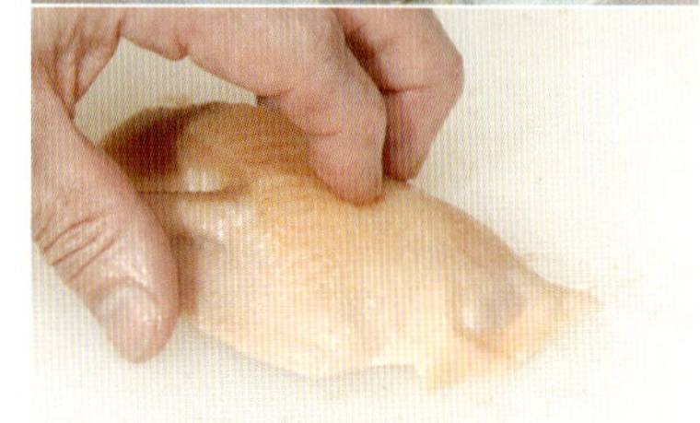

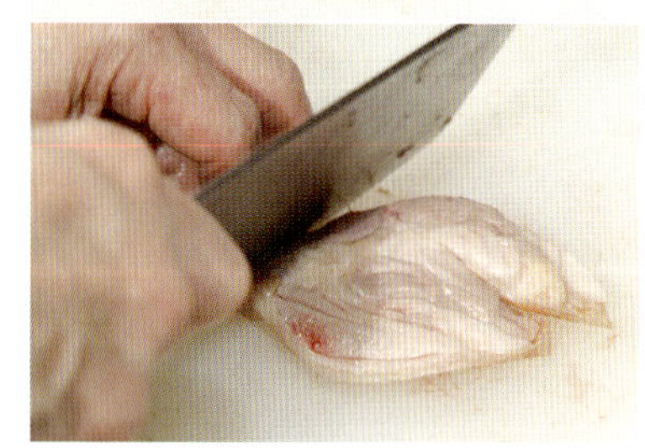

骨やスジを切り落として形を整える。

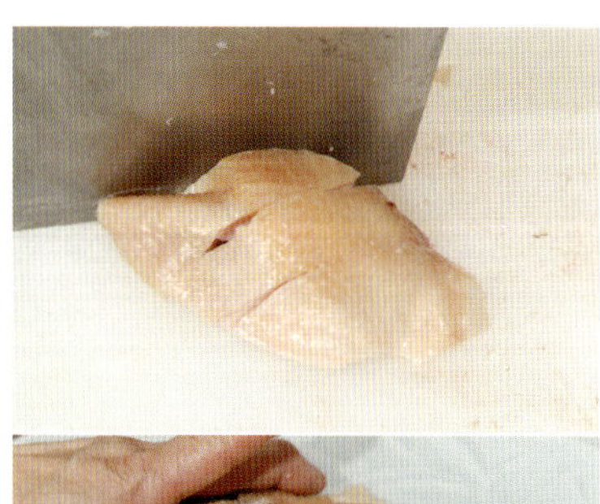

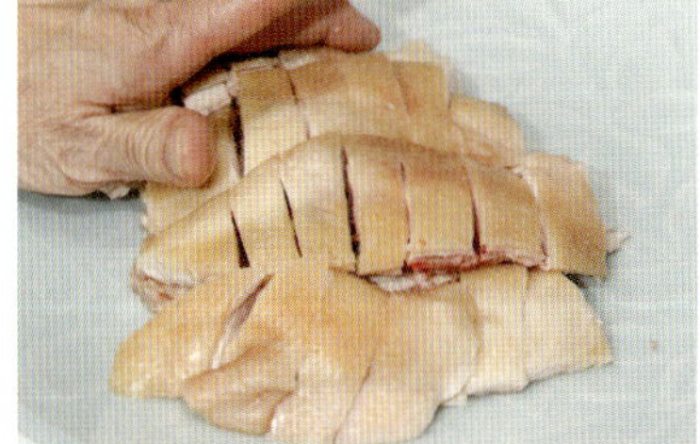

食べやすい幅に切り分けて器に盛る。

20

半羽①、②の「手羽」部分を切り分けて器に盛る。

手羽先を関節で切り離す。

21

頭を切り分けて器に盛り、
揚げねぎと香菜を飾り、
たれを添える。

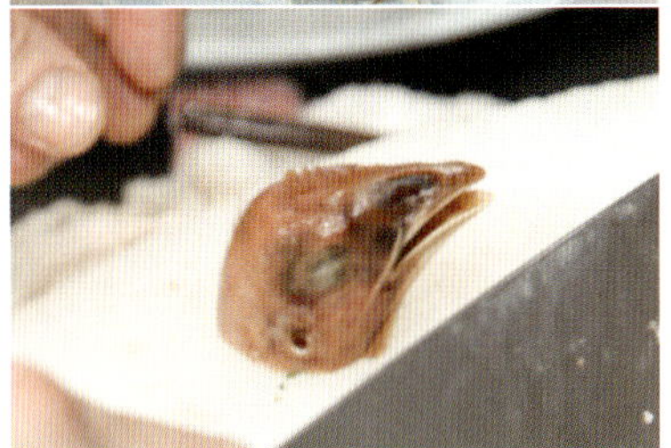

頭を切り離して、器に盛る。

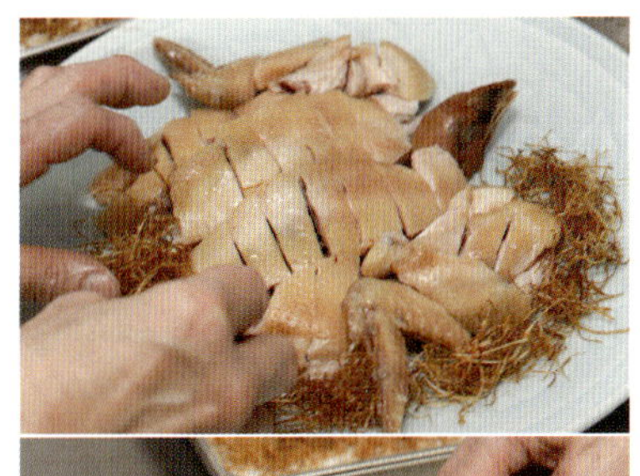

鶏のまわりには、素揚げにした白髪ねぎと香菜を飾り、生姜だれ、ねぎ生姜ソースを別器に入れて添える。

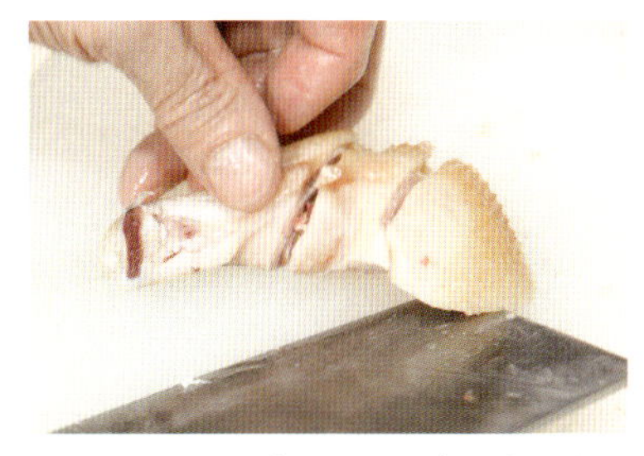

手羽元は骨ごと食べやすい幅に切り分けて器に盛る。

手羽先も食べやすく切り、形を整えて、手羽元の上に重ねるようにして器に盛る。

富貴鶏（フウクァイカイ）

鶏の古式包み焼き

Beggar's chicken

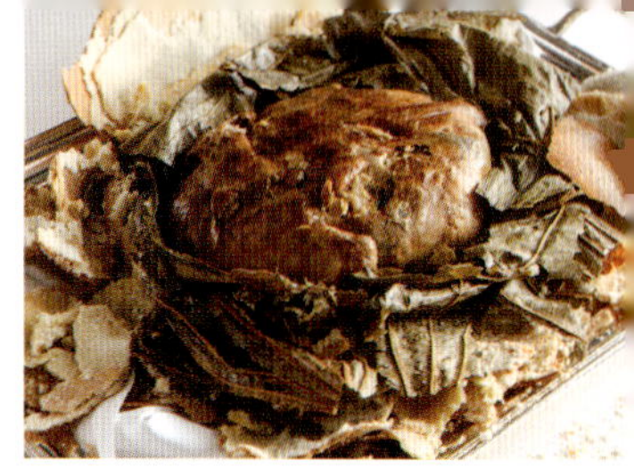

富貴鶏（フウクァイカイ）

鶏の古式包み焼き

江南地方の伝統名菜で、別名「乞食鶏」。その由来は諸説あるが、昔、鶏を盗んだ泥棒が見つかりそうになり、慌てて鶏に泥を塗って近くの焚き火に放り込んで逃げ、後から鶏を掘り出したところ、鶏が大変柔らかく美味しかったという。ここでは具を詰めた丸鶏を蓮の葉で包み、泥ではなくパイ生地で包んでオーブンで焼く。焼き上がりを卓上で供し、鶏肉と具の旨味、香り、肉汁が混然一体となった美味しさを贅沢に楽しんでもらう。

［材料］作りやすい分量

丸鶏（中抜き）…1羽
玫瑰露酒…適量
老抽（中国たまり醤油）…適量

◉詰め物
冬菜（粗みじん切り）…50g
うずら卵（水煮）…8個
腐竹（中国湯葉：戻したもの）…15g
椎茸（薄切り）…50g
銀杏…8個
蓮根（いちょう切り）…50g
鶏胸肉（薄切り）…150g
豚ロース肉（薄切り）…100g
鶏油…30g
春雨（戻したもの）…50g

A
生姜…50g
長ねぎ…80g
にんにく…50g

B
スープ（二湯）…1000ml
干し貝柱の戻し汁…50g
生姜汁…少々

C
オイスターソース…40g
老抽（中国たまり醤油）…15g
塩…7.5g
胡椒…少々
砂糖…30g

水溶き片栗粉…適量
ごま油…30g

◉水皮
強力粉…90g
薄力粉…600g
砂糖…5g
重曹…4g
カスタードパウダー…40g
ラード…180g
水…300ml

◉油皮
薄力粉…375g
ラード…180g

蓮の葉…3枚
溶き卵…適量

◉詰め物を作る
1 詰め物の材料を準備する。
2 1の冬菜は熱湯で茹でてから鍋で空炒りする。
3 うずらの卵、腐皮、椎茸は、湯通しする。銀杏、蓮根は油通ししておく。
4 鶏胸肉、豚肉は油通しをする。
5 鍋に鶏油を熱し、Aの生姜、にんにく、ねぎを炒め合わせる。
6 5にB、2の冬菜を加えて軽く煮る。
7 6を調味し、とろみをつける。
8 7をざるにあけて汁気をきり、冷ましておく。

◉具を鶏に詰めて蒸す
9 鶏肉は丸鶏を骨抜きしたものを用意し、玫瑰露酒を塗る。
10 9の鶏に8の具を詰め、口を閉じる。
11 10の鶏に老抽を塗り込む。
12 11を蒸し器で約2時間蒸す。

◉酥皮（パイ皮）を作る
13 「油皮」を作る。
14 「水皮」を作る。
15 14の「水皮」で、13の「油皮」を芯にして包む。
16 15の生地をのばす
17 16の生地を三つ折りにして麺棒でのばし、層を作る。
18 蓮の葉を広げる。
19 18の蓮の葉で、蒸し上がった12の鶏を包む。
20 17のパイ皮で19の鶏を包む。
21 20を170℃のオーブンで約2時間焼く。

◉卓上で提供する
焼き上がったら、食卓に出して焼き上がりを披露し、サイドテーブルでサービスする。

詰め物を作る

1
詰め物の材料を準備する。

冬菜は粗みじん切りにする。椎茸は薄切り、蓮根はいちょう切りに、鶏胸肉と豚ロース肉は、それぞれ薄切りにする。春雨は戻しておく。

Aの生姜は薄切りにして1cm角に切り、にんにくは薄切りにする。長ねぎは1cm幅の斜め切りにする。

2
1の冬菜は熱湯で茹でてから鍋で空炒りする。

粗みじん切りにした冬菜は、熱湯でサッと茹でてからざるにあげ、水気をきって鍋で空炒りする。

＊茹でることで冬菜の塩分をほどよく抜き、炒めることで香りを引き出す。

3
うずらの卵、腐皮、椎茸は湯通しする。銀杏、蓮根は油通ししておく。

うずらの卵、腐皮、椎茸は一緒に沸騰した湯に入れ、再び沸いてきたら網にあげる。

銀杏、蓮根は、それぞれ油通しをして網にあげ、油をきる。

4
鶏胸肉、豚肉は油通しをする。

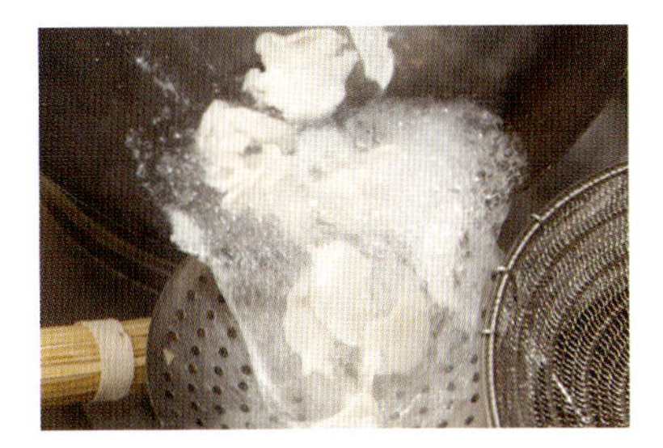

鶏肉は熱湯で湯通しをして網にあげて水気をきる。

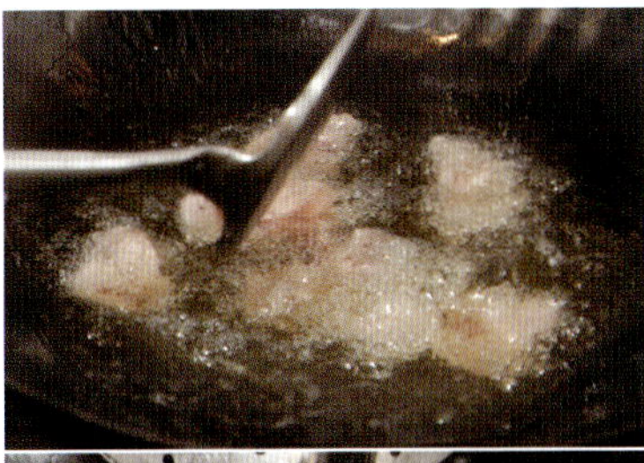

豚肉は油通しをする。豚肉の色が少し白くなってきたら、先に湯通しした鶏胸肉を加えて、一緒に油通しをして網にあげる。

5
鍋に鶏油を熱し、Aの生姜、にんにく、ねぎを炒め合わせる。

鍋に鶏油を熱し、まず生姜とにんにくを炒めて香りを油に移したら、ねぎを加えて炒め合わせる。

6

5にB、2の冬菜を加えて軽く煮る。

Bと冬菜を加えて中弱火で2～3分煮て、煮汁に風味をうつす。

7

6を調味し、とろみをつける。

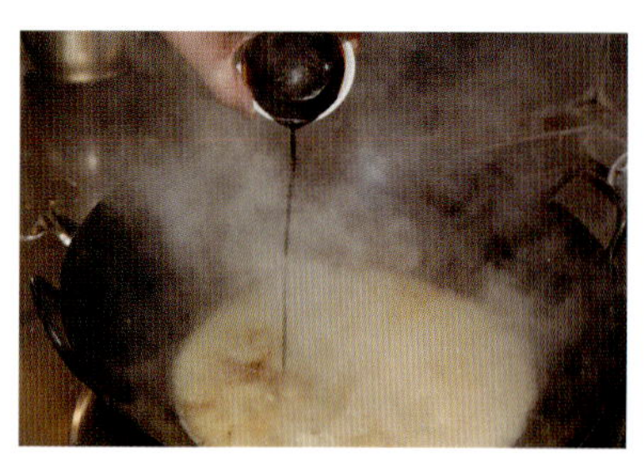

Cの調味料を加えて調味する。

3の野菜と4の肉、戻した春雨を加えて軽く煮込む。

最後に水溶き片栗粉でとろみをつけ、仕上げにごま油で風味づけをする。

＊とろみ加減は、濃すぎず薄すぎず、具にまんべんなくからむ程度を目安にする。

8

7をざるにあけて汁気をきり、冷ましておく。

7の具をざるにあげて汁気をきり、冷ましておく。

具から出た漉し汁は、後で使うのでとっておく。

◉具を鶏に詰めて蒸す

9

鶏肉は丸鶏を
骨抜きしたものを用意し、
玫瑰露酒を塗る。

鶏肉は丸鶏を骨抜きしたものを用意し、関節を折り、平らにする。

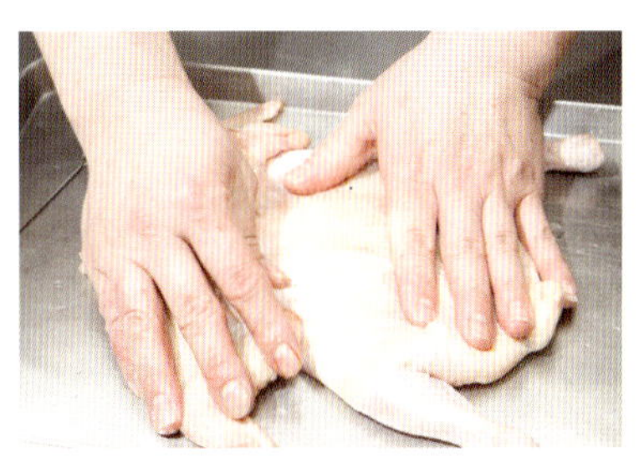

鶏をバットの上に置き、表面にまんべんなく玫瑰露酒を塗り込む。

10

9の鶏に8の具を詰め、
口を閉じる。

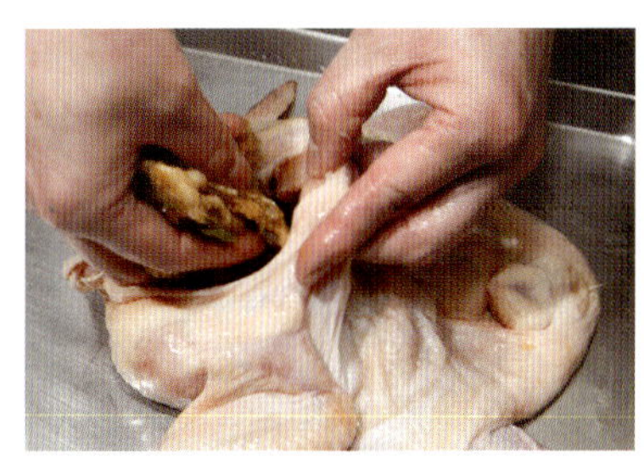

9の首元の切り口部分から8の具を八割ほど詰め入れる。

＊具を詰めるのは8割程度が目安。詰めすぎると、焼いている間に皮が破れてしまうので注意。また空気も抜いておく。

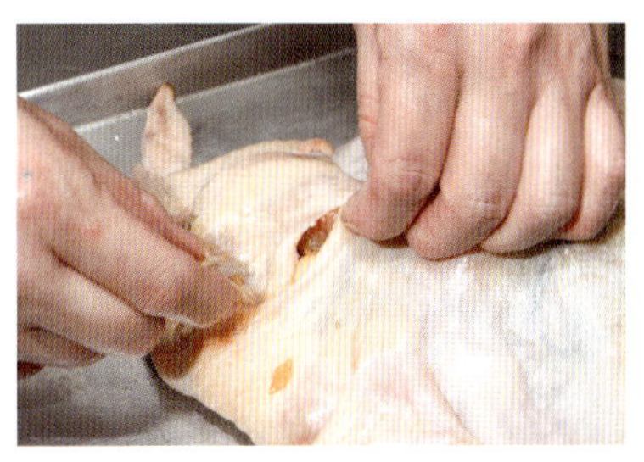

閉じ口を寄せ、つまみながら閉じる。

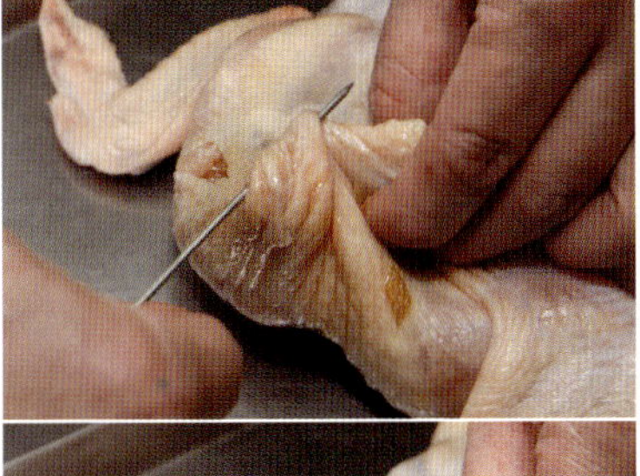

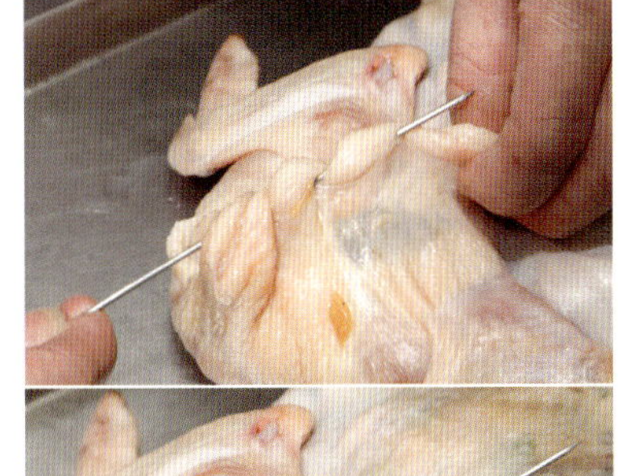

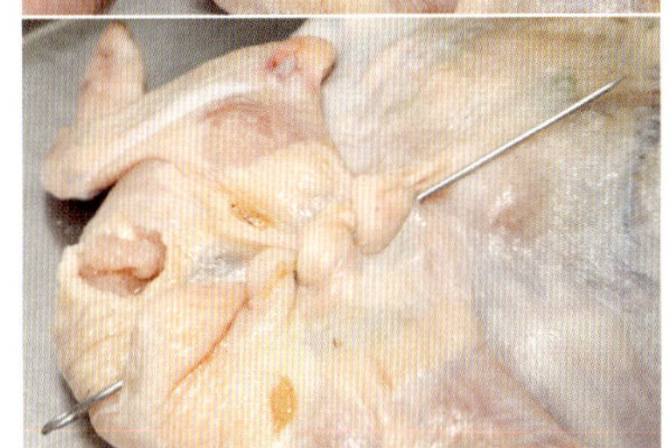

閉じ口の端から金串（鷲尾針：P.16）を刺し、閉じ口をねじり、縫うようにして串を刺して閉じる。

11

10の鶏に老抽を
塗り込む。

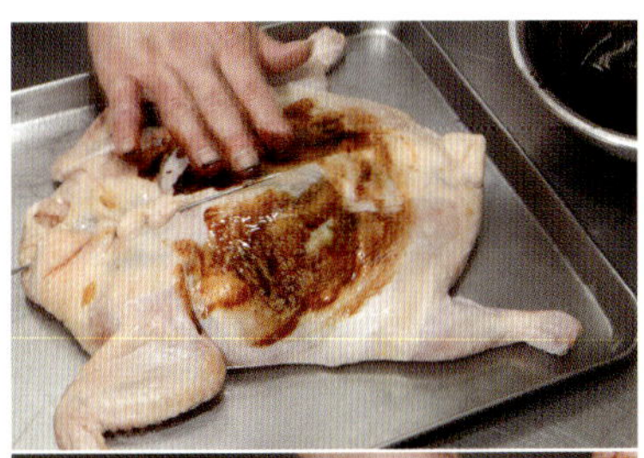

10の鶏の両面、モモや手羽の付け根など、すみずみまで丁寧に老抽を塗り込む。

12

11を蒸し器で
約2時間蒸す。

皿にクッキングペーパーをしき、11の閉じ口を下にしてのせ、丸くなるよう形を整える。

蒸し器で約2時間蒸す。

一度取り出し、蒸し汁を別に移し、もう一度老抽を塗っておく（➡手順19）。

13

「油皮」を作る。

ボウルに薄力粉を入れ、ラードを加えて粉をまぶすようにしながら混ぜ、そぼろ状にする。

さらに練らないように手の平で押さえるようにして生地をなめらかにまとめ、丸めて休ませる。

14

「水皮」を作る。

ボウルに粉類（薄力粉、強力粉、カスタードパウダー、砂糖、重曹）を合わせ入れ、よく混ぜ合わせる。

水を少しずつ加えながら、手で混ぜながら水分を粉になじませる。

ラードを加えて、さらに生地を押さえるようしながら、まとめる。

生地全体に水分がまわり、しっとりとなめらかになればよい。

＊生地は練らないようにする。手の平で底から生地を持ち上げては折りたたむようにしながらまとめる。

15

14の「水皮」で、13の「油皮」を芯にして包む。

14の「水皮」生地を打ち台で直径25㎝くらいの円形にのばす。

13の「油皮」を丸めて「水皮」にのせて包み、回しながら水皮を引き上げて口を閉じ、丸く整える。

＊油皮と水皮について。油皮は、その名の通り油脂分を含んだ生地のこと。粉類にラードを加えて練る。水皮は油脂は入らず、粉類と水分で練ったもの。この2種の生地を重ねて折り込んで層にすることで、ホロホロとしたパイ状の生地になる。

16

15の生地を のばす

台に打ち粉をふり、15の閉じ目を下にして置き、手の平で均等に力をかけながら厚みをならす。

麺棒を縦、横方向に転がしながら、厚さ1cm程度、35×45cmくらいの横長の四角い生地にする。

＊このときの生地の大きさは鶏のサイズによって調整する。

17

16の生地を三つ折りにして 麺棒でのばし、層を作る。

16の生地を横長に置いて、左右から三つ折りにする。

三つ折りにした生地を横長に置き、麺棒を縦、横方向に均等に転がしながら、生地を均一な厚み（1cm程度）にのばし、35×45cmくらいにする。これをもう一度繰り返す。

◉酥皮（パイ皮）で鶏を包む

18

蓮の葉を広げる。

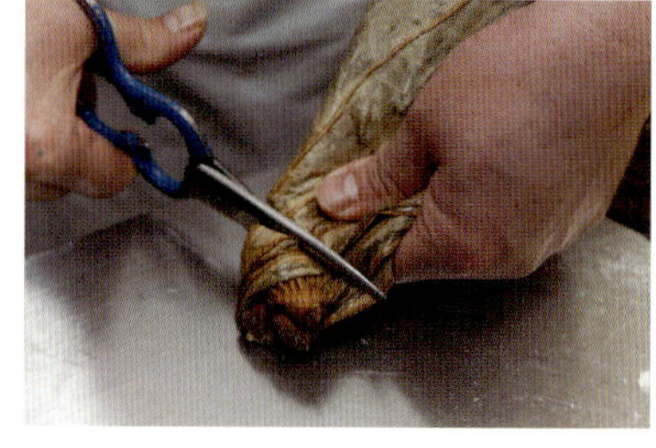

蓮の葉を3枚用意し、十字に折ったら茎の付け根が先になるように巻き、固い付け根部分を切りとる。

切り取った部分が出ないよう、つまんで折る。残りの2枚も同様にする。

蓮の葉の裏側を上にして、3枚をずらして重ね、大きな円形になるように置く。

19

18の蓮の葉で、蒸し上がった12の鶏を包む。

蒸し上がった10の鶏。

18の蓮の葉の真ん中に10の鶏を真ん中に置く。

手前から折り、左右を折り込み、手前からくるりと巻いて、巻き終わりを下にする。

＊このとき、鶏の背が上にくるように包むことがポイント

20

17のパイ皮で19の鶏を包む。

19の閉じ目を上にし、17のパイ皮の真ん中に置く。

生地を左右から折る。続いて上下から折り込んで閉じる。閉じ目を下にして置き、形を整える。

21

20を170℃のオーブンで約2時間焼く。

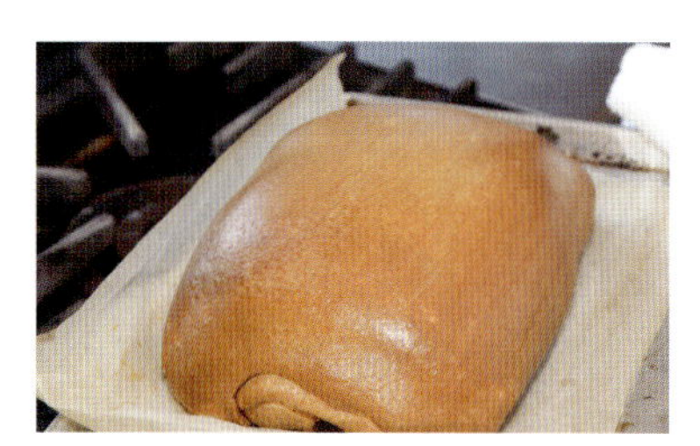

天板にオーブンシートを敷き、20の閉じ目を下にしてのせ、170℃のオーブンで約2時間焼く。最後に溶き卵をハケで薄く塗り、240℃で4～5分、前後を入れかえて1分程度焼いて仕上げる。

◉卓上で提供する

焼き上がったら、
食卓に出して焼き上がりを
披露し、サイドテーブルで
サービスする。

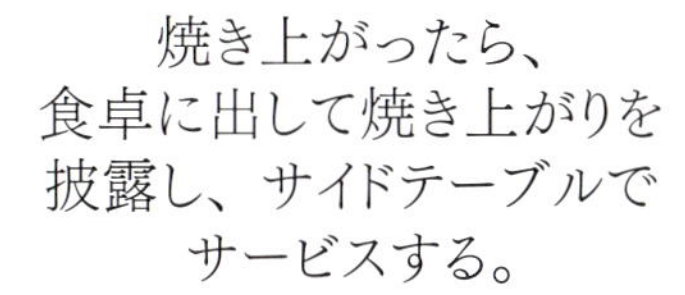

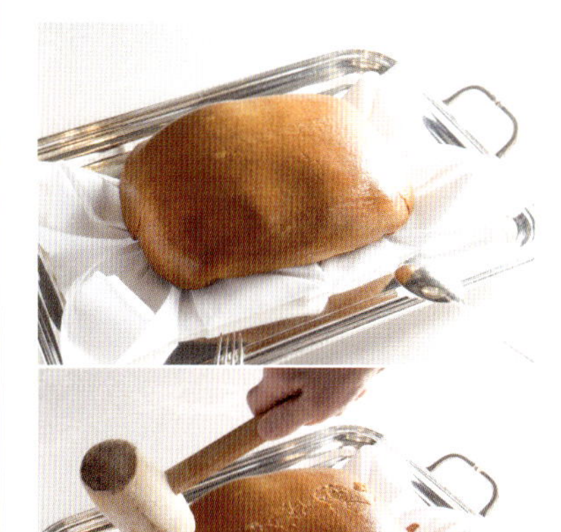

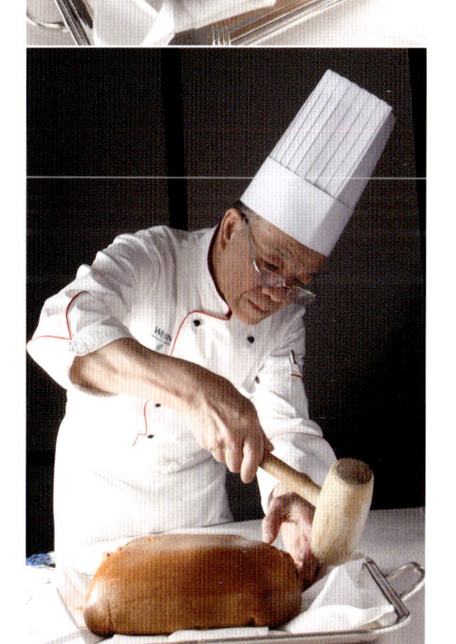

客前でパイ皮全体を注意深く全体を木づちで叩く。

＊このとき、強く叩いてしまうと、パイ皮中の鶏がくずれてしまうので、力を加減しながら作業を行う。

パイ皮をはがしての葉の包みを開き、富貴鶏が出てきたら、サーバーで鶏の肉をくずす、蒸し汁を適量かけて詰め物と一緒に全体をよく混ぜる。

適当な分量を小皿に取り、一人ずつサービスする。

たれの研究

「たれ」は焼物料理の味を決める大切な要素のひとつ。ここでは、つけだれ、下味用たれや漬け込み用たれ、料理に添えるソースなども含めた作り方を紹介する。

叉焼水飴

甘味のある広東式のチャーシュー類の仕上げの蜜がけに用いる水飴。乾くとカリッとした食感に。

▶蜜汁叉焼(P.33)、▶黒椒排骨(P.37)、
▶蜜汁鶏肝(P.105)、▶豉味金銭鶏(P.109)
＊冷蔵約30日

［材料］作りやすい分量
水飴…2kg
熱湯…300g
塩…50g

❶鍋に水飴と熱湯を入れてよく混ぜて中火にかけ、水飴が溶けたら、塩を加えて混ぜる。

❷中火のまま煮詰め、水飴がとろりとしてくるまで火にかけたら、火を止める。

叉焼汁

チャーシューをはじめ、焼物の味の決め手となる特製だれ。甘味、塩味、旨味をバランスよく配合。

▶蜜汁叉焼(P.33)、▶黒椒排骨(P.37)、
▶蜜汁鶏肝(P.105)、▶豉味金銭鶏(P.109)
＊冷蔵約30日

［材料］作りやすい分量
砂糖…6kg
塩…300g
チキンパウダー…300g
醤油…3kg
海鮮醤…1kg
オイスターソース…300g
芝麻醤…300g
生醤(P.175)…500g

❶ボウルに材料をすべて入れ、よく混ぜ合わせる。

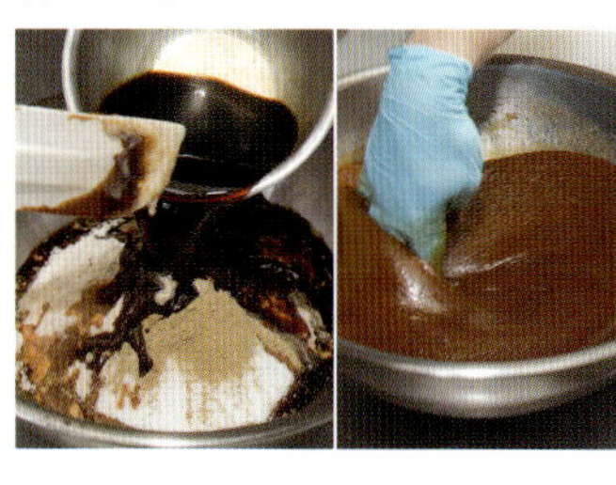

❷1日寝かせて砂糖の甘みを落ち着かせる。使う前によく混ぜる。

生醤

元々は「焼鴨」に用いる旨味とコクのある合わせ味噌。下味として使う他、たれの材料としても使う。

▶焼鴨(P.81)、▶蜜汁鶏肝(P.105)、
▶豉味金銭鶏(P.109)
＊冷蔵約60日

[材料] 作りやすい分量
にんにく…600g
エシャロット…600g
油…1.2kg
A
腐乳(南乳)…500g
海鮮醤…2kg
芝麻醤…200g
オイスターソース…500g

＊南乳は紅麹を使った腐乳の一種。

❶にんにくとエシャロットは、フードプロセッサーなどで、みじん切りにする。

❷まずエシャロットを油で香ばしく揚げて網で引き上げる。

❸残りの油でにんにくを香ばしく揚げ、網で引き上げる。

❹油はボウルに移し入れて冷ましてから、②と③を戻し入れておく。

❺フードプロセッサーでAの南乳をなめらかにし、ボウルに移し入れる。

❻残りのAの材料を⑤のボウルに順番に加える。

❼最後に④を油ごと一緒に加えてよく混ぜ合わせる。

＊茹でこぼした中国ハムは香ばしく揚げる。

❸寸胴に分量の水を入れ、①と②、叩いた生姜を入れて火にかける。

❹沸いてきたら火を弱め、3〜4時間じっくりと煮る。

❺味を確かめ、塩、チキンパウダーを加える。

❷Aの大地魚、干し貝柱、①の干しエビと中国ハムは、それぞれこんがり色づくまで中高温で揚げて、網にあげる。

＊大地魚は乾燥したまま香ばしく揚げる。
「大地魚」は、香港ではおなじみのヒラメ科の魚の干物。旨味とコクが強く、クセのある素材とも好相性。沙茶醤やXO醤油の材料にも使われている。

＊茹でこぼした干し貝柱は香ばしく揚げる。

＊干しエビは3回茹でこぼしてから香ばしく揚げる。

貴妃汁

旨味たっぷりの乾貨や生薬の材料にもなるスパイス類を加えた贅沢な味わいの漬けだれ。

▶貴妃鶏(P.125)、石岐乳鴿(P.99)
＊脱気して冷凍保存約90日

［材料］作りやすい分量
水…7200g

A
- 干し貝柱…300g
- 干しエビ…300g
- 中国ハム…225g
- 大地魚…225g
- 生姜…250g

B
- 沙姜片(乾燥生姜)…12g
- ローリエ…15枚
- 陳皮・桂皮…各10g
- 丁香…3g
- 八角…4個
- 甘草…12g
- 花椒…5g
- 草果…4個

C
- 塩…300g
- チキンパウダー…450g

❶材料の下処理を行う。Aの干しエビ、中国ハムは、それぞれ茹でてこぼしてからざるにあげ、余分な塩分や脂を落とす。

＊干しエビは3回茹でこぼす。

＊中国ハムは2回茹でこぼす。

－「貴妃汁」の香辛料について－

1 ローリエ
クスノキ科の月桂樹の葉を乾燥させた香辛料。香辛料上品で清涼感のある芳香とほのかな苦味が特徴。肉や魚などの消臭効果がある。

2 八角
英語名はスターアニス。独特のエキゾチックな甘い香りが特徴。肉料理と相性がよい。

3 草果
ショウガ科の植物の種子。褐色で長さ2～3cmの楕円形。特徴的な香りと辛味を持ち、鴨や鶏の煮込み料理などにスパイスとして用いる。消化不良などに効果があるとされる。

4 花椒
ミカン科の植物の果実を乾燥させたもの。唐辛子の辛味とは異なる、爽やかでしびれるような刺激的な辛さが特徴で「麻（マー）」と表現される。

5 甘草
マメ科の多年草の植物で、様々な薬効を持ち、古くから薬用としても幅広く使われていた。強い甘味があり、食品添加物としても認可されている。

6 丁香
フトモモ科の植物の花のつぼみを乾燥させたもの。釘のような形から「丁」の字を当てる。別名、丁子。英語名はクローブ。甘く刺激的な香りが特徴。

7 沙姜片
生姜をスライスして乾燥させたもの。体を温め、新陳代謝機能を高める作用を持つ。

8 桂皮
クスノキ科の植物の樹皮を乾燥したもの。体を温めたり、解熱鎮痛効果などがあるとされ、生薬としても用いられる。

9 陳皮
みかんの皮を乾燥させたもの。爽やかな柑橘系の香りを料理に生かす。漢方薬としても用いられ、健胃や整腸作用などがあるとされる。

❻Bのスパイス類を加えて火を止め、ラップを二重にかけて約2時間おく。

❼⑥をキッチンペーパーをしいたざるで漉して、冷ましてから使う。

油鶏水

醤油をベースに薬効成分もある香辛料類をたっぷり加えて煮出してつくる「豉油鶏」のためのたれ。

▶豉油鶏(P.117)
＊冷蔵約30日

[材料] 作りやすい分量
水…9kg
醤油…1.8kg
A
沙姜片、草果、ローリエ、陳皮、丁字、八角、桂皮、甘草、花椒…合わせて25g
B
生姜…150g
香菜…50g
グラニュー糖…2kg
塩…300g

❶寸胴に水、醤油、Aの材料を合わせ入れて火にかけ、沸いてきたら火を弱めて2時間程度静かに炊く。

❷Bの材料を加え、砂糖と塩が溶けきったら火を止める。

❸網で漉してから使う。

❷油はボウルに入れて冷まし、①のねぎと生姜を戻し入れる。

＊油を冷ますのは、香味野菜を油に入れておくと、余熱で焦げてしまうため。

❸鍋に②を戻し入れて火にかけ、Aの材料を順に加えて泡立て器などでよく混ぜる。

❹沸いてきたら、砂糖を加える。

❺焦げやすいので、ヘラで絶えず混ぜながら、とろみが出て2/3量程度になるまで弱火で煮詰める。

片鴨醤

本来は北京ダックに添える濃厚な味わいの甘味噌。肉の下味やつけだれとして添える。

▶醤焼琵琶鴨(P.89)
＊冷蔵約60日

[材料] 作りやすい分量
ねぎ(細切り)…50g
生姜(薄切り)…1/3個分
油…100g
A
海鮮醤…1缶(482g)
柱候醤…160g
麺豉醤…84g
桜味噌…120g
酒…30g
醤油…30g
上白糖…400g

❶鍋に油を熱して、ねぎ、生姜を香ばしく揚げて網で漉す。

❷チキンパウダー、砂糖、オイスターソースを加えて煮る。老抽をまわし入れ、「焼鴨」の蒸し汁を加える。

❸キッチンペーパーを敷いたざるで②を漉して、たれとして使う。

焼鴨のたれ

コクと旨味が詰まった「焼鴨」の蒸し汁を生かしたたれ。焼き上がった焼鴨にまわしかけて供する。

▶焼鴨（P.81）
＊必要分を作り、使いきる。

［材料］ 作りやすい分量
ねぎ（細切り）…10cm長さ分
生姜（みじん切り）…小1片分
二湯（二番スープ）＊…310ml
チキンパウダー…2g
砂糖…4g
オイスターソース…25g
老抽…少々
焼鴨（P.81）の蒸し汁…1羽分

＊二湯（二番スープ）は、上湯（一番スープ）をとる際に煮出した老鶏、牛スネ肉、中国ハムなどのだしガラを活用して、鶏ガラや豚骨などを加えて旨味を補って煮出したもの。料理全般に使われる。

❶油でねぎと生姜を炒め、香ばしい香りが立ってきたら、二番スープを加える。

甘酢

甘味と酸味は強めにし、赤唐辛子の辛味でアクセントを。レモン汁とスライスで爽やかな味わいに。

▶白雲猪手（P.141）
＊冷蔵約60日

［材料］ 作りやすい分量
A
酢…6ℓ
砂糖…16kg
赤唐辛子（乾燥）…15本
水…10.5ℓ
レモン汁…2ℓ
レモンスライス…4個分

❶Aを合わせて火にかけ、砂糖が溶けたら火からおろす。

❷粗熱がとれたら、レモン汁とレモンスライスを加える。

＊この甘酢は豚足の甘酢漬けの他、野菜の甘酢漬けにも使うことができる。

ねぎ生姜ソース

香りのよいねぎ油を効かせた薬味たっぷりのソースは鶏肉によく合う。青ねぎも加えて彩りもよく。

▶貴妃鶏(P.125)、▶正宗鶏焗鶏(P.154)
＊冷蔵約30日

［材料］ 作りやすい分量

A
- 生姜（みじん切り）…100g
- 長ねぎ（みじん切り）…20g
- 塩…6g
- チキンパウダー…5g

ねぎ油…適量
細ねぎ（小口切り）…20g

❶ボウルにAの材料を合わせ入れる。

❷ねぎ油適量（生姜が浸る程度）を加えて混ぜる。

❸最後に細ねぎを加えて混ぜる。

梅醤

「焼鴨」には欠かせない甘酸っぱいソース。梅干しにパイナップルを合わせてフルーティに仕上げる。

▶焼鴨(P.81)
＊冷蔵約60日

［材料］ 作りやすい分量

パイナップル缶…1缶（560g）
梅干し（薄塩）…1kg
グラニュー糖…1kg
一味唐辛子（韓国産）…1g
生姜の甘酢漬け…100g
水…600g

❶パイナップル缶（シロップごと）、梅干し（種を取り除いたもの）をミキサーにかけ、ペースト状にする。

❷鍋に①のペーストを入れ、火にかける。

❸沸騰してきたら、グラニュー糖を加えて溶かす。

❹一味唐辛子を加えて混ぜ、少し煮詰めて火を止める。

❸Aの材料を順に加える。

❹砂糖が溶けたら、最後にカイエンペッパー、ごま油、ラー油を加える。

❺よく混ぜたら、保存容器に移し、冷ましてから使う。

紅酢汁

紅酢に野菜や果物の旨味を凝縮したウスターソースを合わせ、カイエンペッパーで辛味をプラス。

▶沸山分蹄（P.133）
＊冷蔵約60日

［材料］作りやすい分量
エシャロット…37g
にんにく…37g
醤油…300g
A
　赤唐辛子（小口切り）…7g
　リーペリンソース＊…75g
　酢…300g
　紅酢…150g
　砂糖…37g
カイエンペッパー…少々
ごま油…6g
ラー油…6g

＊リーペリンソースは、ウスターソースの元祖とされるイギリスの老舗ブランドのもの。特有の深みとコクがある。

❶にんにく、エシャロットはそれぞれみじん切りにする。

❷鍋に醤油を入れ、①を加えて中火にかける。

生姜だれ

熱々に熱した油を生姜のすりおろしにまわしかけ、香味を引き出す。オイスターソースで旨味もプラス。

▶正宗塩焗鶏（P.154）
＊必要分を作り、使いきる。

［材料］作りやすい分量
A
　生姜すりおろし…40g
　チキンパウダー…2g
　オイスターソース…10g
油…30g

❶ボウルにAの材料を合わせ入れる。

❷熱々に熱した油を1にジュッとまわし入れ、よく混ぜ合わせる。

❸ひと煮立ちしたら、網で香味野菜を引きあげ、保存容器に移し入れる。

❹仕上げにごま油を③に加え、冷めてから用いる。

辛味ソース

揚げた香味野菜の香りを醤油ベースの甘辛だれに生かし、豆板醤でピリリと辛味をきかせる。

▶五香牛腱(P.137)
＊冷蔵約7日

［材料］作りやすい分量
油…約150g
A
- 長ねぎ(スライス)…10cm分
- 生姜(薄切り)…1個分
- エシャロット(薄切り)…1個分

水…2.4kg
醤油…450g
豆板醤…35g
グラニュー糖…225g
チキンパウダー…112g
ごま油…28g

❶鍋に油(分量外)を熱してAを炒め、香りを引き出したら、水、醤油、豆板醤を加える。

❷①が沸いてきたら、グラニュー糖とチキンパウダーを加える。

Cantonese Cuisine Perfect Roasted Meats

広東料理 焼物の真髄

～名職人の〝焼味〟の技とおいしさの解明～

発行日　2018年1月30日　初版発行
　　　　2019年6月28日　第2版発行

編　者　旭屋出版編集部編（あさひやしゅっぱん へんしゅうぶ へん）
発行者　早嶋　茂
制作者　永瀬正人
発行所　株式会社旭屋出版
　　　　東京都新宿区愛住町23-2ベルックス新宿ビルⅡ6階　〒160-0005
　　　　電話 03-5369-6423（販売）
　　　　　　 03-5369-6424（編集）
　　　　FAX 03-5369-6431（販売）

　　　　旭屋出版ホームページ　http://www.asahiya-jp.com

　　　　郵便振替　00150-1-19572

技術指導　梁 偉康
撮影協力　陳 啓明　谷口 誠　向田侑司

●編集　井上久尚
●デザイン　冨川幸雄（Studio Freeway）
●取材　岡本ひとみ
●撮影　後藤弘行（旭屋出版）

印刷・製本　株式会社シナノ

ISBN978-4-7511-1295-3　C2077